Alles über Sachwerte

Stefanie Kühn, Markus Kühn

Alles über

Sachwerte

Inhaltsverzeichnis

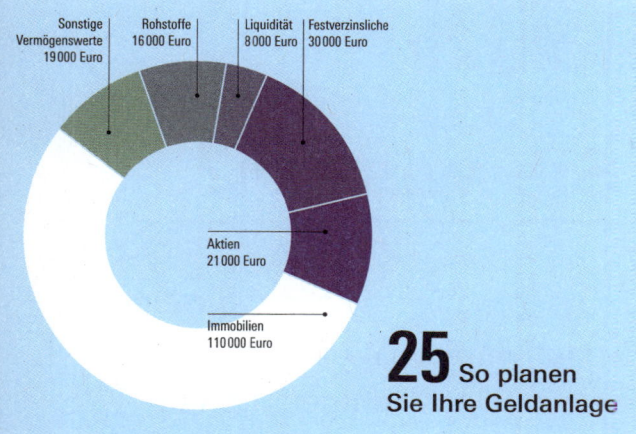

Sonstige Vermögenswerte 19 000 Euro
Rohstoffe 16 000 Euro
Liquidität 8 000 Euro
Festverzinsliche 30 000 Euro

Aktien 21 000 Euro

Immobilien 110 000 Euro

25 So planen Sie Ihre Geldanlage

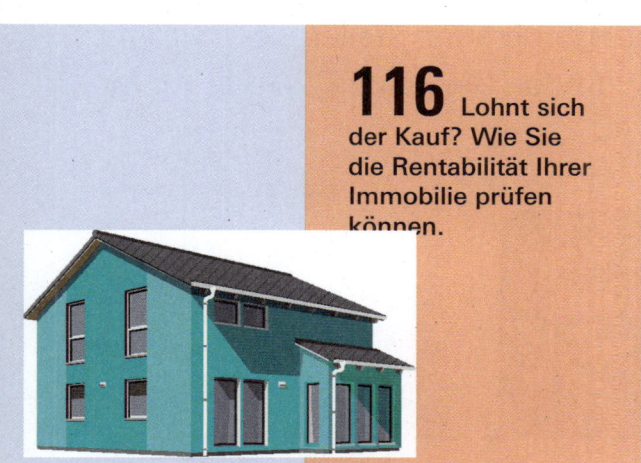

116 Lohnt sich der Kauf? Wie Sie die Rentabilität Ihrer Immobilie prüfen können.

163 Cleverer Mix: Wie Sie mit Rohstoff-ETF Ihr Portfolio ergänzen können.

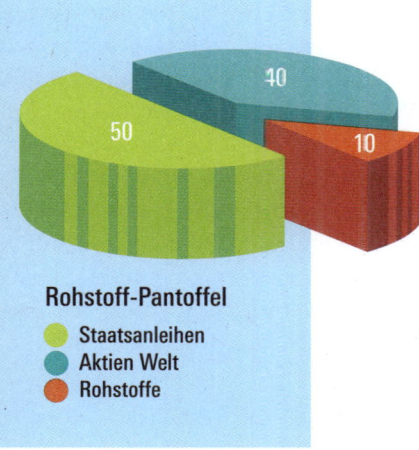

50

40

10

Rohstoff-Pantoffel
● Staatsanleihen
● Aktien Welt
● Rohstoffe

Was wollen Sie wissen?

Sachwerte sind, ganz einfach gesprochen, Sachen, die einen eigenen Wert haben. Als Anleger werden Sie Teilhaber oder (Mit-)Eigentümer zum Beispiel von Unternehmen, Immobilien, Edelmetallen oder sonstigen Wertgegenständen. Wenn Sie bei Sachwerten die richtigen Fragen stellen und wissen, worauf Sie achten müssen, finden Sie „echte" Werte für Ihr Anlageportfolio.

> **Ich habe 20 000 Euro geerbt. Ist es sinnvoll, diese in Aktien zu investieren?**

Aktien versprechen in der Regel gute Renditechancen, allerdings kann ihr Wert auch erheblich schwanken. Zwischen den Ertragsaussichten von Aktien und der Sicherheit von Aktienanlagen besteht insoweit ein Zielkonflikt. Auch erfordert die Aktienanlage einen gewissen Aufwand, um die passenden Werte zu finden und zu verwalten. Generell gilt bei der Geldanlage, dass eine vernünftige Streuung über Anlageklassen und Einzelwerte Verlustrisiken verringern kann. Vor der Anlage des gesamten Er-

bes müssen Sie daher klären, welche Ziele Sie mit Ihren Anlagen verfolgen, wie viel Risiko Sie tragen und auch mental aushalten können und ob Aktien zu Ihrem Gesamtvermögen passen. Hilfe bei der Planung Ihrer Geldanlagen finden Sie im Kapitel „Die ersten Schritte" ab Seite 13. Wollen Sie erstmalig in Aktien investieren, ist die Anlagesumme von 20 000 Euro zu gering, um eine vernünftige Streuung zu erreichen. Auch sind dann die anteiligen Kosten zu hoch. Mehr dazu ab Seite 77.

Sind Fonds oder ETF eine Alternative zu Einzelaktien?

Aktienfonds bündeln das Anlagekapital vieler Anleger und investieren es in viele unterschiedliche Einzelaktien. Bei gemanagten Aktienfonds übernimmt ein professioneller Fondsmanager die Auswahl und Verwaltung der Einzelwerte für die Anleger. Bei börsengehandelten Indexfonds (ETF) hingegen steht von vornherein fest, in welche Werte die Fonds investieren: Sie folgen einem Index. Egal, ob aktiv gemanagt oder ETF: Der Vorteil beider Fondsarten gegenüber Einzelaktien liegt vor allem in der breiten Risikostreuung. Sie als Anleger müssen nicht genau die richtigen Aktien finden und überwachen. Näheres dazu, welche weiteren Vor- und Nachteile Fonds gegenüber der Einzeltitelauswahl haben, erfahren Sie ab Seite 82.

Wir möchten bauen. Können wir mit Aktienfonds fürs Eigenheim sparen?

Wenn Sie sich den Traum vom Eigenheim in den nächsten Jahren erfüllen möchten, kommen Fonds nicht infrage. Fondsanleger sollten mindestens sieben Jahre auf ihr Geld verzichten können. Denn Fonds schwanken im Wert. Trotz einer breiten Streuung über viele Einzelanlagen können sie sich einer schlechten Marktentwicklung nicht entziehen. Gibt es einen Crash oder fallen die Aktienkurse über einen längeren Zeitraum, kann sich dem auch ein breit gestreut anlegender Aktienfonds nicht entziehen. Müssen Sie in dieser Phase Ihre Fondsanteile verkaufen, um Ihr Eigenheim zu finanzieren, machen Sie Verluste. Wollen Sie hingegen erst langfristig ein Eigenheim erwerben, können Sie zunächst mit Fonds sparen, sollten dann aber rechtzeitig in schwankungsarme Geldanlagen umschichten. Mehr dazu auf den Seiten 31 ff. und 67 ff.

Wie finden wir eine zu vermietende Eigentumswohnung zur Geldanlage?

Der Kauf einer Immobilie gehört für Anleger oft zu den wichtigsten finanziellen Entscheidungen im Leben. Allein aufgrund bunter Prospekte sollte die Entscheidung für ein Objekt daher nie fallen. Eine Besichtigung vor Ort ist Pflicht. Nur so können Sie sich einen Eindruck über das Umfeld und den Zustand der Immobilie verschaffen. Sie können einschätzen, welche Punkte förderlich oder hinderlich für eine Vermietung sind. Über wichtige Faktoren des Mikrostandorts wie Wohnlage, Nachbarschaft und Umweltfaktoren sollten Sie sich bereits schlau gemacht haben, um diese dann vor Ort zu überprüfen. Worauf Sie dabei achten sollten, erfahren Sie auf den Seiten 102 ff.

Ich habe eine tolle Immobilie in einer Top-Lage gefunden. Was kann da noch schieflaufen?

Wenn Sie eine Immobilie als Geldanlage kaufen wollen, müssen vor allem auch Preis und erwartete Rendite stimmen. Was nützt Ihnen eine überteuerte Wohnung in einer sehr guten Lage, die Sie aber nicht zu dem Preis vermieten können, der die Investition für Sie rentabel machen würde? Allein auf eine erwartete Wertsteigerung sollten Sie sich nicht verlassen. Unterziehen Sie die Immobilie immer auch einer Rentabilitätsanalyse. Da Sie die Zukunft nicht voraussagen können, müssen Sie dabei zwar einige Annahmen treffen, wie zum Beispiel über die Mietpreisentwicklung. Wenn Sie hier aber mehrere Szenarien aufstellen und nicht zu optimistische Prognosen treffen, bekommen Sie eine realistische Einschätzung, ob die von Ihnen gefundene Immobilie ein gutes Investment wäre. Wie genau Sie vorgehen, um den Preis und die Rentabilität einer Immobilie unter die Lupe zu nehmen, erfahren Sie ab Seite 116.

Soll ich bei der Finanzierung meiner Immobilieninvestition eine möglichst lange Zinsbindung wählen?

In einer Niedrigzinsphase sind grundsätzlich lange Zinsbindungen von zehn Jahren und länger empfehlenswert. Gut zu wissen: Auch bei Darlehen mit einer Laufzeit von 15 oder 20 Jahren können Darlehensnehmer überdies nach zehn Jahren kündigen, ohne dass sie eine teure Vorfälligkeitsentschädigung zahlen müssen. Aber Vorsicht: Lange Zinsbindungen haben auch Nachteile: Der Zinssatz ist um einiges höher als bei kürzer laufenden Darlehen. Und je länger die Zinsbindung, umso höher ist die Vorfälligkeitsentschädigung, wenn Sie den Kredit innerhalb der ersten zehn Jahre tilgen wollen. Welche Zinsbindungsdauer optimal ist, können Anleger anhand der Zinswaage entscheiden, die auf den Seiten 127 ff. beschrieben ist.

Kann ich in Gold investieren, ohne dieses selbst physisch bei mir aufbewahren zu müssen?

Anleger können unter anderem auch mit Zertifikaten auf einen steigenden Goldpreis setzen. Da bei Zertifikaten grundsätzlich das Risiko besteht, dass der Herausgeber der Zertifikate pleitegeht und der Anleger dadurch sein Geld verliert, hinterlegen viele Emittenten mittlerweile ihre Goldzertifikate mit physischem Gold. Das Angebotsspektrum ist breit: Neben mit echtem Gold besicherten oder unbesicherten Zertifikaten gibt es zum Beispiel auch Produkte mit Währungsabsicherung oder solche mit gehebelter Gewinn-/Verlustwirkung. Je nach Konstruktion der Besicherung eines Zertifikates kommt auch eine Steuerfreiheit bei Veräußerung nach mehr als einem Jahr in Betracht. Näheres dazu finden Sie auf den Seiten 148 ff.

10

Ist es möglich, mit Fonds oder ETF in Rohstoffe zu investieren?

Investmentfonds die nur in einzelne Rohstoffe investieren, sind nach europäischem Recht nicht zulässig. Anleger können aber über Investmentfonds in Rohstoffindizes investieren und damit auch das Risiko bei der Rohstoffanlage streuen (siehe Seite 159 ff.).

Der Rohstoff-Pantoffel von Finanztest ist eine bequeme und kostengünstige Möglichkeit, ein Depot aufzubauen, das neben Zins- und Aktienanlagen auch einen Rohstoffanteil hat. Genaueres dazu lesen Sie ab Seite 163.

Wir möchten in Start-Up-Unternehmen investieren, können aber keine großen Anlagesummen aufbringen. Gibt es da eine Möglichkeit?

Plattformen im Internet bieten die Möglichkeit, sich an sogenannten Crowd-Investments zu beteiligen. Anleger können sich dort schon mit kleinen Summen an innovativen Projekten oder Start-ups beteiligen und so auch einen gesellschaftlichen Beitrag zur Entwicklung neuer Unternehmen leisten. Die Risiken sind allerdings hoch. Nur wenige Ideen schaffen es, sich zu marktreifen und erfolgreichen Produkten zu entwickeln. Mit Anlageschwellen will der Gesetzgeber dafür sorgen, dass die möglichen Verluste für Privatanleger begrenzt bleiben. Anleger, die nur gemeinwohlorientiert investieren wollen, ohne eine Rendite mit ihrer Anlage zu erzielen, finden im Bereich des sogenannten Crowdfunding viele Projekte. Mehr dazu ab Seite 168.

Kann ich über eine Crowdinvesting-Plattform 10 000 Euro in ein Start-up investieren?

Das kommt ganz auf Ihre Gesamtvermögens- oder Einkommenssituation an. Der Gesetzgeber hat aus Gründen des Anlegerschutzes bestimmt, dass ein Anleger pro Projekt nur bis zu 1000 Euro investieren darf. Ausnahmsweise dürfen es bis zu 10 000 Euro sein, wenn der Anleger nach eigener Auskunft mindestens 100 000 Euro freies Vermögen hat oder wenn er höchstens zwei Netto-Monatsgehälter einsetzt. Weitere Informationen finden Sie auf Seite 172.

Kann ich meine Beteiligung an einem geschlossenen Immobilienfonds jederzeit verkaufen?

Geschlossene Fonds (auch Alternative Investmentfonds oder Beteiligungen genannt) unterscheiden sich grundlegend von offenen Investmentfonds, zu denen beispielsweise Aktien- und Rentenfonds sowie ETF gehören. Wenn ein geschlossener Fonds die für sein geplantes Investment benötigten Geldmittel eingesammelt hat, wird er für weitere Anleger geschlossen. Die Anleger sind Mitunternehmer, meist in Form eines Kommanditisten. Geschlossene Fonds werden nicht über Wertpapierbörsen gehandelt. Das bedeutet, dass Anleger oft über viele Jahre an die Beteiligung gebunden sind und dass es gibt einen eingeschränkten Zweitmarkt gibt, auf dem längst nicht alle Beteiligungen verkauft werden können. Mehr über die Chancen und vor allem Risiken von geschlossenen Fonds lesen Sie ab Seite 173.

Die ersten Schritte

Sachwerte können Ihrem Anlageportfolio Stabilität geben und Ihr Vermögen vor einer Kaufkraftverminderung durch Inflation schützen. Aber auch Geldwertanlagen haben ihre Berechtigung. Entscheidend ist die richtige, Ihren Zielen entsprechende Zusammensetzung Ihres Vermögens. In diesem Kapitel erfahren Sie, worauf es dabei ankommt.

Das ist wichtig bei der Geldanlage

Der Erfolg der Geldanlage hängt in erster Linie davon ab, wie gut sie geplant ist. Die Auswahl der Einzelprodukte ist erst der zweite Schritt.

„Auch der weiteste Weg beginnt mit einem ersten Schritt." Dieses Zitat wird dem chinesischen Philosophen Konfuzius (551 bis 479 vor Christus) zugeschrieben. Zwar hat er dabei vermutlich nicht an die Geldanlage gedacht, dennoch lässt es sich gut darauf übertragen. Bevor Sie damit anfangen, Ihr Geld willkürlich in irgendwelche Finanzprodukte zu investieren, die vielleicht hohe Renditen versprechen, sollten Sie beurteilen können, ob diese zu Ihren Zielen und Erwartungen passen. Dazu benötigen Sie ein solides Grundwissen über die vielen Anlagemöglichkeiten, die sich in einer global vernetzten Welt bieten. Zudem sollte eine genaue Analyse Ihrer persönlichen Ausgangssituation am Anfang jeder Anlageentscheidung stehen. Wo stehen Sie heute finanziell? Wofür wollen Sie sparen, wann benötigen Sie das Geld wieder, wie sicher sollen Ihre Anlagen sein, und welche Rendite streben Sie an?

All diese Fragen zu klären und dann die richtigen Entscheidungen zu treffen, erfordert einen gewissen Aufwand, den Sie jedoch nicht scheuen sollten. Wenn Sie noch kein Anlageprofi sind, sollten Sie daher mit den folgenden Hintergrundinformationen und den ersten Schritten beginnen, bevor Sie sich ab Seite 57 mit einzelnen Sachwertanlagen befassen.

Eine kurze Geschichte der Wirtschafts- und Finanzkrisen

Über Sachwertanlagen denken vor allem viele Anleger nach, die ihr Vermögen vor Verlusten durch Wirtschaftskrisen und Inflation schützen wollen. So gab es in der Geschichte der Wirtschaft einige Krisen, die Anlegern, aber auch ganzen Volkswirtschaften hohe Verluste bescherten. Als „Mutter aller Krisen" ist die große Depression in den 1930er-Jahren bekannt, der der große Aktiencrash von 1929 vorausging. Auslöser war ein Preisverfall auf den Rohstoffmärkten und ein Spekulationsfieber bei den Anlegern. Diese hatten mitunter auf Pump am Aktienmarkt spekuliert und als es am „schwarzen Donnerstag", dem 24. Oktober 1929, zu Kursrückgängen kam, verkauften viele panisch ihre Aktien. Wenn aber viele Menschen gleichzeitig ihre Aktien auf den Markt werfen, kommt es zu einem Preisverfall: Die US-Börse kollabierte. Als Gegenmaßnahme reduzierten Staaten und Notenbanken die Geldmengen und staatlichen Ausgaben. Da aber ohne staatliche Neuverschuldung kaum Wirtschaftswachstum möglich war, wurde die Situation nur noch schlimmer und führte zur jahrelangen „Great Depression". Dieser Fehler sollte bei folgenden Wirtschaftskrisen nicht mehr gemacht werden.

Am „schwarzen Montag", dem 19. Oktober 1987, fiel der Dow-Jones-Index um 22,3 Prozent und vernichtete rund 1 Billion Dollar. Der neue Chef der amerikanischen Notenbank Fed, Alan Greenspan, senkte umgehend die Leitzinsen und versorgte die Wirtschaft mit Liquidität und billigen Krediten. Eine Rezession wie in den 1930er-Jahren wurde verhindert und schon am 24. August 1989 erreichte der Dow-Jones ein neues Allzeithoch.

Von der Asienkrise 1997/1998 waren vor allem südostasiatische „Tigerstaaten" wie Südkorea, Thailand, Indonesien, Malaysia und Singapur betroffen. Banken in Südostasien hatten sich in Währungen mit niedrigem Leitzins (Dollar, Yen, D-Mark) Geld geliehen und dann ohne Maß Kredite vergeben. Die daraus entstandene Spekulations- und Wachstumsblase platzte, als sich die Wechselkurse zu Ungunsten der ostasiatischen Länder entwickelten und die asiatischen Banken und Staaten immer mehr eigene Banknoten aufwenden mussten, um die Schulden im Ausland zurückzuzahlen. Eine tiefe Rezession in den „Tigerstaaten" war die Folge. Banken, Unternehmen und ganzen Staaten drohte die Zahlungsunfähigkeit. Im Zuge internationaler Hilfsmaßnahmen öffneten die Notenbanken der Industriestaaten wieder die Schleusen und stellten billige Liquidität zur Verfügung, um ein Übergreifen auf die Weltwirtschaft zu verhindern. Die Operation „Liquidität gegen Rezession" glückte erneut. Die Börsen erholten sich und die Weltwirtschaft wuchs weiter. Aber: Ein großer Teil des billigen Geldes floss nicht in die Realwirtschaft, sondern in die Finanzmärkte.

Die viele überschüssige Liquidität und die niedrigen Zinsen flossen unter anderem in die Bereiche Technologie, Medien, Telekommunikation. In Deutschland entstand das Börsensegment „Neuer Markt". Aktien der „New Economy" erlebten teilweise absurd hohe Bewertungen und es entwickelte sich eine Spekulationsblase, bei der der Markt nahezu leergekauft wurde. Die „Internet-Blase" platzte in den Jahren 2000/2001, als den Anlegern klar wurde, dass die Unternehmen die hohen Gewinnerwartungen nicht erfüllen konnten. Einige (wie zum Beispiel EM TV) hatten sogar Bilanzen gefälscht. Alan Greenspan von der amerikanischen Notenbank und auch andere Notenbanken griffen auf ihre bewährten Gegenmaßnahmen zurück: Die Leitzinsen wurden drastisch gesenkt und den Märkten wurde wiederum Liquidität zur Verfügung gestellt. Auch dieses Mal konnte damit eine tiefere Rezession verhindert werden. Doch langsam zeigte sich, dass in jeder Krise die Zinsen tiefer geschraubt werden mussten, um noch eine stimulierende Wirkung auf die Wirtschaft zu erzeugen.

Als am 15. September 2008 die Lehman-Bank in die Insolvenz ging, wurde aus der Immobilienkrise in den USA die größte Weltwirtschaftskrise seit rund 80 Jahren. Der Geldmarkt drohte zusammenzubrechen, weil sich die Banken gegenseitig nicht mehr vertrauten. Unternehmen bekamen kaum noch Kredite, und es bestand die Gefahr eines „Bankenruns", bei dem Sparer all ihr Geld von den Banken abziehen. Und einmal mehr hieß die Gegenmaßnahme „Flutung mit Liquidität". Banken erhielten teilweise direkte finanzielle Unterstützung, die Leitzinsen und damit letztlich der Preis, zu dem sich Banken, Unternehmen und Staaten Geld leihen können, wurden drastisch gesenkt. Die Notenbanken „druckten" Geld, indem sie Staatsanleihen des eigenen Staates aufkauften.

Niedrigzinsphase und hohe Staatsverschuldungen

Die Folgen der Finanzkrise von 2008 spüren Sparer und Anleger noch heute: Die Zinsen sind immer noch auf niedrigstem Niveau. Die Europäische Zentralbank will mit ihren niedrigen Leitzinsen erreichen, dass die Banken an Staaten, Unternehmen und Privatleute Kredite vergeben, die dieses Geld wiederum investieren und damit für Wachstum sorgen. Viele Staaten haben das billige Geld aber nicht für sinnvolle Maßnahmen wie Konjunkturmaßnahmen oder Infrastrukturverbesserungen genutzt, sondern haben sich immer weiter verschuldet. In der Eurozone hat die Staatsschuldenquote im Zeitraum von 2008 bis 2018 um 14,5 Prozentpunkte auf knapp 85 Prozent des Bruttoinlandsprodukts zugelegt, die Schuldenquote der großen Industrienationen (G7) stieg sogar um 27 Prozentpunkte auf rund 117 Prozent. Ein Anstieg der Zinsen würde stark verschuldete Staaten umso stärker treffen. Vermutlich werden die Zinsen daher auch in den nächsten Jahren auf niedrigem Niveau verharren.

Sachwert- und Geldwertanlagen

Es reicht aber nicht, sich nur damit abzufinden, dass man vor allem mit Zinsanlagen in den nächsten Jahren keine hohen Renditen erzielen kann. Bei der Geldanlage müssen Sie auch bedenken, welche Kaufkraft Ihr Vermögen in späteren Jahren noch haben wird. Schon bei einer moderaten Inflation von 2 Prozent, die die Europäische Zentralbank als anzustrebende Leitmarke definiert, können Sie sich beispielsweise für heute 1000 Euro in 20 Jahren nur noch Güter im Wert von 668 Euro kaufen. Geldwertanlagen können anders als Sachwertanlagen Kaufkraftänderungen durch Inflation nicht ausgleichen, haben aber dennoch ihre Berechtigung im Anlageportfolio. Sie sollten daher den Unterschied zwischen Sachwertanlagen und Geldwertanlagen kennen.

Sachwerte sind Wirtschaftsgüter, die einen Gebrauchswert verkörpern, der grundsätzlich unabhängig von Geldwertschwankungen (Inflation) ist. Dazu zählen Immobilien, Beteiligungen an Unternehmen und deren Vermögenswerten (zum Beispiel in Form von Aktien) oder Edelmetalle wie Gold und Silber. Die Wertentwicklung von Sachwerten ist nicht genau prognostizierbar. Eine positive Entwicklung ist aber auch dann möglich, wenn es eine hohe Inflation oder gar eine Währungsänderung gibt. Denn der „innere" Wert der Anlage bestimmt deren Entwicklung. So kann beispielsweise der Wert einer Immobilie auch in Phasen hoher Inflation steigen. Der Vermieter kann (innerhalb der gesetzlichen Rahmenbedingungen) die Miete erhöhen und so für sich

Wie die Anlagedauer das Risiko reduziert

Beim MSCI-World-Index, der über 1600 Aktien aus 23 Industrienationen enthält, lagen die Renditen in Euro (inklusive Dividenden) in allen Einjahresperioden von 1969 bis 2018 im Durchschnitt bei 8,9 Prozent – aber die Renditen schwankten zwischen plus 66,1 Prozent und minus 39,1 Prozent. Mit zunehmender Spardauer nahm die Spanne zwischen besten und schlechtesten Renditen deutlich ab. Bei 10 Jahren lag der Ertrag im Durchschnitt bei 8,7 Prozent pro Jahr, im schlechtesten Fall bei minus 3,8 und im besten bei plus 29,4 Prozent. Bei 15 Jahren bringt selbst der schlechteste Zeitabschnitt 2,1 Prozent Gewinn, der beste 16,1 Prozent. Und bei 30 Jahren gleichen sich die Renditen im besten (plus 11,3 Prozent) und schlechtesten Zeitraum (plus 6,8 Prozent) dem Durchschnitt von 8,9 Prozent deutlich an.

Quelle: Thomson Reuters, eigene Berechnungen

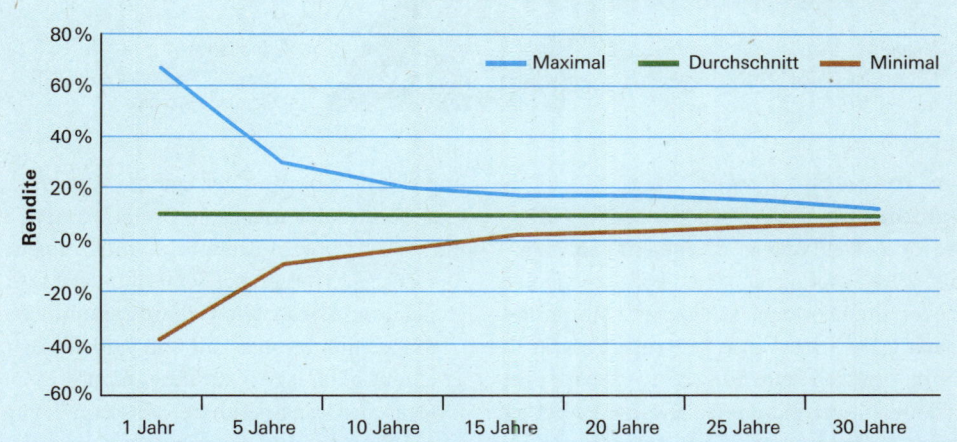

einen Inflationsausgleich schaffen. Ein weiteres Beispiel: Unternehmen können steigende Preise für Rohstoffe mitunter über den Preis ihrer Produkte an die Kunden weitergeben und damit ihre Gewinne aufrechterhalten. Anleger, die über Aktien an den Unternehmen beteiligt sind, können über Dividendenzahlungen und Wertsteigerungen daran teilhaben.

Wie die ↗ Grafik „Wie die Anlagedauer das Risiko reduziert" zeigt, erzielten Anleger, die ihre Aktien längerfristig hielten, fast nie Verluste und in der Regel Renditen, die weit über der Inflation lagen.

Geldwertanlagen versprechen meist die Rückzahlung der Anlagesumme (Nominalwert) und die Zahlung eines Ertrags. Einen Wertverlust durch Inflation können sie oft nicht ausgleichen. Ist diese beispielsweise höher als der gezahlte Zins einer Festgeldanlage, erhält ein Anleger am Laufzeitende zwar nominal seine Anlagesumme und Zinsen zurück, er erleidet aber real (nach Abzug der Inflation) einen Verlust. Zu den Geldwertanlagen zählen Sparbücher, Tages- und Festgelder, festverzinsliche Wertpapiere und Rentenfonds.

Während Sachwertanlagen einem Portfolio Renditechancen und Geldwertstabilität verleihen können, sind Geldwertanlagen notwendig, um planbare Erträge und rechtzeitige Verfügbarkeit (Liquidität) zu sichern. Geldwertanlagen schwanken im Wert nicht oder weniger als Sachwertanlagen. Wollen Anleger aber ihr Kapital erhalten oder vermehren, müssen sie zumindest in Niedrigzinsphasen Schwankungen (Volatilität) bei Teilen ihres Portfolios in Kauf nehmen.

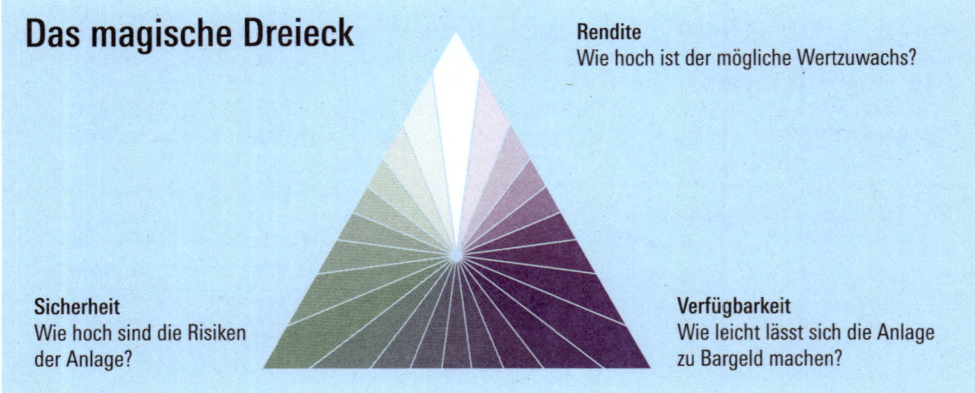

Das magische Dreieck

Rendite
Wie hoch ist der mögliche Wertzuwachs?

Sicherheit
Wie hoch sind die Risiken der Anlage?

Verfügbarkeit
Wie leicht lässt sich die Anlage zu Bargeld machen?

Das magische Dreieck der Geldanlage

Die ideale Geldanlage brächte eine hohe Rendite, wäre absolut sicher und könnte jederzeit wieder ohne Verlust zu Geld gemacht werden. Leider gibt es diese eine Geldanlage nicht. Sie können zwar aus einer unüberschaubaren Anzahl an Finanzprodukten auswählen. Aber bei keiner Anlageform sind optimaler Ertrag, maximale Sicherheit und jederzeitiger Zugriff gleichzeitig zu erreichen. Sonst hätte man die eierlegende Wollmilchsau der Geldanlage gefunden.

Ein bekanntes Modell, um diese Zielkonflikte zu beschreiben, ist das „Magische Dreieck der Geldanlage". Dieses hat nichts mit Zauberei zu tun, sondern veranschaulicht, dass bei jeder Anlage grundsätzlich drei verschiedene Ziele verfolgt werden. Diese sind Rendite, Sicherheit und Verfügbarkeit einer Anlage, Fachleute sprechen von Liquidität. Sie bilden die Eckpunkte des magischen Dreiecks. Oft muss man bei einer Anlage Abstriche bei einem Ziel machen, wenn ein anderes stärker im Vordergrund steht. So besteht beispielsweise zwischen den Zielen Rendite und Sicherheit regelmäßig ein Konflikt, da der Preis für höhere Renditechancen fast immer ein höheres Risiko

und damit eine weniger sichere Anlage ist. Man könnte das magische Dreieck noch um weitere Eckpunkte erweitern. So können weitere wichtige Kriterien bei der Geldanlage sein:

▸ Bequemlichkeit. Wie viel Aufwand möchten Sie mit der Auswahl und Verwaltung einer Geldanlage in Kauf nehmen?
▸ Ethische Gesichtspunkte. Das können Fragen sein, wie „Welche Auswirkungen hat das Investment auf die Umwelt, zukünftige Generationen oder die Menschen eines Landes?"
▸ Steuern. Auch Steuersparmöglichkeiten werden vereinzelt als Eckpunkt eines magischen Vielecks angesehen.

Diese Zielkonflikte zeigen, dass es bei der Auswahl der richtigen Anlageform vor allem auf eines ankommt: Sie muss zu Ihren Anlagezielen passen. Sie müssen wissen, zu welchem Zweck und wie lange Sie Ihr Geld anlegen wollen. So haben unter anderem Ihr Alter, Ihr Familienstand und Ihre persönlichen Lebensumstände Einfluss auf die Wahl der für Sie passenden Geldanlagen.

Ihre persönlichen Anlageziele können zum Beispiel sein:

- ▶ Ich möchte die Familie absichern
- ▶ Ich möchte für bestimmte Anschaffungen sparen
- ▶ Ich möchte fürs Alter vorsorgen
- ▶ Ich möchte Geld für die Ausbildung meiner Kinder zurücklegen
- ▶ Ich benötige Eigenkapital, weil ich ein Haus oder eine Wohnung kaufen möchte
- ▶ Ich möchte Rücklagen für Notfälle bilden
- ▶ Ich möchte vorzeitig in den Ruhestand gehen
- ▶ Ich plane eine Weltreise
- ▶ Ich möchte ein Unternehmen gründen

Wenn Sie sich im Klaren über Ihre Spar- und Anlageziele sind, wissen Sie auch, welcher Eckpunkt des magischen Dreiecks für Sie Priorität hat und wo Sie bereit sind, Einschränkungen in Kauf zu nehmen. So ist beispielsweise beim Ziel „Altersvorsorge" die Verfügbarkeit der Anlage nicht so wichtig, wohl aber die Rendite und die Sicherheit.

Die Rendite einer Anlage

Die Rendite oder auch Rentabilität einer Anlage zeigt ihren Erfolg. Vereinfacht gesagt ist dies der Ertrag, den das eingesetzte Kapital innerhalb einer bestimmten Zeit erwirtschaftet. Die Rendite wird üblicherweise auf ein Jahr umgerechnet und in Prozent angegeben.

Je nachdem, um welche Art der Anlage es sich handelt, kann die Rendite schon von Anfang an feststehen, oder sie ergibt sich erst mit der Veräußerung der Anlage. Bei den meisten festverzinslichen Produkten lässt sich die Rendite vorab berechnen, wenn Anleger sie bis zum Laufzeitende halten. Denn die für die Renditeberechnung notwendigen Angaben wie Rückzahlungstermin und jährliche Ausschüttungen sind von Anfang an festgelegt. Anders sieht es im Aktien- oder Fondsbereich aus. Diese haben keine feste Laufzeit, sodass die Rendite nur zu einem bestimmten Stichtag oder beim Verkauf rückwirkend bestimmt werden kann. Die Rendite einer Aktienanlage hängt insbesondere von der Wertentwicklung und den Ausschüttungen ab. Letztere, die sogenannte Dividende, ist wiederum vom Jahresgewinn des Unternehmens abhängig.

Generell gilt: Je größer die Renditechancen, desto größer das Risiko. Bei Anlagen, bei denen auch die Substanz an Wert gewinnen kann – zum Beispiel bei Aktien und Immobilien –, sind höhere Erträge möglich als bei Festzinsanlagen, bei denen nur ein Zinsertrag fließt, der Substanzwert aber gleich bleibt. Aktien und Immobilien können dafür aber an Wert verlieren, wenn es schlecht läuft. Suchen Sie eine sehr sichere Anlage, bei der Verluste ausgeschlossen sind, müssen Sie daher auf Renditechancen verzichten. Kommt es Ihnen hingegen auf hohe Ertragschancen an, müssen Sie mögliche Verluste in Kauf nehmen.

Im Zweifel für die Verfügbarkeit

Bei zwei Anlagen mit annähernd gleicher Sicherheit und gleichen Ertragschancen sollten Sie grundsätzlich die mit der höheren Liquidierbarkeit wählen, also diejenige, die Sie schneller wieder zu Geld machen können.

Ein häufig anzutreffender Glaubenssatz ist: „Ein Prozent mehr oder weniger Rendite – was macht das schon?" Wenn Sie Ihre Erinnerung an Zinseszins-Berechnungen, die Sie sicherlich im Mathematikunterricht gemacht haben, hervorholen und anwenden, werden Sie sehen, dass ein Prozent mehr Rendite eine ganze Menge ausmachen kann. Auch ohne Rechenkünste können Sie den Zinseszins einer Anlage leicht mit Rechentools im Internet berechnen, wie zum Beispiel unter www.zinsen-berech nen.de/zinsrechner.php.

Einen Überblick über die Bedeutung des Zinseszinses gibt Ihnen die Tabelle „Das bringt der Zinseszinseffekt bei Einmalanlagen". Sie sehen daraus, dass Sie bei einer Anlagesumme von 10 000 Euro schon nach zehn Jahren leicht mehr als 1 000 Euro extra verdienen können, wenn Sie nur ein Prozent mehr Rendite erzielen. Legen Sie noch länger an, kann sich der Zinseszinseffekt besonders gut auswirken. Legen Sie 20 Jahre lang an und erzielen jährlich 4 Prozent Rendite, erhalten Sie insgesamt 11 911 Euro Zinsen. Bei 3 Prozent Rendite wären es nur 8 061 Euro. Bezogen auf Ihr eingesetztes Kapital von 10 000 Euro würden Sie bei 4 Prozent Verzinsung 38,5 Prozent (3 850 Euro) – nicht nur 1 Prozent – mehr Geld zurückbekommen, als wenn Sie nur für 3 Prozent anlegen würden. Deshalb unterscheiden Fachleute zwischen Prozent und Prozentpunkt. Genau genommen beträgt der Unterschied zwischen 3 und 4 Prozent Rendite nicht ein Prozent, wie man gern umgangssprachlich sagt, sondern einen Prozentpunkt. Und ein Prozentpunkt

mehr oder weniger Rendite macht eine ganze Menge aus – eben weit mehr als ein Prozent.

Wenn Sie wissen wollen, wie rentabel Ihre Anlagen wirklich waren, dürfen Sie nicht nur auf die Erträge, die sogenannte Bruttorendite, schauen. Denn einen Teil der Bruttorendite zehren Kosten (zum Beispiel Depotgebühren, Kauf- und Verkaufsgebühren, Provisionen) wieder auf. Auch das Finanzamt will in Form von Steuern an Ihrem Anlageerfolg beteiligt werden. Was Ihnen danach verbleibt, ist die Nettorendite Ihrer Anlagen nach Steuern. Ist diese niedriger als die allgemeine Steigerung der Lebenshaltungskosten (Inflation), haben Sie letztlich sogar Geld verloren.

Das bleibt von Ihrer Investition nach Abzug der Inflation – ein Beispiel:	
Anlagebetrag	10 000,00 €
minus Kaufgebühren	– 50,00 €
Tatsächliche Anlage	**9 950,00 €**

3 % Zinsen auf 9 950 Euro	298,50 €
minus Abgeltungsteuer auf Zinsen	–78,73 €
minus Verkaufsgebühren von 0,5 % auf die tatsächliche Anlage	–49,75 €
minus Kaufkosten	–50,00 €
Ertrag nach Kosten und Steuern	**120,02 €**
Nettorendite nach Steuern in Prozent	1,2 %
Inflationsrate	–0,8 %
Ergebnis nach Inflation	**0,4 %**

Manchmal schreiben Banken und Finanzdienstleister in ihren Werbebroschüren von der „durchschnittlichen Wertentwicklung" ei-

Das bringt der Zinseszinseffekt bei Einmalanlagen

So viel Euro haben Sie bei einer Anlagesumme von 10 000 Euro nach … Jahren Laufzeit bei einem Zinssatz von … Prozent.

Laufzeit in Jahren	Anlageergebnis einer Einmalanlage von 10 000 Euro bei einem Zins von						
	0,5 %	1,0 %	2,0 %	3,0 %	4,0 %	5,0 %	6,0 %
1	10 050	10 100	10 200	10 300	10 400	10 500	10 600
2	10 100	10 201	10 404	10 609	10 816	11 025	11 236
3	10 151	10 303	10 612	10 927	11 249	11 576	11 910
4	10 202	10 406	10 824	11 255	11 699	12 155	12 625
5	10 253	10 510	11 041	11 593	12 167	12 763	13 382
6	10 304	10 615	11 262	11 941	12 653	13 401	14 185
7	10 355	10 721	11 487	12 299	13 159	14 071	15 036
8	10 407	10 829	11 717	12 668	13 686	14 775	15 938
9	10 459	10 937	11 951	13 048	14 233	15 513	16 895
10	10 511	11 046	12 190	13 439	14 802	16 289	17 908
11	10 564	11 157	12 434	13 842	15 395	17 103	18 983
12	10 617	11 268	12 682	14 258	16 010	17 959	20 122
13	10 670	11 381	12 936	14 685	16 651	18 856	21 329
14	10 723	11 495	13 195	15 126	17 317	19 799	22 609
15	10 777	11 610	13 459	15 580	18 009	20 789	23 966
16	10 831	11 726	13 728	16 047	18 730	21 829	25 404
17	10 885	11 843	14 002	16 528	19 479	22 920	26 928
18	10 939	11 961	14 282	17 024	20 258	24 066	28 543
19	10 994	12 081	14 568	17 535	21 068	25 270	30 256
20	11 049	12 202	14 859	18 061	21 911	26 533	32 071

Achten Sie auf den Effektivzins.
Lassen Sie sich nicht von der „durchschnittlichen Wertentwicklung" oder
von „Bonuszahlungen" blenden. Achten Sie auf die effektive Rendite beziehungsweise den Effektivzins. Nur so
können Sie beurteilen, ob eine Anlage
rentabel ist. Banken rechnen manchmal anders: Wird eine zweijährige Anlage von 10 000 Euro mit 3 Prozent
verzinst, beträgt ihre Rendite eben 3
Prozent. Der Anleger erhält nach zwei
Jahren 10 609 Euro (10 000 x 3 Prozent = 300 Euro für das erste, 10 300
x 3 Prozent = 309 Euro für das zweite
Jahr). Die durchschnittliche Wertentwicklung beträgt aber 3,045 Prozent.
Dazu werden die Zinsen von 609 Euro
durch die Zahl der Jahre geteilt und
ausgeblendet, dass sich das effektiv
eingesetzte Kapital durch die gutge-
schriebenen Zinsen jedes Jahr um die
anteiligen Jahreszinsen erhöht. Bei einer längeren Laufzeit vergrößert sich
der Unterschied zwischen durchschnittlicher Wertentwicklung und
Rendite. Können Sie die tatsächliche
Rendite nicht selbst ermitteln, fragen
Sie Ihren Berater danach und lassen
Sie sich die Höhe des Kapitals einschließlich der Erträge am Ende der
Laufzeit ausrechnen.

ner Anlage. Diese ist grundsätzlich höher als
die Rendite. Hier wird der Zinseszinseffekt zur
Beschönigung der Ertragsstärke des angebotenen Produktes missbraucht.

Sie sollten auch nicht den Fehler machen,
bei mehrjährigen Anlagen die Wertentwick-
lungen einfach zu addieren. Hat beispielsweise
eine Aktie im ersten Jahr eine Wertentwicklung von 20 Prozent erzielt und im zweiten
Jahr einen Verlust von 10 Prozent, beträgt die
Gesamtperformance nur 8 Prozent – nicht, wie
viele meinen (20 Prozent minus 10 Prozent =)
10 Prozent. Denn bei einem angenommenen
Kaufkurs von 100 Euro stieg der Wert auf 120
Euro im ersten Jahr und fiel dann auf 108 Euro,
was einer Wertsteigerung von 8 Prozent entspricht.

Sicherheit und Risiken

Unter Sicherheit verstehen die meisten Anleger die Wahrscheinlichkeit, das eingesetzte Kapital am Ende der Laufzeit oder bei einem Verkauf wieder vollständig zurückzubekommen.
Einige Beispiele aus der jüngeren Vergangenheit zeigen, dass scheinbar sichere Anlagen
wertlos werden können. So hat etwa niemand
gedacht, dass eine große amerikanische Bank
wie Lehman Brothers pleitegehen könnte und
deshalb von ihr begebene Zertifikate wertlos
werden könnten. Auch Zahlungsausfälle bei
europäischen Staatsanleihen hielt bis zum
Ausbruch der Euro-Krise keiner für möglich.

Kapitalverluste können auch andere Gründe haben, die je nach Anlageklasse (Aktien,
Festzinsanlagen, Immobilien, etc.) unterschiedlich ausgeprägt sind. So kann vielleicht

nicht der gesamte Kapitaleinsatz gefährdet sein, dafür besteht möglicherweise die Gefahr, dass die Erträge geringer ausfallen als erwartet (Ertragsrisiko). Das kann beispielsweise der Fall sein, wenn die Gewinne und damit die Dividende bei einem Aktienunternehmen zurückgehen oder eine Immobilie nur zu einem geringeren Mietpreis weitervermietet werden kann. Bei börsennotierten Wertpapieren müssen Sie einkalkulieren, dass diese im Wert schwanken können (Kursrisiko). Daneben besteht bei Anlagen in fremder Währung ein Währungsrisiko. Ändert sich der Wechselkurs der fremden Währung zum Euro, beeinflusst das den Wert Ihres Investments.

Grundsätzlich gilt, dass mit den Renditechancen von Anlagen auch deren Risiken steigen. So bieten Anlagen, die solche Risiken aufweisen, auch entsprechende Chancen. Entwickelt sich ein Unternehmen besonders gut, steigen in der Regel die Dividenden (Ertragschance) und der Aktienkurs (Kurschance). Ein Währungsrisiko stellt gleichzeitig eine Währungschance dar und Ihre Rendite steigt, wenn der Euro-Wechselkurs nach dem Kauf einer ausländischen Aktie fällt. Sie erhalten dann beim Verkauf in Euro mehr Euros für Ihre Aktie.

Sie müssen bei jeder Geldanlage genauer hinschauen, welche Risiken (und damit auch Chancen) diese aufweist, und abwägen, ob Sie lieber mehr Sicherheit oder mehr Rendite haben wollen.

Verfügbarkeit – Liquidität

Die größten Zielkonflikte im magischen Dreieck der Geldanlage bestehen in der Regel zwischen den Ertragsaussichten und der Sicherheit einer Anlage. Daneben spielt aber auch die Liquidität eine entscheidende Rolle bei der Suche nach der individuell passenden Anlageform. Je liquider Ihre Geldanlagen sind, umso schneller können Sie wieder über sie verfügen. Der Haken dabei ist, dass liquidere Anlagen oft niedrigere Renditen erwarten lassen. Zum Beispiel erhalten Sie grundsätzlich höhere Zinsen bei Festzinsanlagen, je länger Sie Ihr Geld festlegen. Für das höchst liquide Girokonto erhalten Sie in der Regel keine Zinsen.

Einen Teil Ihres Vermögens müssen Sie liquide halten, um Ihre täglichen Rechnungen und auch die außerplanmäßigen bezahlen zu können. Dafür benötigen Sie eine Notfallreserve. Wenn Sie nicht liquide genug sind, weil Sie Ihr gesamtes Geld in langlaufende Anlagen gesteckt haben, besteht die Gefahr, dass Sie sich für ungeplante Ausgaben Geld leihen und dafür Verzugs- und Überziehungszinsen zahlen müssen, die höher sind als die Renditen Ihrer Geldanlagen. Achten Sie daher auf eine Balance zwischen Liquidität und Renditechancen Ihrer Anlagen.

Neben Anlagen, bei denen Sie von vornherein wissen, dass Sie erst nach einer bestimmten Zeit wieder an Ihr Geld kommen, gibt es Anlagen, die Sie zwar täglich verkaufen und zu Geld machen können, aber es ist ungewiss, zu welchem Preis. Eine Aktie ist sehr liquide, da sie börsentäglich verkauft werden kann – der Preis in der Zukunft ist jedoch unbekannt. Es kann daher sein, dass die Aktie gerade tief im Minus steckt, wenn Sie das Geld zu einem bestimmten Zeitpunkt in nicht allzu ferner Zukunft brauchen. Möchten Sie beispielsweise liquide bleiben, weil Sie nach einer Immobilie für sich und Ihre Familie suchen, wäre ein Aktieninvestment daher nicht die für Sie passende liquide Anlage.

Wie bequem soll es sein?

Für manchen Anleger sind ein geringer Aufwand sowie die leichte Verständlichkeit wichtige Faktoren bei der Entscheidung für eine Geldanlage. Das magische Dreieck der Geldanlage wird sozusagen um den Punkt „Bequemlichkeit" zum Viereck erweitert. Eine bequeme Geldanlage zeichnet sich grundsätzlich dadurch aus, dass Sie diese und das Marktumfeld während der Laufzeit kaum beobachten müssen. Beispiele für solche Anlagen sind Festzinsanlagen bei Banken und Sparkassen. Diese kann ein Anleger nach dem Abschluss grundsätzlich einfach bis zum Ende der Laufzeit liegen lassen. Würde er mit seinem Geld hingegen ein Portfolio aus Einzelaktien aufbauen, sollte er dieses regelmäßig beobachten, um auf Marktveränderungen oder Unternehmensnachrichten reagieren zu können.

Anleger müssen bei bequemen Produkten meist bereit sein, teilweise erhebliche Abstriche bei der Rendite in Kauf zu nehmen. Zumindest innerhalb der gleichen Produktart sollten sich aber auch bequeme Anleger die Mühe machen, die besten Angebote zu finden, denn auch dort können die Ertragsaussichten stark voneinander abweichen. So kann beispielsweise das Festzinsangebot der Hausbank wesentlich schlechter sein als das einer Direktbank.

Nicht alle Eier in einen Korb

Vorsichtige Sparer und Anleger, die mit riskanteren Anlageformen einmal Verluste erlitten haben, neigen dazu, ihr Kapital ausschließlich in eine Anlageform zu stecken, die sie für sicher halten. Doch wer sein ganzes Geld auf einem Sparbuch oder in deutschen Staatsanleihen parkt, begeht womöglich einen schweren Anlagefehler. Will er beispielsweise für sein Alter vorsorgen, könnte die erwirtschaftete Rendite viel zu niedrig sein, um im Ruhestand davon leben zu können.

Viele Untersuchungen haben bestätigt, dass Anleger das Risiko ihrer Geldanlagen senken können, wenn sie „nicht alle Eier in einen Korb legen". Fällt der Korb runter, sind alle Eier kaputt. Hat man die Eier (das zur Verfügung stehende Geld) auf mehrere Körbe (Anlageklassen und -produkte) verteilt, ist das Verlustrisiko wesentlich geringer. Das ist der Kern der modernen Portfoliotheorie, für die Harry Markowitz 1989 den Nobelpreis für Wirtschaftswissenschaften erhielt. Markowitz wies nach, dass eine vernünftige Streuung des Kapitals auf verschiedene Anlageformen und -länder das Verlustrisiko eines Portfolios vermindern und dabei sogar die Renditechancen erhöhen kann. Auch wenn es verschiedene Kritikpunkte an der Portfoliotheorie gibt und Teile davon sogar als überholt gelten, ist diese Kernaussage weiterhin richtig.

Der erste Überblick

Bevor Sie Geld investieren, sollten Sie wissen, was Sie schon besitzen und wie viel Sie überhaupt zum Anlegen übrig haben. Starten Sie mit einer Bestandsaufnahme und einer Notfallreserve.

Bevor Sie mit dem Investieren beginnen, müssen Sie erst einmal herausfinden, wie viel Geld Ihnen dafür überhaupt zur Verfügung steht. Haben Sie eine bestimmte Summe geerbt und wollen diese jetzt anlegen, kennen Sie den Anlagebetrag natürlich. Im ersten Schritt sollten Sie überlegen, ob Sie eventuelle Kredite ablösen können. Meist bietet das die höchste Rendite. Das ziehen Sie vom zur Verfügung stehenden Geld ab, der Rest ist Ihr Anlagebetrag.

Anders ist es, wenn Sie auf ein Ziel hin sparen. Wollen Sie beispielsweise für die Altersvorsorge regelmäßig sparen, ist es sinnvoll, sich zunächst darüber klar zu werden, wie viel Sparen Sie sich leisten können. Eines der wichtigsten Hilfsmittel dazu ist ein Haushaltsbuch. In dieses schreiben Sie über ein paar Monate alle Ihre Ausgaben und Einnahmen. Das, was am Monatsende regelmäßig übrigbleibt, ist Ihr möglicher Sparbetrag.

Ein Haushaltsbuch kann Ihnen außerdem zeigen, wo „Geldfresser" in Ihrem Alltag versteckt sind. Das können beispielsweise Abonnements für Zeitschriften sein, die Sie gar nicht mehr lesen, oder Beiträge für Vereine, die Sie schon lange nicht mehr besuchen. Durchforsten Sie Ihre Ausgaben kritisch danach, auf welche Posten Sie verzichten oder welche Ausgaben Sie senken könnten.

Haushaltbücher finden Sie im Buch- und Schreibwarenhandel. Es muss nicht das klassische Buch sein. So finden Sie im Internet kostenlose Haushaltsbuch-Programme. Mit diesen können Sie sich dann unter anderem auch grafische Auswertungen Ihres Einnahme-/Ausgabeverhaltens erstellen lassen.

Es reicht aber nicht, zu wissen, wie hoch Ihr monatliches Sparpotenzial ist, um mit der Geldanlage loszulegen. Sie sollten sich auch einen Überblick darüber verschaffen, welche Anlagen Sie schon besitzen. Häufig schließen Sparer bei ihrer Bank einfach neue Produkte ab, wenn sie mal wieder etwas Geld übrig haben, ohne sich darüber im Klaren zu sein, wie sich dies auf ihre Gesamtvermögensverteilung und die persönliche Risikoeinstellung auswirkt. Um Chancen und Risiken Ihres vorhandenen Vermögens richtig beurteilen und anschließend optimieren zu können, sollten Sie daher zunächst eine Bestandsaufnahme machen.

Größere Unternehmen sind gesetzlich verpflichtet, regelmäßig Bilanzen über ihre Vermögenswerte und Verbindlichkeiten aufzustellen. Dabei werden die Vermögensgegenstände und Darlehen geordnet erfasst und bewertet. Das Gleiche können und sollten auch Privatanleger tun.

So bringen Sie Ordnung in Ihre Kapitalanlagen

Tragen Sie alle Ihre Vermögensgegenstände zusammen und ordnen Sie sie nach den folgenden Anlageklassen:

▶ **1. Liquidität**
  a. Girokonto
  b. Tagesgeldkonto
  c. Geldmarktfonds

▶ **2. Festverzinsliche Anlagen**
  a. Festgelder/Sparbriefe
  b. Anleihen (Staatsanleihen, Unternehmensanleihen, Pfandbriefe)
  c. Bausparverträge
  d. Rentenfonds

▶ **3. Aktieninvestments**
  a. Einzelaktien
  b. Aktienfonds/ETF
  c. Zertifikate auf Aktien und Aktienindizes

▶ **4. Immobilien**
  a. Vermietete Immobilien
  b. Offene Immobilienfonds

▶ **5. Sonstige Vermögenswerte**
  a. Kapitallebensversicherungen
  b. Private Rentenversicherungen

▶ **6. Beteiligungen**
  Zum Beispiel geschlossene Immobilienfonds, Schiffsfonds, Containerfonds, Bürgerbeteiligungen

▶ **7. Rohstoffanlagen**
  a. Goldanlagen
  b. Rohstoffzertifikate / ETC

Nicht aufzuführen brauchen Sie Vermögenswerte, die Sie nicht zur Kapitalanlage besitzen.

Dazu gehört insbesondere das Eigenheim. Denn dieses besitzen Sie in der Regel nicht als Kapitalanlage, sondern weil Sie sich darin wohlfühlen wollen. Sie werden Ihr Familienheim wohl kaum veräußern, um das Geld in andere Kapitalanlagen umzuschichten.

Ebenfalls nicht in die Vermögensbilanz aufnehmen sollten Sie Vermögenswerte, die sich kaum bewerten oder nur zu einem niedrigen Preis veräußern ließen, wie Antiquitäten oder Briefmarkensammlungen. Auch der Hausrat oder das Auto gehören nicht in die Bilanz, diese sind kein Kapitalanlagevermögen, sondern Dinge, die Sie zum täglichen Leben benötigen.

Wenn Sie gerade dabei sind, Ihr Vermögen zu ordnen, bietet es sich an, dass Sie die Unterlagen Ihrer Anlagen in Ordnern zusammenfassen, die Sie entsprechend den Anlageklassen unterteilen und beschriften. Sortieren Sie unwichtige Schreiben wie Werbung aus und legen Sie sich eine Systematik zu, auf die Sie jederzeit zurückgreifen können. Ordnen Sie zukünftig alle wichtigen Schreiben und Unterlagen in diese Ordner (neueste Schreiben immer nach oben), und Sie behalten stets den Überblick über Ihre Finanzanlagen.

So bewerten Sie Ihre Anlagen

Grundsätzlich sollten Sie alle Ihre Anlagen mit deren aktuellen Werten ansetzen. Dazu können Sie bei Aktien, Fonds und Anleihen einen aktuellen Depotauszug heranziehen. Für sonstige Bankanlagen nutzen Sie die entsprechenden Kontoauszüge. Haben Sie Kapitallebens- oder Rentenversicherungen, erhalten Sie gewöhnlich eine jährliche Mitteilung über die aktuellen Rückkaufswerte. Wenn nicht, fordern Sie diese an.

Bei Immobilien ist es naturgemäß schwieriger, den aktuellen Verkehrswert zu bestimmen. Hier können Sie vorsichtig schätzen, welchen Preis Sie bei einem Verkauf erzielen könnten. Dazu können Sie vergleichbare Immobilien heranziehen, die bei den großen Immobilienportalen im Internet zum Verkauf stehen. Oder Sie nutzen die dort angebotenen Immobilienbewertungen, die kostengünstig einen recht guten Orientierungswert finden. Natürlich könnten Sie auch einen Sachverständigen oder Makler mit der Bewertung beauftragen, was entsprechend teurer wäre.

Auch Beteiligungen sind während der Laufzeit schwer zu bewerten, da sie sich vor Ende der Laufzeit kaum veräußern lassen. Manchmal gibt es Nachfrage nach bestimmten „gebrauchten" geschlossenen Fonds. Im Internet (www.zweitmarkt.de) führt die von den Börsen Hamburg und Hannover initiierte „Fondsbörse Deutschland" als größte Handelsplattform auf dem Zweitmarkt für geschlossene Fonds Anbieter und Käufer zusammen. Die Kaufpreise liegen meist weit unter den ursprünglichen Investitionssummen. Sollte Ihre Beteiligung hier geführt werden, können Sie den Kurs, mit dem sie gehandelt wird, als Grundlage für Ihre Bewertung nehmen. Wird beispielsweise ein Anteil an dem geschlossenen Fonds, bei dem Sie investiert sind, zum Kurs von 30 Prozent gehandelt, multiplizieren Sie Ihre Investitionssumme mit 30 Prozent und tragen diesen Wert in Ihre Bilanz ein.

Gut zu wissen

Das Eigenheim als Vermögenspuffer. Das eigene Heim kann gerade in den derzeitigen Niedrigzinsphasen eine gute Geldanlage sein, bei der die Rendite in erster Linie aus ersparten Mietkosten besteht. Denken Sie aber daran, dass eine Immobilie immer auch Kosten verursacht. Die Werbung für „mietfreies Wohnen im Alter" ist nur eine Seite der Medaille. Es wird leicht vergessen, dass ein Eigenheim oft mit seinem Eigentümer in Rente geht und dann größere Sanierungen anstehen. Oft lässt sich ein Haus oder eine Wohnung nicht so einfach verkaufen, wie sich das der Eigentümer vorstellt – zumindest nicht zum erhofften Preis. Sehen Sie daher das Eigenheim als Puffer bei Ihrem Gesamtvermögen an.

Ihre Vermögensbilanz

Alle Ihre Kapitalanlagen und deren Werte tragen Sie auf der linken Seite Ihrer Bilanz bei den Aktiva ein. Diese Seite der Bilanz zeigt, wie Ihr Vermögen derzeit angelegt ist. Wie eine Bilanz aussehen kann, zeigt die Grafik „Die Bilanz: Ein Beispiel".

Um neben Ihrem Brutto-Gesamtvermögen auch Ihr Netto-Gesamtvermögen (Eigenkapital) darstellen zu können, müssen Sie noch Ihre Verbindlichkeiten in die rechte Seite der

Die Bilanz: Ein Beispiel

Auf der linken Seite unter „Aktiva" finden Sie die Vermögensverwendung,
auf der rechten unter „Passiva" die Vermögensherkunft.

Wie ist das Vermögen angelegt? (Aktiva)

	in Euro	in %
Liquidität	**8 000**	**4%**
Girokonto	3 000	
Tagesgeldkonto	5 000	
Festverzinsliche Anlagen	**30 000**	**15%**
Rentenfonds	20 000	
Festgeld	5 000	
Bundesanleihe	5 000	
Aktieninvestments	**21 000**	**10%**
Aktienfonds	17 000	
Einzelaktien	4 000	
Immobilien	**110 000**	**54%**
Vermietete Eigentumswohnung	110 000	
Sonstige Vermögenswerte	**19 000**	**9%**
Kapitallebensversicherung	19 000	
Beteiligungen	**0**	**0%**
Schiffsfonds etc.	0	
Rohstoffanlagen	**16 000**	**8%**
Rohstoffzertifikat	5 000	
Goldbarren/-münzen	11 000	
Summe	**204 000**	

Wo kommt das Vermögen her? (Passiva)

	in Euro	in %
Verbindlichkeiten	**30 000**	**15%**
Darlehen ETW	30 000	
Nettovermögen (Eigenkapital)	**174 000**	**85%**
Summe	**204 000**	

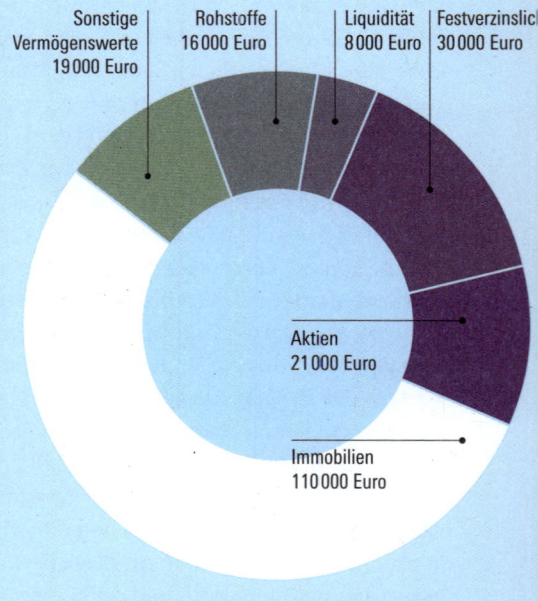

Sonstige Vermögenswerte 19 000 Euro

Rohstoffe 16 000 Euro

Liquidität 8 000 Euro

Festverzinslic[he] 30 000 Euro

Aktien 21 000 Euro

Immobilien 110 000 Euro

Bilanz eintragen. Diese Seite zeigt, wo Ihr Vermögen herkommt. Setzen Sie auch hier die aktuellen Darlehensstände an. Aus der Differenz von Aktiva und Verbindlichkeiten errechnet sich Ihr Nettovermögen.

Wenn Sie die einzelnen Anlageklassen, zum Beispiel Ihre Aktieninvestments, ins Verhältnis zur Summe Ihrer Aktiva setzen, können Sie anhand der Prozentwerte leicht erkennen, wie Ihre Vermögensverteilung, die sogenannte Asset-Allocation, aussieht. In unserem Beispiel machen die Aktieninvestments rund 10 Prozent aus ((21 000 Euro / 204 000 Euro) x 100).

Wenn Sie mit Excel oder OpenOffice Calc arbeiten, können Sie sich mit der Diagramm-Funktion ein anschauliches Kuchendiagramm Ihrer Vermögensverteilung darstellen lassen.

Eine Notfallreserve ist Pflicht

Bevor Sie aber mit der Umschichtung Ihrer Geldanlagen oder dem Sparen anfangen, sollten Sie sicherstellen, dass Sie eine ausreichende Notfallreserve besitzen. Denn nicht immer läuft alles im Leben nach Plan. Arbeitslosigkeit, eine längere Krankheit oder aber auch mehrere teure Haushaltsgeräte, die ausgerechnet zur gleichen Zeit ihren Dienst versagen, können für Ihre Finanzen ganz schön Stress bedeuten.

Bilden Sie für solche Fälle eine Notfallreserve, auf die Sie jederzeit zugreifen können. Denn müssen Sie Ihr Girokonto überziehen oder gar einen Kredit aufnehmen, zahlen Sie dafür meist viel höhere Zinsen, als Sie mit Ihren Geldanlagen verdienen können. Als Faustregel für die Höhe der Notfallreserve können Sie die Summe veranschlagen, die Sie benötigen, um drei bis fünf Monate ohne Einkommen bewältigen zu können.

Es ist nicht empfehlenswert, die Notfallreserve auf Ihrem Girokonto zu parken. Denn dort ist das Geld zum einen mit Ihren normalen Ein- und Ausgaben vermischt. Es ist dann schwieriger, den Überblick zu behalten, wie hoch Ihre Reserve genau ist. Zum anderen sind Girokonten meist unverzinst. Nutzen Sie daher für Ihre Notfallreserve besser ein Tagesgeldkonto. Dort ist es ebenfalls jederzeit verfügbar und Sie bekommen Zinsen, auch wenn sie derzeit eher mager ausfallen.

Wenn Sie noch nicht über eine Notfallreserve verfügen und diese erst ansparen müssen, machen Sie sich am besten einen Plan. Sie wissen ja bereits, wie viel Sie monatlich sparen können. Würde es mit dieser Sparrate länger als sechs bis zwölf Monate dauern, die erforderliche Reserve aufzubauen, überlegen Sie, ob demnächst vielleicht Anlagen fällig werden, die Sie auf dem Notfallkonto anlegen können. Ist eine solche Umschichtung nicht möglich, weil Sie gerade am Anfang Ihrer Sparerkarriere stehen, versuchen Sie (mithilfe Ihres Haushaltsbuches) weitere Sparpotenziale zu finden.

Jetzt können Sie weitere Anlagen planen

Ist die Notfallreserve unter Dach und Fach, können Sie Ihre weiteren Geldanlagen planen. Oft sind Anleger, die das erste Mal eine Bilanz ihres Vermögens erstellen, überrascht, welches Übergewicht einzelne Anlagen im Verhältnis

Passen Ihre Anlagen noch zu Ihnen?

Ihre Anlagen müssen zu Ihnen und Ihrer Lebenssituation passen. Wichtige Kriterien dabei sind:

- ☐ **Ihre Ziele:** Wie viel Geld wollen Sie langfristig anlegen und über welche Summen möchten Sie schon in den kommenden Jahren verfügen?

- ☐ **Ihre Einstellung:** Entscheiden Sie, wie viel Zeit und Energie Sie in Ihr Geld stecken möchten, und suchen Sie entsprechende Anlageprodukte aus.

- ☐ **Ihre Risikomentalität:** Wie riskant dürfen Ihre Anlagen sein? Beachten Sie dabei aber, dass Sie bei der Beurteilung von Risiken nicht nur auf mögliche Wertschwankungen, sondern auch auf die Geldwertstabilität schauen müssen.

Wie Sie bereits wissen, verringert eine sinnvolle Streuung der Anlagen das Gesamtrisiko des Anlagevermögens eines Investors. Erinnern Sie sich an das magische Dreieck der Geldanlage? Je höher die Renditechancen einer Anlage, umso höher auch grundsätzlich das Risiko. Im folgenden Abschnitt „Welche Anlagen für welchen Anlegertyp" erfahren Sie, wie eine sinnvolle Aufteilung des Vermögens je nach Risikoeinstellungen und Lebenssituation aussehen kann. Stellen Sie nach der Lektüre fest, dass Sie zu viele riskante Anlagen haben, sollten Sie eine Umschichtung in Betracht ziehen – also überlegen, ob Sie riskante Anlagen verkaufen und dafür sicherere Anlagen kaufen.

Möglicherweise reicht es aber für Sie aus, zukünftig mehr in sicherere Anlagen zu investieren, sodass sich deren prozentualer Anteil erhöht. Ebenso kann es sein, dass Sie feststellen, dass Sie zukünftig mehr in renditeträchtigere Anlagen investieren sollten. Den Betrag, den Sie zum regelmäßigen Sparen einsetzen können, haben Sie ja bereits ermittelt, oder Sie sind mithilfe eines Haushaltsbuches gerade dabei.

zum Gesamtvermögen haben. So kann zum Beispiel ein Anleger, der sich für sehr risikoscheu hält, feststellen, dass er eine sehr hohe Aktienquote hat oder dass diese gar nicht so hoch ist und es keinen Grund gibt, sich Sorgen zu machen.

Welche Anlagen für welchen Anlegertyp?

Es gibt eine Vielzahl von Anlageformen. Umso wichtiger ist es zu überlegen, welche zu Ihnen passen, bevor Sie sich an die Auswahl der einzelnen Produkte machen.

Auch wenn sich die Anlageziele des magischen Drei- oder Vielecks nicht alle in einer Anlageform vereinigen lassen, können Sie natürlich verschiedene Anlagen so kombinieren, dass Ihr Gesamtportfolio Ihren Anlagezielen möglichst nahe kommt. Ihre Risikotragfähigkeit und Ihre Risikobereitschaft bestimmen dabei die Zusammenstellung Ihrer Anlagen wesentlich.

Ihre Risikotragfähigkeit als objektives Risikomaß

Ihre Risikotragfähigkeit wird maßgeblich davon bestimmt, wie viel Zeit Sie noch für das Erreichen Ihrer Ziele haben, wie hoch Ihr Einkommen und wie hoch Ihr Gesamtvermögen bereits ist. Je mehr Vermögen Sie schon besitzen, umso größere absolute Verluste können Sie in der Regel wegstecken, ohne dass Ihre Existenz oder Ihr Lebensstandard gefährdet sind. Sind Sie noch nicht in der glücklichen Lage, finanziell weitgehend ausgesorgt zu haben, spielt Ihr Anlagehorizont, also der Zeitraum, für den Sie investieren können und wollen, eine wesentliche Rolle bei der Beurteilung, welches Risiko Sie mit Ihren Anlagen eingehen können.

Stehen Sie beispielsweise am Anfang Ihrer beruflichen Karriere und wollen für Ihr Alter vorsorgen, können Sie größere Schwankungen Ihrer Geldanlagen aussitzen oder Verluste im Laufe Ihres Arbeitslebens noch ausgleichen. So könnten Sie beispielsweise auch zu einem höheren Anteil in Aktien und Investmentfonds investieren, die in ihrer Wertentwicklung schwanken. Denn selbst wenn die Börsen einige Monate oder gar Jahre schlecht laufen würden, könnten Sie eine solche Phase überbrücken und Ihre Anlagen erst verkaufen, wenn diese sich wieder auf einem ordentlichen Niveau eingependelt hätten.

Wenn Sie hingegen bereits den Ruhestand vor Augen haben, können Sie mögliche Verluste und Wertschwankungen nicht mehr so einfach aussitzen. Dann brauchen Sie die Gewähr, dass in wenigen Jahren der benötigte Geldbetrag vorhanden ist. Der Schwerpunkt Ihrer Anlagen muss dann eher auf Investments liegen, bei denen der Zahlungszeitpunkt und die Höhe der Auszahlungen feststehen. Wie Sie bereits wissen, bieten Anlagen, die diese Kriterien erfüllen, aber geringere Renditechancen.

Typische Beispiele unterschiedlicher Anlagehorizonte sind:

Wie schätze ich meine Risikotragfähigkeit ein?

☐ Welcher Verlauf meiner Geldanlagen (zum Beispiel mehrjähriger Börsenabschwung um x Prozent, Zahlungsausfall eines Anleiheschuldners) würde meine Existenz gefährden?

☐ Welcher Verlauf meiner Geldanlagen würde meine persönlichen Ziele (zum Beispiel Hausbau, Ausbildungsfinanzierung, Ruhestand) gefährden?

☐ Hätte ich im Verlustfall genügend Zeit, den Verlust durch sonstiges Einkommen (zum Beispiel Arbeitseinkommen, Mieteinnahmen, Erbschaft) zu verkraften und wieder auszugleichen?

▸ **Kurzer Anlagehorizont:** Sie sind beispielsweise gerade auf der Suche nach einer Immobilie, die Sie selbst nutzen möchten. Sobald Sie das richtige Objekt gefunden haben, möchten Sie es kaufen. Dann muss das Geld sofort zur Verfügung stehen. In einem solchen Fall steht die Liquidität einer Anlage bis zu diesem Zeitpunkt klar im Vordergrund.

▸ **Mittlerer Anlagehorizont:** In wenigen Jahren sind Ersatzinvestitionen oder Sanierungsarbeiten fällig, wie ein neues Auto, eine neue Küche oder eine Dach- oder Heizungssanierung. Auch hier können Sie sich kaum schwankungsreiche Anlagen leisten, die zum Zeitpunkt der notwendigen Anschaffung oder Reparatur möglicherweise nur mit Verlust flüssig gemacht werden können.

▸ **Langfristiger Anlagehorizont:** Beginnen Sie mit der Geburt Ihrer Kinder mit dem Sparen für deren Ausbildung, haben Sie noch lange Zeit, Schwankungen der ertragreicheren Anlagen auszusitzen und gegebenenfalls in sicherere Anlagen umzuschichten.

Ihre Risikobereitschaft ist subjektiv

Auch wenn Sie bereits ein beträchtliches Vermögen angespart oder geerbt haben oder Ihr Anlagehorizont noch viele Jahre umfasst, möchten Sie möglicherweise dennoch keine größeren Schwankungen mit Ihren Investments hinnehmen. Die Bereitschaft eines Anlegers, Risiken bei der Geldanlage einzugehen, ist immer ganz individuell und wird unter anderem von der Erziehung, den Einstellungen und den Erfahrungen mit Geldanlagen beeinflusst. Hat ein Anleger schon einmal viel Geld mit Aktien verloren, zum Beispiel nach dem Platzen der New-Economy-Blase Anfang des Jahrtausends oder beim Börsencrash im Rahmen der US-Immobilien- und Finanzkrise 2008, hat er vielleicht für sich die Entscheidung getroffen, dass Aktien nichts für ihn sind. Hat er hingegen mit guten Aktientipps innerhalb kurzer Zeit hohe Gewinne eingefahren, ist er eventuell eher bereit, für seine Altersvorsorge oder die Ausbildung der Kinder in risikoreichere Anlagen zu investieren.

Ihre Risikobereitschaft können nur Sie bestimmen

Denken Sie immer daran: Während Ihnen ein Berater helfen kann, die objektive Risikotragfähigkeit zu ermitteln, können nur Sie selbst Ihre Risikobereitschaft benennen. Sätze wie „Das Risiko können Sie schon eingehen" sind fehl am Platz, wenn es um die Risikobereitschaft geht.

Schätzen Sie sich realistisch ein

Die Fragen in den beiden Checklisten können Ihnen Anhaltspunkte geben, wie hoch Ihre „Risikotragfähigkeit" und Ihre „Risikobereitschaft" sind. Ihre ehrlichen Antworten auf diese Fragen geben Ihnen ein Gefühl dafür, wie

Checkliste

Wie groß ist meine Risikobereitschaft?

☐ Welche Erfahrungen habe ich in der Vergangenheit mit meinen Anlagen gemacht?

☐ Habe ich schon einmal größere Verluste erlitten?

☐ Was war der Grund für diese Verluste (zum Beispiel ein Börsencrash, Aktienverkäufe zum falschen Zeitpunkt, zu hektisches Agieren, unüberlegter Kauf eines Finanzproduktes oder: mangelnde Streuung – die Hauptursache für schlechte Erfahrungen)?

☐ Wie habe ich mich dabei gefühlt, als die Verluste eingetreten sind?

☐ Auch wenn ich es mir leisten könnte: Ab welchen zwischenzeitlichen Verlusten (zum Beispiel Schwankungen bei Aktienkursen) könnte ich „nachts nicht mehr schlafen"?

☐ Ziehe ich es vor, höhere Renditechancen zu haben, auch wenn es dann nicht sicher ist, dass ich mein Anlageziel erreiche, oder ist es mir wichtiger, mein Ziel ganz sicher zu erreichen, auch wenn ich dafür auf Renditechancen verzichten muss?

☐ Welchen Aufwand kann und will ich mit der Auswahl und Kontrolle meiner Geldanlagen betreiben?

Ihr Risikoprofil in etwa aussehen könnte. Rechnen Sie bei der Einschätzung Ihrer Risikobereitschaft nicht nur in Prozent, sondern auch in absoluten Zahlen.

Beispiel: Sie wollen 50 000 Euro in einem Aktienfonds anlegen und sind der Meinung, dass Sie eine Schwankungsbreite und damit zwischenzeitliche Wertminderungen von 30 Prozent gut aushalten können. Überlegen Sie sich dann auch, was das in konkreten Zahlen bedeuten würde. Würde Ihr Aktienfonds nach dem Kauf 30 Prozent verlieren, wäre er nur noch 35 000 Euro wert. Sie hätten also – zumindest auf dem Papier – 15 000 Euro und damit den Wert eines Kleinwagens verloren. Könnten Sie in diesem Fall noch ruhig schlafen und darauf vertrauen, dass eine solche zwischenzeitliche Wertschwankung normal ist und Sie langfristig eine hohe Chance auf eine gute Rendite haben? Müssen Sie sich diese Frage ehrlicherweise mit „Nein" beantworten, sollten Sie überlegen, einen konservativeren Fonds auszuwählen oder einen geringeren Betrag in den anvisierten Fonds anzulegen und den Restbetrag auf risikoärmere Anlagen aufzuteilen.

Welche Anlagen passen zu Ihrer Risikobereitschaft?

Wichtig ist jetzt, dass Sie Ihre Anlagen passend zu Ihrer Risikobereitschaft ausrichten. Fachleute sprechen von Asset Allocation. Sie verhindert, dass Anleger wahllos Produkte kaufen, die ihnen gerade angeboten werden.

Finanztest unterscheidet drei Risikostufen: defensiv, ausgewogen oder offensiv. Defensiv bedeutet sicherheitsorientiert, offensiv risikobereit, ausgewogen liegt dazwischen und ist für viele eine gute Lösung. Überlegen Sie also anhand Ihrer Risikotragfähigkeit und Ihrer Risikobereitschaft, zu welcher Gruppe Sie zählen. Nachfolgend finden Sie einige Beispiele, welche Präferenzen Anleger in den verschiedenen Risikoklassen häufig haben. Beachten Sie, dass dies nur eine grobe Übersicht sein kann, da Geldanlage immer eine sehr individuelle Angelegenheit ist und Ihre Anlagen zu Ihren Bedürfnissen passen müssen.

▶ Defensive Anleger

Anleger in dieser Risikoklasse sind nicht bereit, größere Verlustrisiken einzugehen. Ihr vorrangiges Ziel ist der Kapitalerhalt. Renditeaspekte werden diesem Ziel weitgehend untergeordnet. Zur Verfügung stehende Geldmittel könnten schwerpunktmäßig in sichere festverzinsliche Sparanlagen investiert werden. Das sind insbesondere einlagengesicherte Festgelder, Sparbriefe sowie bestimmte Rentenfonds. Da eine gewisse Aktienquote das Risiko der Gesamtanlagen streuen und sogar verringern kann, können sicherheitsorientierte Anleger bis zu 25 Prozent aktienbasierte Anlagen beimischen. Um das Risiko auszuschließen, die falschen Aktien auszuwählen, sollten sie dabei aber weltweit anlegende Aktienfonds und ETF Einzelwerten vorziehen.

▶ Ausgewogene Anleger

Sie wünschen eine Rendite ihrer Anlagen, die über dem sicheren Zinsniveau liegt. Um mittel- bis langfristig höhere Erträge zu erzielen, sind sie bereit, gewisse Verlustrisiken einzuge-hen. Sie wünschen eine ausgewogene Mi-schung zwischen ertragsorientierten Anlagen mit niedrigerem Risiko und chancenorientier-ten Anlagen mit höherem Risiko. Je nach Anla-gehorizont können sie bis zu 50 Prozent in Ak-tien und Aktienfonds anlegen. Für vermögen-de Anleger kommen auch vermietete Immobi-lien in Betracht. Die Basis ihrer Anlagen bilden aber ebenfalls festverzinsliche Sparanlagen, Rentenfonds und Anleihen bonitätsstarker Schuldner.

▶ **Offensive/risikobereite Anleger**
Sie haben einen hohen Ertragswunsch deut-lich über Zinsniveau und wollen die Chancen auf überdurchschnittliche Wertsteigerungen ihrer Anlagen wahrnehmen. Anlagen mit er-höhtem und hohem Risiko überwiegen die si-cheren, festverzinslichen Anlagen klar. Offen-sive Anleger können Aktienquoten von um die 75 Prozent vertragen. Auch Investments in De-rivate und Rohstoffe sind möglich. Offensive Anleger sollten immer prüfen, ob sie sich eine solche subjektive Risikoeinstellung leisten können, sie also die entsprechende Risikotrag-fähigkeit besitzen.

Nehmen Sie sich für die richtige Zusammen-stellung Zeit. Was viele, auch Fortgeschrittene, nicht beachten: Die Aufteilung von Aktien und Zinsanlagen hat einen größeren Einfluss auf den Verlauf der Geldanlage als die Auswahl einzelner Produkte. Dabei sollten Sie auch be-denken: Voraussetzung für eine Anlage in Fonds und riskantere Anlagen sollte sein, dass Sie das Geld nicht kurzfristig brauchen.

Wo finden Sie Beratung und Informationen?

Selbst finanziell gebildete Anleger benötigen manchmal Hilfe von Ex-perten oder zusätzliche Auskünfte. So finden Sie die richtigen Berater und Informationen.

Auch wenn Sie sich schon gut mit Finanzthe-men auskennen, brauchen Sie vielleicht doch hin und wieder den Rat und die Unterstützung eines professionellen Finanzberaters. Eine gu-te Finanzberatung hilft Ihnen, Fehler bei Ihrer Geldanlage zu vermeiden und die für Ihre Zie-le richtigen Finanzanlagen und Produkte zu finden. Darüber hinaus erspart Ihnen eine gu-te Beratung Zeit, die Sie sonst selbst in den Aufbau Ihres Finanzwissens und die Recherche nach den passenden Produkten stecken müssten.

In Deutschland gibt es eine große Vielfalt an Finanzdienstleistern, aus denen Sie auswählen können. Ein wichtiges Kriterium bei der Auswahl sollte für Sie sein, ob Sie in erster Linie eine Beratung zu Finanz- oder Versicherungsthemen suchen oder ob für Sie der Kauf konkreter Finanzprodukte im Vordergrund steht. Ihnen sollte klar sein, dass Sie im Finanzdienstleistungsbereich meist Beratern und Verkäufern von Finanzprodukten in einer Person gegenüberstehen. Verdienen solche Finanzvermittler nur dann etwas an Ihnen, wenn sie Ihnen ein Produkt vermitteln, können sie in Interessenskonflikte kommen. Denn raten sie von einem Produkt ab, verdienen sie nichts. Es besteht überdies die Gefahr, dass sie Ihnen nicht das beste Produkt empfehlen, sondern das, bei dem der Produktanbieter (zum Beispiel die Fonds- oder Versicherungsgesellschaft) die höchste Provision zahlt. Verfügen Berater und Verkäufer nur über ein eingeschränktes Angebot, müssen Sie zudem damit rechnen, dass sie Ihnen Produkte aus dem eigenen Angebot empfehlen, obwohl andere Anbieter bessere oder besser zu Ihnen passende Angebote hätten.

Banken und Sparkassen

Die meisten, die hierzulande eine Anlageberatung suchen, wenden sich an den Berater ihrer Hausbank. Auch wenn die Zahl der Bankfilialen zurückgeht, müssen sie dafür keine weiten Wege auf sich nehmen. Verschiedene Untersuchungen von Finanztest haben aber leider immer wieder gezeigt, dass Banken und Sparkassen oft Produkte empfehlen, die nicht optimal zu den Zielen der Anleger passen. Zwar werden Bankberater in der Regel von der Bank bezahlt und verdienen somit auch etwas, wenn Kunden nach einem Beratungsgespräch kein Produkt abschließen, doch häufig erhalten sie einen vom Verkaufserfolg abhängigen Bonus.

Die Bank als Arbeitgeber des Beraters erhält Provisionen vom Produktanbieter oder verdient an den Abschluss- und Verwaltungsgebühren hauseigener Produkte und hat daher natürlich ein Interesse am Verkauf der Produkte. Regelmäßig gibt es auch Berichte über

ℹ **Provisionen sind die häufigste Vergütungsart** in der Anlage-, Kredit- und Versicherungsberatung. Man unterscheidet im Wesentlichen zwischen Abschluss- und Bestandsprovisionen. Die Abschlussprovision wird Kunden beim Kauf eines Produktes berechnet. Damit werden insbesondere die Kosten des Vertriebes bezahlt. Die Bestandsprovision erhalten die Vermittler des Finanzproduktes für die laufende Betreuung und Verwaltung des Produktes.

Bankberater, denen ihre Arbeitgeber Vorgaben machen, welche Produkte sie zu vermitteln haben, damit die Umsatzziele der Bank erreicht werden können. Der Bankberater ist daher meist abhängig von den Vorgaben seiner Bank und oftmals eher Verkäufer von Finanzprodukten als Finanzberater.

Finanz- und Versicherungsmakler

Makler im Finanzdienstleistungsbereich beraten je nach Schwerpunkt und entsprechender behördlicher Erlaubnis zu Finanzanlagen, Versicherungen und Finanzierungen. Sie sind rechtlich selbstständig, werden im Auftrag des Kunden tätig und sind von Produktanbietern grundsätzlich unabhängig. Makler sollten Ihnen eine umfassende und bedarfsgerechte Beratung auf der Grundlage einer breiten Markt- und Produktübersicht anbieten können. Bezahlt werden Makler über Provisionen des Produktanbieters. Das bedeutet, sie erhalten in der Regel eine Provision aus den vom Kunden gezahlten Produktpreisen (Abschlussprovision) und/oder laufenden Beiträgen (Bestandsprovision).

Vertreter

Bei den Vertretern kann man zwischen Ausschließlichkeits- und Mehrfachvertretern unterscheiden. Ausschließlichkeitsvertreter sind Versicherungsvermittler, die an ein Versicherungsunternehmen gebunden sind und nur Produkte dieser Versicherung vermitteln. Mehrfachvertreter sind Versicherungs-, Finanzanlagen- oder Kreditvermittler, die als selbstständige Gewerbetreibende Produkte

verschiedener Anbieter vermitteln und dafür Provisionen erhalten. Sie bieten nur Produkte von Anbietern an, mit denen sie Vertriebsverträge abgeschlossen haben. Dadurch unterscheiden sie sich vom Makler, der prinzipiell auf den gesamten Markt an Produktanbietern zugreifen kann. Makler stehen grundsätzlich auf der Seite des Kunden, Vertreter auf der Seite des Unternehmens, das sie vertreten.

Allfinanzvertriebe

Das Besondere an Allfinanzvertrieben – zum Beispiel Deutsche Vermögensberatung, MLP, Swiss Life Select (vormals AWD), OVB – ist, dass sie alles vermitteln: Haftpflicht- und Krankenversicherungen genauso wie Rentenversicherungen und fast jede Art der Geldanlage. Viele Kunden schätzen das, weil es ihnen Wege erspart und der Finanzvermittler sie im Idealfall unter Berücksichtigung ihrer gesamten wirtschaftlichen Situation berät. Ob sie jedoch im Rahmen dieser Rundumberatung immer die günstigsten Finanzprodukte angeboten be-

Übliche Provisionen im Finanzvertrieb

Produkte	Abschluss-provision [1]	Jährliche Be-standsprovision [1]	Kosten in Euro
Wertpapieranlagen			**Bei einer Anlage von 10 000 Euro [2] (Abschlusskosten / jährliche Bestandsprovision)**
Aktienfonds	4 – 6,5	0,25 – 0,5	400 – 650 / 25 – 50
Rentenfonds	3 – 5	0,1 – 0,25	300 – 500 / 10 – 25
Mischfonds	4 – 5	0,1 – 0,4	400 – 500 / 10 – 40
Offene Immobilienfonds	4 – 5	0,25 – 0,5	400 – 500 / 25 – 50
Zertifikate	0,5 – 5	–	50 – 500
Versicherungen			**Bei einer Beitragssumme von 36 000 Euro (= 100 Euro Monats-beitrag über 30 Jahre) [2] (Abschlusskosten / jährliche Bestandsprovision)**
Kapitallebensversicherung	1 – 4	0,1 – 2,5	360 – 1 440 / 1,20 – 30
Rentenversicherung	1 – 4	0,1 – 2,5	360 – 1 440 / 1,20 – 30
Fondspolice	1 – 4	0,1 – 2,5	360 – 1 440 / 1,20 – 30
Geschlossene Fonds / Beteiligungen			**Abschlusskosten bei einer Anlage von 50 000 Euro [2]**
Geschlossene Immobilien-fonds	6 – 10	–	3 000 – 5 000
Umweltfonds	6 – 11	–	3 000 – 5 500
Schiffsfonds	8 – 15	–	4 000 – 7 500
Containerfonds	3 – 8	–	1 500 – 4 000
Infrastrukturfonds	6 – 8	–	3 000 – 4 000
Flugzeugfonds	7 – 9	–	3 500 – 4 500

1 In Prozent der Anlage-/Beitragssumme.   2 Bei höheren Anlage- beziehungsweise Beitragssummen erhöhen sich die Beträge, die an den Verkäufer/Vermittler fließen, entsprechend – unabhängig vom Beratungsaufwand.

kommen, ist fraglich. Denn die Berater sind selbstständige Gewerbetreibende. Sie leben von den Provisionen, die sie für Vertragsabschlüsse erhalten. Wie bei anderen provisionsfinanzierten Beratern auch besteht die Gefahr, dass sie unpassende Produkte empfehlen, wenn diese mehr Provision einbringen. Kunden haben zudem oft kaum eine Chance zu durchschauen, was die angebotenen Produkte sie kosten würden.

Unabhängige Beratung auf Honorarbasis

Eine Alternative zu den genannten Finanzvermittlern, -maklern und -vertretern ist eine Beratung, bei der die Berater nicht von den Anbietern bezahlt werden, sondern von den Kunden. Das leisten die Beratung der Verbraucherzentralen und sogenannte Honorarberater.

▶ **Die Verbraucherzentralen** bieten unabhängige telefonische, schriftliche und persönliche Beratungen zu verschiedenen Finanzthemen wie Geldanlage, Versicherungen, private Altersvorsorge und Finanzierung an. Jedes Bundesland hat eigene Beratungsstellen, deren Angebote sich leicht unterscheiden, ebenso wie ihre Preise. Für eine knapp zweistündige Beratung müssen Sie ungefähr mit 150 bis 200 Euro rechnen. Über die Internetadresse www. verbraucherzentrale.de gelangen Sie schnell auf die Homepage der Verbraucherzentrale Ihres Bundeslandes.

▶ **Honorarberater** sind selbstständige Berater, die sich verpflichten, keine Provisionen von Produktanbietern anzunehmen. Stattdessen werden sie ausschließlich durch ihre Kunden bezahlt. Dafür gibt es verschiedene Modelle wie zum Beispiel Stundensätze, Festpreise oder eine prozentual vom Anlagevolumen abhängige Gebühr. Der Kunde muss die Beratung auch dann bezahlen, wenn er der Empfehlung des Beraters nicht folgt oder dieser ihm vom Kauf eines Produktes abrät. Nur so können Honorarberater neutral beraten. Da sie nicht von Anbieterprovisionen leben müssen, haben sie kein Interesse daran, Kunden ein überteuertes oder nicht bedarfsgerechtes Produkt zu empfehlen.

Falls Sie davor zurückschrecken, für eine Finanzberatung ein Honorar zu bezahlen, weil Sie dies von Ihrem Versicherungsvertreter oder Ihrer Bank bisher nicht gewohnt sind, schauen Sie sich die Tabelle „Übliche Provisionen im Finanzvertrieb" an. Dann sehen Sie, dass eine Honorarberatung für Sie häufig um ein Vielfaches günstiger sein kann als eine scheinbar kostenlose Beratung bei einem Provisionsvertrieb. Auch wird Ihnen dann schnell klar, dass eine Honorarberatung nicht nur für Superreiche, sondern grundsätzlich für jeden geeignet ist.

Natürlich ist eine Beratung gegen Honorar kein Allheilmittel, mit der Sie garantiert immer die besten Anlagevorschläge erhalten. Eine gute Finanzberatung hängt nicht nur davon ab, wer den Berater bezahlt, sondern vor allem von dessen Kompetenz und Einstellung. Auch unter den Provisionsberatern gibt es selbstverständlich einige, die sich ausschließlich nach dem Kundeninteresse richten und gute Beratung leisten.

Das sollten Sie beim Beratungsgespräch beachten

Sie können einiges dazu beitragen, dass ein Beratungsgespräch zielführend verläuft und Sie passende Anlagevorschläge erhalten, wenn Sie folgende Regeln beherzigen:

▶ **Vorbereitung.** Bereiten Sie sich gut auf das Gespräch vor. Ihr Berater wird Sie fragen, wie viel Geld Sie anlegen wollen, wie lange, für welchen Zweck, und er will wissen, welches Risiko Sie dabei eingehen können. Zudem wird er Sie – das ist seine Pflicht – nach Ihren persönlichen und finanziellen Verhältnissen fragen. Nehmen Sie Unterlagen, aus denen sich Ihre finanzielle Lage ergibt, wie zum Beispiel Depotauszüge und Vermögensübersichten, zum Gespräch mit.

▶ **Produkte.** Der Berater sollte Ihnen die Produkte, die er Ihnen vorschlägt, genau erklären und die Vor- und Nachteile aufzeigen. Wenn Sie etwas nicht verstanden haben, fragen Sie nach. Es gibt keine „dummen" Fragen. Es ist die Aufgabe des Beraters, Ihnen alles so zu erklären, dass Sie es verstehen.

▶ **Empfehlungen.** Bei nicht ganz unabhängigen Beratern von Banken und Finanzvertrieben kommt es regelmäßig vor, dass der Berater Ihnen lieber Produkte aus dem eigenen Haus als die der Konkurrenz anbietet. Fragen Sie nach, wie hoch die Vertriebsprovisionen sind, die der Berater oder die Bank kassiert. Der Berater muss Ihnen das sagen. So können Sie Interessenkonflikte erkennen.

▶ **Auswahl.** Lassen Sie sich mehrere Empfehlungen geben. Sie sehen dann, welches Produkt Ihnen besser gefällt. Ohnehin ist es klüger, sein Geld auf mehrere Anlagen aufzuteilen.

▶ **Kosten.** Sie sollten wissen, was für Kosten auf Sie zukommen, wenn Sie eine Geldanlage abschließen. Ein billiges Produkt ist zwar nicht unbedingt besser. Die Kosten sollten aber in einem vernünftigen Verhältnis zu den Ertragschancen stehen.

▶ **Entscheidung.** Lassen Sie sich Zeit. Es gibt keinen Mangel an Geldanlagen. Ob Sie heute, morgen oder übermorgen unterschreiben, spielt keine Rolle. Ein guter Berater wird Sie nicht drängen. Kaufen Sie grundsätzlich nur Finanzprodukte, die Sie verstehen, und vertrauen Sie auf Ihren gesunden Menschenverstand, wenn Ihnen etwas komisch vorkommt.

So stufen Banken ihre Kunden ein

Finanz- und Bankberater müssen bei Anlageempfehlungen zu Wertpapieren auch die Risikotragfähigkeit und Risikobereitschaft des Anlegers ermitteln und berücksichtigen. Sie stufen dazu die Anleger in fünf, bisweilen auch sechs oder sieben Risikoklassen ein und leiten daraus ab, welche Anlageklassen und -produkte für sie überhaupt infrage kommen. Die Bezeichnungen sind von Bank zu Bank unterschiedlich. Hier ein Kurzüberblick darüber, welche Produktempfehlungen sich hinter den Risikoklassen der Banken verbergen können:

▶ **Klasse 1: Sicherheitsorientiert.** Infrage kommen zum Beispiel Zinsanlagen wie Tages- oder Festgeld, kurzlaufende Euro-Rentenfonds sowie Euro-Anleihen mit sehr guter Bonität.

▶ **Klasse 2: Konservativ.** Dazu passen festverzinsliche Wertpapiere bester Qualität, deutsche Rentenfonds, kurzlaufende Fonds in Hartwährungen wie Euro, US-Dollar und Schweizer Franken, international gestreute Rentenfonds, überwiegend in Hartwährungen, sowie offene Immobilienfonds.

▶ **Klasse 3: Ertragsorientiert.** Hier finden sich beispielsweise Wandel- und Optionsanleihen, deutsche Aktienfonds, deutsche Standardaktien, international gestreute Aktienfonds sowie Länderfonds in europäischen Hartwährungen.

▶ **Klasse 4: Spekulativ.** Diese Klasse umfasst zum Beispiel deutsche Aktien-Nebenwerte, spekulative Anleihen, Optionsscheine, Optionen und Futures.

▶ **Klasse 5: Sehr spekulativ.** Das Geld kann in Investitionen ausländischer Aktien-Nebenwerte, sehr spekulative Anleihen, Optionsscheine aller Art sowie Optionen und Futures fließen.

Die Risikoklassen der Banken besagen allerdings nur, in welche Produkte die Gelder der Kunden – je nach Einstufung – fließen dürfen. Sie sagen noch nichts darüber aus, zu welchen Anteilen dies geschieht. Häufig bieten die Banken drei oder vier Standardstrategien an von sicherheitsorientiert bis spekulativ. Auch hier sind die Bezeichnungen der Geldinstitute nicht einheitlich.

Änderungen bei Wertpapiergeschäften durch Mifid II

Mit der Umsetzung der europäischen Finanzmarktrichtlinie Mifid II (Markets in Financial Instruments Directive) in deutsches Recht traten am 3. Januar 2018 neue Regelungen in Kraft. Mit Mifid II soll europaweit ein neuer rechtlicher Rahmen für das Wertpapiergeschäft zwischen Anleger und Bank vorgegeben werden und dadurch Transparenz und Anlegerschutz erhöht werden. Die wesentlichen Neuregelungen durch Mifid II sind:

▶ Das bisherige Beratungsprotokoll bei Banken wurde durch eine sogenannte Geeignetheitserklärung ersetzt. Die Unterschiede beider Dokumente sind relativ gering. Während das Beratungsprotokoll vor allem den Beratungsprozess beschrieben hat, ist die Geeignetheitserklärung ein Ergebnisprotokoll, mit dem der Berater darlegen soll, warum das empfohlene Produkt für den Anleger geeignet ist.

▶ Banken und viele andere Finanzdienstleister müssen Telefongespräche zu Wertpapiergeschäften jetzt aufzeichnen (sogenanntes Taping). Die Aufzeichnungen müssen gespeichert und in der Regel fünf Jahre aufbewahrt werden.

▶ Anleger sollen noch genauer über die bei einem Wertpapiergeschäft anfallenden Kosten informiert werden. Dazu erhält jeder Kunde vor der Unterschrift eine genaue Aufstellung der entstehenden Kosten sowohl in absoluter Größe in Euro als auch in Prozent des Anlagebetrages. Es werden sowohl die Kosten der Dienstleistungen (etwa Transaktionskosten, Verwahrungskosten) als auch des Finanzinstrumentes (zum Beispiel Management- und Performancegebühren) aufgelistet.

▶ Anleger erhalten vierteljährlich Aufstellungen über den aktuellen Stand der von ihnen gehaltenen Finanzinstrumente.

▶ Für alle neuen Finanzinstrumente müssen die Anbieter einen Zielmarkt bestimmen. Dieser Zielmarkt dient als Grundlage der Risiko- und Bedürfnisanalyse im Beratungsgespräch und soll sicherstellen, dass die angebotenen Finanzprodukte den Bedürfnissen der Anleger entsprechen.

Produktinformationsblatt und Wesentliche Anlegerinformationen

Kurz und verständlich, die wichtigsten Fakten auf einen Blick. So sollen verschiedene gesetzlich vorgeschriebene Informationsblätter – auch „Beipackzettel" genannt – Anleger über Finanzprodukte informieren. Seit dem 1. Juli 2011 müssen Banken und andere Finanzdienstleister Kunden neben dem Beratungsprotokoll bei Anlageberatungen zu Wertpapieren ein Produktinformationsblatt aushändigen. Dieses soll maximal drei Din-A4-Seiten umfassen und muss

▶ die Art des Finanzprodukts,
▶ seine Funktionsweise,
▶ die mit dem Produkt verbundenen Risiken sowie
▶ die mit der Anlage verbundenen Kosten beschreiben.

Produktinformationsblätter gibt es zu Aktien, Anleihen und Zertifikaten, zu Pfandbriefen und Bundeswertpapieren.

Für Investmentfonds gibt es ein eigenes Produktinformationsblatt, die „Wesentlichen Anlegerinformationen", auch „Key Investor Information Document" (KIID) genannt. Es wird von den Fondsgesellschaften erstellt und muss ebenfalls auf zwei Seiten über die wichtigsten Details wie Ziele und Anlagepolitik, Risiko- und Ertragsprofil, Kosten und die frühere Wertentwicklung des Fonds aufklären. Es muss den Kunden vor dem Kauf eines Fonds ausgehändigt werden, damit sie es in Ruhe lesen können.

Vermögensanlagen-Informationsblatt

Für geschlossene Fonds, Genussrechte und sonstige Vermögensanlagen, die seit Juni 2012 auf den Markt gekommen sind, müssen die Anbieter ein Vermögensanlagen-Informationsblatt (VIB) erstellen und bei der Bundesanstalt für Finanzdienstleistungsaufsicht (Bafin) hinterlegen. Die BaFin prüft allerdings den Inhalt des VIB während des Prospektprüfungsverfahrens nicht. Dieses darf höchstens drei Din-A4-Seiten stark sein und muss ohne die Lektüre weiterer Dokumente allgemein verständlich sein, damit Anleger Angebote leichter vergleichen und auswählen können. Das VIB muss während der gesamten Dauer des öffentlichen Angebots in der aktuellen Fassung auf der Internetseite des Anbieters zugänglich sein.

Hintergrund des VIB ist, dass viele Anleger die oft mehr als 100 Seiten starken Verkaufsprospekte für Beteiligungsmodelle wie Windräder, Bürotürme, Seniorenheime oder Studentenappartements nicht lesen. Die Blätter müssen den Anbieter, die Art der Vermögensanlage, die Anlagestrategie, die Anlagepolitik und die Anlageobjekte nennen. Sie müssen zudem Risiken, die Aussichten für die Kapitalrückzahlung und Erträge unter verschiedenen Marktbedingungen sowie Kosten und Provisionen aufführen. Hinzu kommen Pflichthinweise wie etwa auf die Stelle, bei der der ausführliche Verkaufsprospekt kostenlos erhältlich ist.

Aus der Qualität des Informationsblattes lässt sich zwar nicht auf die Qualität der Anlage schließen. Wenn Sie es aber nicht verstehen, können Sie sicher sein, dass die Vermögensanlage nichts für Sie ist. Bei Produkten, für die ein VIB erstellt werden muss, sollten Sie sowieso eher zurückhaltend sein, da diese die versprochenen Renditeziele oftmals nicht erreichen.

So finden Sie die richtige Bank und das passende Depot

Wenn Sie die Kosten Ihrer Geldanlagen senken, erhöhen Sie automatisch die Rendite – und das ganz ohne Risiko. Mit der Wahl der passenden Bank können Sie mitunter bis zu mehrere Hundert Euro pro Jahr sparen.

Es ist manchmal schon komisch. Da beschweren sich Anleger über die niedrigen Zinsen, die ihre Bank ihnen für Zinsanlagen wie Sparbuch und Festgeld zahlt, nehmen es aber ohne Murren hin, hohe Depotgebühren und Transaktionskosten zahlen zu müssen.

Bei den Kosten rund um Ihre Wertpapiere besteht immenses Sparpotenzial, wenn Sie bereit sind, zu der für Sie passenden Direktbank zu wechseln oder zumindest bei Ihrer Filialbank auf Onlinebanking umzusteigen. Auch bei Zinsanlagen wie Tagesgeld oder Festgeld bieten die Direktbanken in den meisten Fällen deutlich bessere Konditionen. Ein Konto bei einer Direktbank zu eröffnen ist einfach.

Egal, ob Sie Fonds, Aktien, Anleihen oder andere Wertpapiere erwerben möchten: als Privatanleger können Sie sie nicht selbst an der Börse handeln. Für den Kauf und Verkauf von Wertpapieren benötigen Sie grundsätzlich eine Bank, die als Vermittler zwischen Anleger und Börse dient. Überdies müssen Ihre Wertpapiere in einem Depot verwahrt werden, das ebenfalls von Ihrer Bank geführt wird. Beim Kauf und Verkauf berechnet Ihnen Ihre Bank Transaktionskosten (Orderkosten).

Isin ist die Abkürzung für „International Securities Identification Number". Sie dient der weltweit eindeutigen Zuordnung von Wertpapieren, die an einer Börse gehandelt werden. Im Jahr 2003 wurde die Wertpapierkennnummer (WKN) durch die zwölfstellige Isin abgelöst. Die Isin beginnt mit einem Ländercode, der dem Anleger zeigt, in welchem Land das Wertpapier aufgelegt wurde. DE etwa steht für Wertpapiere aus Deutschland, FR für Frankreich, GB für Großbritannien, IE für Irland, LU für Luxemburg oder US für USA. Häufig kommen Anleger aber noch mit der kürzeren WKN weiter, wenn sie nur diese zur Hand haben.

So nagen die Kosten an Ihrer Rendite

So hoch sind Ihre Einbußen nach 20 Jahren bei einer angenommenen jährlichen Rendite von 6 Prozent – je nachdem, welcher Prozentsatz im Jahr für die Kosten abgeht.

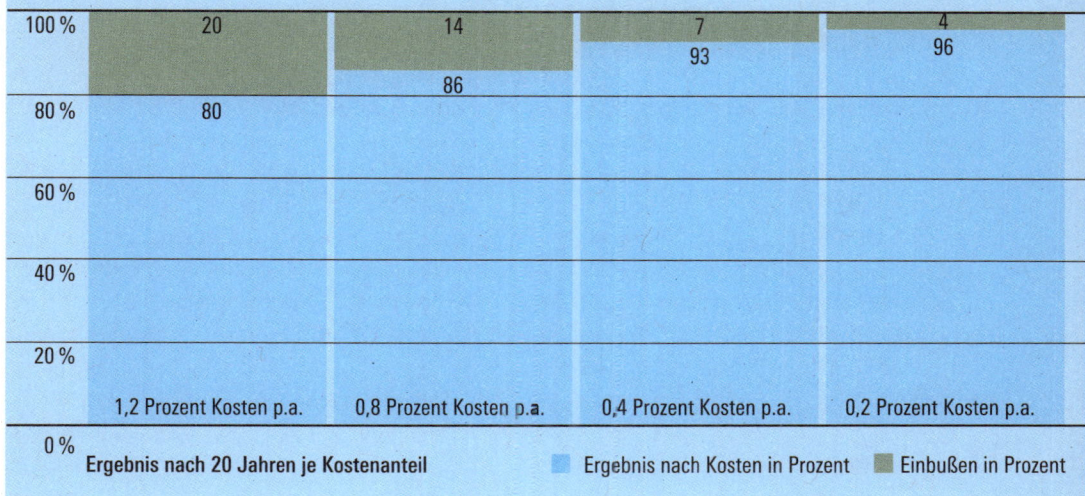

Ergebnis nach 20 Jahren je Kostenanteil

☐ Ergebnis nach Kosten in Prozent ☐ Einbußen in Prozent

Optimieren Sie Ihre Depotgebühren

Ihre Wertpapiere – diese erkennen Sie grundsätzlich daran, dass sie eine Wertpapierkennnummer (WKN) oder Isin besitzen – müssen in einem Depot verwahrt werden, das bei Ihrer Bank geführt wird. Dafür zahlen Kunden von Filialbanken häufig über 50 Euro im Jahr, bei großen Depots mit hohen Werten von 100 000 Euro und mehr auch bis zu mehreren Hundert Euro. Wesentlich günstiger ist das Depot bei Direktbanken. Dort ist die Aufbewahrung Ihrer Aktien, Fonds, Anleihen und Zertifikate meist kostenlos. Nur manche Anbieter knüpfen die Gratisverwahrung an Bedingungen wie etwa ein Mindestdepotvolumen, die Transaktionshäufigkeit, die Eröffnung eines Girokontos oder die Nutzung des Onlinepostfaches.

Achten Sie bei den Direktbanken auch darauf, welche sonstigen Kosten dort anfallen werden, insbesondere welche Kauf- und Verkaufskosten sie in Rechnung stellen. Als Faustregel gilt: Wer viel handelt, sollte vor allem ein Auge auf die Kosten haben, die die Bank für den Kauf und Verkauf von Wertpapieren berechnet. Wer wenig handelt, sollte auf möglichst geringe Depotgebühren achten.

Ein Wechsel zu einem kostenlosen Wertpapierdepot bei einer Direktbank ist einfacher, als viele denken. Es reicht, den Antrag bei der neuen Bank auszufüllen und das alte Konto zu kündigen. Es reicht hingegen nicht, nur die Wertpapiere zu übertragen, denn auch ein leeres Depot kostet Depotgebühren. Um den Übertrag der Wertpapiere kümmert sich die neue Bank. Einige Banken bieten mit dem Depotübertrag gleichzeitig den Service an, das alte Depot abzuwickeln, dabei Fondsanteil-Bruchstücke zu verkaufen und das Depot zu löschen.

Banken dürfen für den Übertrag einzelner Wertpapiere oder eines ganzen Depots kein Geld verlangen. Der Übertrag kann dennoch Kosten verursachen. Denn die Banken verwahren die Wertpapiere ihrer Kunden bei einer Verwahrstelle und reichen die Kosten, die ihnen die Verwahrstellen in Rechnung stellen, an die Kunden weiter. In der Praxis geschieht dies in der Regel aber ausschließlich bei ausländischen Wertpapieren. Mehr dazu siehe Checkliste „Darauf sollten Sie beim Depotübertrag achten".

Sparen Sie bei den Orderkosten

Wenn Sie regelmäßig Wertpapiergeschäfte tätigen, ist ein Wechsel zu einer preiswerten Direktbank ein Gebot der Vernunft – egal ob es sich um Fonds, Einzelaktien oder andere Wertpapiere handelt. Denn während Filialbanken beispielsweise für eine Aktienorder (Kauf- oder Verkaufsauftrag) durchschnittlich etwa 1 Prozent der Kauf- oder Verkaufssumme als Gebühren in Rechnung stellen, kostet dies bei den günstigsten Direktbanken nur einen Bruchteil. Bei Anleihen stellen Filialbanken in der Regel 0,5 Prozent in Rechnung. Außerdem gibt es bei Filialbanken – im Unterschied zu den Direktbanken – fast nie eine Obergrenze für die Transaktionskosten.

Beispiel: Ein Anleger zahlt um die 100 Euro Ordergebühren, wenn er in einer Bankfiliale für 10 000 Euro Aktien kauft. Investiert er 30 000 Euro, berechnet die Bank rund 300 Euro für den Auftrag.

Auch für Anleger, die ihre Bank nicht wechseln wollen, gibt es häufig erhebliches Sparpotenzial, wenn sie sich für das Onlinebanking freischalten lassen. Sie haben dann bei jedem Wertpapierauftrag die Wahl, entweder den Berater in der Filiale zu beauftragen oder die Daten selbst am Computer einzugeben. Filialorders kosten bei derselben Bank mitunter ein Mehrfaches der Internetorders. Bei Sparkassen sind zudem oft die Preise im Onlinebanking im Gegensatz zur Filialorder gedeckelt.

Bei den Transaktionskosten sind die Preismodelle der Banken sehr unterschiedlich. Je öfter Sie regelmäßig Wertpapiere handeln, umso größer ist grundsätzlich Ihr Einsparpotenzial, wenn Sie die passende Bank für Ihre Ziele wählen. Vergleichen Sie vor einem Bankwechsel die Kosten, die bei verschiedenen Anbietern voraussichtlich auf Sie zukommen.

Wie Sie beim Fondskauf Gebühren sparen können, erfahren Sie unter „so kaufen sie Fonds günstig" auf Seite 86.

Folgende Gebührenmodelle sind verbreitet:

▶ **Feste Prozentsätze:** Die Ordergebühren berechnen sich, wie im vorigen Beispiel, als fester Prozentsatz vom Auftragsvolumen.

▶ **Preisstaffel:** Je nach Wert eines Wertpapierauftrags wird eine bestimmte Gebühr verlangt.

▶ **Prozentsätze mit Mindest- und Maximalgebühr:** Der Preis wird nach einem Prozentsatz vom Auftragsvolumen berechnet. Liegt er allerdings unter der Mindestgebühr, wird diese fällig. Hier müssen

Darauf sollten Sie beim Depotübertrag achten

Die Depotbank zu wechseln ist sehr leicht. Sie müssen aber einige Feinheiten beachten, um unliebsamen Überraschungen vorzubeugen.

☐ **Handelssperre:** Der Übertrag kann je nach Anbieter zwischen ein paar Tagen und mehreren Wochen dauern. In dieser Zeit haben Sie keinen Zugriff auf Wertpapiere und Fonds, können also nichts verkaufen. Ist Ihnen das bei bestimmten Wertpapieren zu heikel, sollten Sie sich vorher von ihnen trennen.

☐ **Bestandsschutz:** Für Wertpapiere, die vor dem 1. Januar 2009 gekauft wurden, mussten Anleger bis Ende 2017 keine Abgeltungsteuer auf Kursgewinne zahlen. Der Bestandsschutz bleibt auch beim Depotwechsel erhalten. Das gilt jedoch nicht mehr für Investmentfonds. Seit 1. Januar 2018 gibt es für „Altfonds" nur noch einen Freibetrag auf Kursgewinne bis 100 000 Euro. Heben Sie daher die Kaufunterlagen Ihrer Altfonds auf, um später nachweisen zu können,

dass Sie diese vor 2009 angeschafft haben, falls diese Informationen beim Depotwechsel nicht korrekt weitergegeben wurden.

☐ **Verlustübertrag:** Sie können Verluste, die Sie bei Börsengeschäften erlitten haben, mit künftigen Gewinnen verrechnen lassen. Damit sparen Sie Abgeltungsteuer. Auch ausländische Quellensteuern können Sie anrechnen lassen. Dazu benötigen Sie einen Verlustübertrag von Ihrer alten Bank.

☐ **Freistellungsauftrag:** Denken Sie daran, den Freistellungsauftrag bei der alten Bank zu löschen und bei der neuen Bank neu zu stellen.

☐ **Investmentfonds:** Bruchstücke von gemanagten Fonds lassen sich nicht ins neue Depot übertragen. Anleger können sie aber ohne Zusatzkosten an die Fondsgesellschaft zurückgeben. Wählen Sie dafür beim Verkauf mittels Onlinebanking in der Ordermaske die Fondsgesellschaft als Handelsplatz aus.

Anleger, die kleinere Summen investieren wollen, aufpassen. Beträgt die Gebühr beispielsweise 1 Prozent bei einer Mindestgebühr von 35 Euro und beträgt der Anlagebetrag 1 000 Euro, zahlt der Anleger prozentual 3,5 Prozent Ordergebühren – viel zu viel.

▶ **Flatrate:** Hier zahlen die Kunden unabhängig vom Auftragsvolumen immer eine feste Gebühr pro Handel. Sie müssen also nicht lange herumrechnen, um den Orderpreis zu ermitteln. Da Flatfees außerdem meist am unteren Ende der Preisskala aller ↗ Gebührenmodelle liegen, können Anleger hier kaum etwas falsch machen.

48

Neben den Ordergebühren, die bei einem Wertpapierauftrag an die Bank gezahlt werden müssen, fallen beim Börsenkauf in der Regel noch Fremdspesen wie Börsenplatzgebühr oder Maklercourtage an. Viele Banken reichen die Fremdspesen direkt an die Anleger weiter. Manche verlangen Pauschalpreise, die aber nicht immer alle Fremdspesen enthalten. Je nach Börsenplatz und Wertpapiergattung fallen die Fremdspesen unterschiedlich aus. Bei einer 5 000-Euro-Order liegen sie meist zwischen 2 und 6 Euro.

▶ Finanztest untersucht regelmäßig die Depot- und Kaufgebühren der Banken. Welche Banken in den Tests aktuell gut abschneiden, können Sie unter www.test.de Suchwort „Depotgebühren" nachschauen.

Börsenwissen für Einsteiger

Wertpapiere werden an Börsen gehandelt. Daher sollte jeder Anleger eine Vorstellung davon haben, wie eine Börse funktioniert.

Eine Börse ist im Grunde nichts anderes als ein organisierter Markt, auf dem spezielle Waren gehandelt werden. Sie lässt sich in unterschiedliche Teilmärkte gliedern: den Aktienmarkt, den Renten- oder Anleihemarkt, den Terminmarkt und die Devisenbörse – je nachdem, welches Finanzprodukt gehandelt wird. Anders als auf einem Wochenmarkt oder einem Internetmarkt wie Ebay findet der Handel an der Börse aber nicht direkt zwischen Käufer und Verkäufer statt, sondern zwischen dafür zugelassenen Händlern. Wichtig für Anleger ist vor allem der Aktien- und Anleihemarkt, also die Wertpapierbörse.

Zentrale Aufgaben der Börse

Unternehmen benötigen ausreichend Kapital für ihre Investitionen, etwa um neue Produkte zu entwickeln und zu produzieren oder um neue Standorte aufzubauen und zu expandieren. Dafür ist viel Geld nötig, das nicht allein über Darlehen von Banken zur Verfügung gestellt werden kann. Auch Banken und Staaten benötigen laufend Kapital. Auf der anderen Seite gibt es Millionen Menschen, die ihr Geld in renditeträchtige Anlagen investieren wollen. Um sich Kapital zu verschaffen, geben Unternehmen, Banken und Staaten Wertpapiere heraus, in die Anleger ihr Geld investieren können. Die Funktion einer Börse besteht nun darin, Angebot und Nachfragen nach diesen

Die größten Börsenplätze

Weltweit gibt es rund 60 bedeutende Börsen mit einer Marktkapitalisierung von rund 69 Billionen Dollar. Die Spitzenreiter bilden die folgenden Börsen:

Ort	Land	Börse	Marktkapitalisierung in Mrd. US-$
New York	USA	NYSE	19 223
New York	USA	Nasdaq	6 831
London	Großbritannien	London Stock Exchange	6 187
Tokio	Japan	Tokyo Stock Exchange	4 485
Shanghai	China	Shanghai Stock Exchange	3 986
Hong Kong	China	Hong Kong Stock Exchange	3 325
Paris, Amsterdam, Brüssel, Lissabon	Niederlande (Sitz)	Euronext	3 321
Toronto	Kanada	Toronto Stock Exchange (TMX Group)	2 781
Shenzhen	China	Shenzhen Stock Exchange	2 285
Frankfurt	Deutschland	Börse Frankfurt	1 766

Quelle: The Visual Capitalist; **Stand:** April 2017

Wertpapieren an einem zentralen Ort während fester Handelszeiten zu bündeln. Dadurch ergeben sich ein liquiderer Handel sowie marktgerechtere und transparentere Preise der angebotenen Wertpapiere.

Der börsliche Handel wird durch staatliche Aufsichtsbehörden (in Deutschland: die Bundesanstalt für Finanzdienstleistungsaufsicht, Bafin) und durch Handelsüberwachungsstellen der Börsen kontrolliert. Um Marktmanipulationen zu verhindern, dürfen in Deutschland nur registrierte Börsenmakler und die Händler der Banken direkt an der Börse tätig werden.

Privatanleger dürfen nicht selbst an der Börse handeln, sondern brauchen einen Mittler. Sie kaufen die Wertpapiere bei ihrer Bank, und diese leitet die Order an die Börse weiter.

Es gibt mehr als eine Börse

Auch wenn Fachleute häufig von „der" Börse sprechen, wenn sie den Aktien- oder Anleihenmarkt meinen, gibt es weltweit natürlich zahlreiche Wertpapierbörsen. In den verschiedenen Ländern der Welt sind aber die organisierten Börsen jeweils auf wenige Standorte beschränkt. Das gewährleistet, dass die Zahl der jeweiligen Marktteilnehmer hoch ist und der Handel konzentriert werden kann. Selbst in den USA gibt es nur wenige Börsenplätze. Die wichtigsten Finanzplätze der Welt zeigt die ⟡ Tabelle „Die größten Börsenplätze". Die nach Umsatz und Marktkapitalisierung größte Börse der Welt ist die New York Stock Exchange (NYSE).

Die weltweite Vernetzung und Verteilung der Börsen rund um den Globus führen dazu, dass Anleger Aktiengeschäfte heute praktisch rund um die Uhr abschließen können. Wenn beispielsweise der Xetra-Handel in Frankfurt um 17.30 Uhr geschlossen wird, hat in New York der Handel gerade erst begonnen (15.30 Uhr bis 22.00 Uhr unserer Zeit). Kaum ist der New Yorker Handel beendet, startet er schon wieder in Tokio (1.00 Uhr bis 7.00 Uhr unserer Zeit).

▶ **Regionalbörsen in Deutschland**
In Deutschland gibt es acht Wertpapierbörsen, eine Warenterminbörse, eine Wertpapierterminbörse und eine Devisenbörse. Die größte und wichtigste ist die Frankfurter Wertpapierbörse mit ihren Handelsplätzen Börse Frankfurt und Xetra. Außerdem gibt es noch Regionalbörsen. Die nach Frankfurt zweitgrößte ist die Börse Stuttgart, die speziell im Anleihen-Handel stark ist. Eine bedeutende Stellung im Handel von Investmentfonds hat auch die Börse Hamburg, die von der Börsen AG gemeinsam mit der Börse Hannover betrieben wird. Weitere Regionalbörsen finden sich in Berlin, Düsseldorf, München. Die Tradegate Exchange in Berlin und die European Energy

Exchange in Leipzig sind zwar auch (spezialisierte) Wertpapierbörsen, sie werden aber nicht als Regionalbörsen bezeichnet.

▶ **Parketthandel ist bald Vergangenheit**
Auch wenn Börsensendungen im Fernsehen gerne aus den Börsensälen übertragen werden, wo früher die Händler und Börsenmakler auf dem „Börsenparkett" untereinander schreiend und wild gestikulierend gehandelt haben, sind die meisten Börsen der Welt heute keine sogenannten Präsenz- oder Parkettbörsen mehr, sondern moderne Computerbörsen. Computerprogramme übernehmen die Berechnung der Preise der Wertpapiere und wickeln den Handel ab.

Ein solches System ist zum Beispiel das elektronische Xetra-System der Deutschen Börse AG, über das über 90 Prozent des gesamten Aktienhandels an deutschen Börsen abgewickelt werden. Den „klassischen" Parketthandel, bei dem sich die Händler Preise zuriefen, hat die Deutsche Börse in Frankfurt am Main vor einigen Jahren eingestellt. Aktien, Anleihen, Fonds und andere Anlagen werden dort aber weiter im Parketthandel über Spezialisten gehandelt. Daneben gibt es in Deutschland weitere Parketthandelsplätze an den Regionalbörsen.

Weder im Computer- noch im Präsenzhandel werden heute an einer Wertpapierbörse physische Waren ausgetauscht. Wertpapiere in Papierform, die den Besitzer wechseln, gibt es kaum noch. Die Papiere werden vielmehr virtuell ausgetauscht, indem sie aus dem Depot des Verkäufers aus- und in das des Käufers eingebucht werden. Der Kaufpreis wird vom Käu-

Tages-Chart am Beispiel einer BMW-Aktie über 5 Jahre

Ein Kurs-Chart zeigt grafisch die Preisveränderung eines Wertpapiers
(hier: BMW-Aktie) über einen bestimmten Zeitraum.

BMW Aktie (WKN: 519000) Tagesschlusskurs der Aktie (Euro, auf Xetra)
Quelle: Thomson Reuters

ferkonto abgebucht und dem Verkäuferkonto gutgeschrieben.

Angebot und Nachfrage bestimmen den Preis

Der Kaufpreis an der Börse wird nach dem Prinzip von Angebot und Nachfrage ermittelt. Je höher die Nachfrage nach einem Wertpapier ist, umso höher steigt sein Preis. Angebot und Nachfrage können sich mitunter im Sekundentakt ändern. Aufgabe der Börsenmakler und elektronischen Handelssysteme ist es, aus den verschiedenen Preisvorstellungen den Preis zu ermitteln, zu dem ein größtmöglicher Umsatz zustande kommt, also die größtmögliche Anzahl an Kauf- und Verkaufsaufträgen erfüllt werden kann. Den Preis, zu dem ein Wertpapier an der Börse gehandelt wird, nennt man auch „Kurs" oder „Börsenkurs".

Trägt man in einem Koordinatensystem auf der y-Achse den Preis des Wertpapiers und auf der x-Achse den Zeitverlauf ein, erhält man den Kurs-Chart eines Wertpapiers. Aus diesem kann man erkennen, wie sich sein Preis in einem bestimmten Zeitablauf verändert hat.

Indizes schaffen Vergleichbarkeit

Weltweit gibt es Millionen von Wertpapieren. Wollen Anleger einen allgemeinen Marktüberblick über unterschiedliche Wertpapierbereiche und die Stimmung an den Märkten erhalten, können ihnen Indizes dabei helfen. Diese zeigen die Entwicklung einer bestimmten Anzahl von Wertpapieren über einen bestimmten Zeitraum an und können Indikator für einen Gesamt- oder Teilmarkt, eine Branche oder Region sein.

52

Die Grundidee eines Index ist einfach: Eine bestimmte Anzahl von Aktien oder Anleihen wird zu einem Korb zusammengefasst, die Einzelkurse werden addiert und durch die Anzahl der enthaltenen Wertpapiere geteilt. Man erhält dann einen Durchschnittskurs des Wertpapierkorbes. Dieser Kurs wird als Indexstand bezeichnet. Er ändert sich entsprechend den Kursänderungen der enthaltenen Einzelwerte ständig.

Damit ein Index ein einigermaßen realistisches Bild der Markttendenz geben kann, muss er auch die unterschiedliche Bedeutung der einzelnen Indexmitglieder widerspiegeln. Die Unternehmen an der Börse haben ein unterschiedlich großes Gewicht. In einem Aktienindex, der sowohl milliardenschwere Großkonzerne als auch kleine Unternehmen enthält, werden daher die Anteile der einzelnen Unternehmen am Index unterschiedlich gewichtet. Kriterien sind bei Aktien unter anderem der Börsenwert des Unternehmens oder die Zahl der durchschnittlich pro Tag gehandelten Anteile. Bei Anleihen-Indizes ist häufig die Höhe des Emissionsvolumens ein Ordnungsmerkmal.

Indizes lassen sich fast für jede Anlageklasse bilden. Neben Wertpapierindizes auf Aktien und Anleihen gibt es Indizes bei Immobilien und Rohstoffen. Innerhalb der einzelnen Klassen lassen sich nahezu beliebige Unterklassen bilden.

Aktienindizes werden beispielsweise nach folgenden Kriterien gebildet:

▶ **Regionen:** wie Afrika, Asien, Emerging Markets, Europa, Eurozone, Latein-, Nordamerika, Welt
▶ **Länder:** wie Brasilien, China, Deutschland, Griechenland, Japan, Russland, USA
▶ **Sektoren:** wie Autos, Banken, Chemie, Gesundheit, Industrie, Technologie, Versorger
▶ **Strategien:** wie Dividenden, Nachhaltigkeit

Anleihen-Indizes gibt es unter anderem für
▶ Geldmarktpapiere
▶ Pfandbriefe
▶ Staatsanleihen
▶ Unternehmensanleihen

Rohstoffindizes fassen einzelne Rohstoffsegmente wie Agrargüter, Energierohstoffe, Industrie- und Edelmetalle zusammen.

Was sollten Sie bei der Steuer beachten?

Natürlich will auch das Finanzamt etwas von Ihren Anlageerfolgen abhaben. Bei Kapitaleinkünften greift es mit der Abgeltungsteuer direkt an der „Quelle" Ihrer Erträge zu.

Seit 2009 macht das Finanzamt keinen Unterschied mehr: Sowohl für Zinsen als auch für Dividenden und Gewinne aus dem Verkauf von Wertpapieren gilt die Abgeltungsteuer von 25 Prozent plus Solidaritätszuschlag und gegebenenfalls Kirchensteuer. Wie der Name Abgeltungsteuer bereits andeutet, handelt es sich hierbei um eine Quellensteuer, bei der der Steuerabzug an der Quelle der Einkünfte – der auszahlenden Bank – vorgenommen wird. Das macht eine gesonderte Steuerveranlagung überflüssig, da die Steuer durch den Vorwegabzug bereits abgegolten ist.

Bei diesen Abzügen bleibt es selbst dann, wenn Anleger insgesamt so viel Einkommen versteuern müssen, dass ihr persönlicher Steuersatz über 25 Prozent liegt. Ist ihr persönlicher Steuersatz niedriger, müssen sie dagegen nur den niedrigeren Satz für ihre Kapitaleinkünfte zahlen. Um in den Genuss des niedrigeren Steuersatzes zu kommen, müssen sie ihre Erträge allerdings über die Steuererklärung mit dem Finanzamt abrechnen.

Steuerfreie Kapitalerträge

Kapitalerträge sind nicht ab dem ersten Euro steuerpflichtig. Sie können jedes Jahr Kapitalerträge bis zur Höhe des Sparerpauschbetrages von 801 Euro (Ehepaare 1 602 Euro) von der Abgeltungsteuer freistellen lassen. Dazu müssen Sie Ihrer Bank einen Freistellungsauftrag erteilen. Sie können den Freibetrag auch auf verschiedene Kreditinstitute aufteilen. Vermeiden sollten Sie jedoch, dass Sie mehr verteilen als die 801 Euro (1 602 Euro), die Ihnen über den Pauschbetrag gewährt werden – denn das Finanzamt kontrolliert die Summe der über alle Banken erteilten Freistellungsaufträge. Der Freistellungsauftrag bei einer Bank gilt für sämtliche Erträge aus Geld- und Wertpapiergeschäften dort, also zum Beispiel für Zinsen des Tagesgeldkontos und Dividenden und Veräußerungsgewinne auf Wertpapiere.

Darüber hinaus gibt es einen Bestandsschutz für Kursgewinne bei Wertpapieren, die vor 2009 gekauft wurden: Bei einem Verkauf realisierte Kursgewinne von vor 2009 gekauften Aktien oder Anleihen bleiben steuerfrei. Eine Ausnahme sind Fonds. Hier haben sich die Regeln mit der Investmentsteuerreform ab 2018 geändert. Gewinne aus Verkäufen von Fonds, die vor 2009 gekauft wurden, waren nur bis Ende 2017 steuerfrei. Seit 2018 bleibt

Anlegern aber ein Freibetrag von insgesamt 100 000 Euro auf ihre Gewinne aus diesen Altbeständen. Für Wertsteigerungen, die ein solcher Uralt-Fonds ab 2018 erzielt hat und die bei Verkauf realisiert werden, zahlen Anleger dennoch erst dann Steuern, wenn ihr 100 000-Euro-Freibetrag verbraucht ist

So berechnet sich die Abgeltungsteuer

Zu den Kapitalerträgen, die unter die Abgeltungsteuer fallen, zählen neben Zinsen, Dividenden und Verkaufsgewinnen zum Beispiel auch Währungsgewinne aus Anleihen oder Mieteinnahmen aus offenen Immobilienfonds. Auch ausländische Kapitalerträge (zum Beispiel Dividenden einer ausländischen Aktiengesellschaft) eines in Deutschland ansässigen Anlegers unterliegen dem Steuerabzug, wenn die Bank des Anlegers, die diese Kapitalerträge auszahlt, ihren Sitz in Deutschland hat. Wurde im Ausland bereits eine ausländische Steuer erhoben, ist diese auf die Abgeltungsteuer anzurechnen.

Auch für ausländische thesaurierende Fonds wird seit 2018 ein Quellenabzug vorgenommen. Thesaurierend heißt, dass diese Fonds die Erträge wie Zinsen oder Dividenden nicht ausschütten, sondern dem Fondsvermögen zuschlagen. Laufende Erträge aus einem ausländischen thesaurierenden Fonds unterlagen bis Ende 2017 nicht dem Quellensteuerabzug sondern mussten nachträglich in der Steuererklärung angegeben werden. Das galt selbst dann, wenn die Fondsanteile in einem inländischen Depot verwahrt wurden. Auch

das hat sich mit der Investmentsteuerreform geändert. 2018 wurde für thesaurierende Fonds eine sogenannte Vorabpauschale eingeführt, die die Depotbank automatisch abzieht. *Beispiel: Ein alleinstehender Anleger hat 100 000 Euro in eine Anleihe investiert und erhält daraus eine Zinszahlung von 3 Prozent. Er ist bereits vor Jahren aus der Kirche ausgetreten, zahlt also keine Kirchensteuer. Seiner Bank, bei der die Anleihe im Depot liegt, hat er einen Freistellungsauftrag über 801 Euro erteilt.*

So berechnet die Bank die Abgeltungsteuer:	
Zinsen	3 000,00 €
− Sparer-Pauschbetrag	801,00 €
Steuerpflichtige Kapitalerträge	**2 199,00 €**
Abgeltungsteuer (25 % von 2 199 Euro)	549,75 €
Solidaritätszuschlag (5,5 % von 549,75 Euro)	30,24 €

Das bleibt dem Anleger von seinen Kapitaleinkünften nach Steuern:	
Zinsen	3 000,00 €
− Abgeltungsteuer	− 549,75 €
− Solidaritätszuschlag	− 30,24 €
Kapitaleinkünfte netto	**2 420,01 €**

So verrechnen Sie Verluste bei mehreren Banken

Wenn Sie bei einer Bank mit Wertpapieren Verluste und Gewinne erzielen, verrechnet diese sie grundsätzlich miteinander. Bei Verlusten mit Einzelaktien besteht jedoch eine Besonderheit: Sie können nur mit Gewinnen aus Ak-

Gut zu wissen

NV-Bescheinigung erspart Steuerveranlagung. Haben Sie hohe Zinsen und andere Kapitalerträge, aber ein geringes Gesamteinkommen, weil vielleicht Ihre Rente gering ist, können Sie sich von der Bank steuerfrei viel mehr auszahlen lassen, als es der Sparerpauschbetrag erlaubt. Wenn nämlich Ihr gesamtes Einkommen so niedrig ist, dass Sie keine Steuern zahlen müssen, können Sie beim Finanzamt eine Nichtveranlagungsbescheinigung (NV-Bescheinigung) beantragen und diese Ihrer Bank vorlegen. Die Bank führt dann keine Abgeltungsteuer mehr ab. Auch Schüler und Studenten können das oft nutzen. Antragsformulare für eine NV-Bescheinigung gibt es beim Finanzamt oder online unter www.formulare-bfinv.de.

nicht untereinander. Das Finanzamt legt bei der Steuerveranlagung dann die Differenz zugrunde und erstattet oder verrechnet zu viel gezahlte Abgeltungsteuer bei der Einkommensteuerberechnung. Je nach Depothöhe und Anlageerfolg beziehungsweise -misserfolg können das mehrere Tausend Euro Abgeltungsteuer sein, die Sie so in einem Jahr sparen können.

Um Verluste im Rahmen der Einkommensteuererklärung geltend machen zu können, benötigen Sie eine sogenannte Verlustbescheinigung der Bank, bei der die Verluste entstanden sind. Den Antrag auf eine Verlustbescheinigung müssen Sie bis zum 15. Dezember des laufenden Jahres bei der jeweiligen Bank stellen. Den Antrag können Sie nicht widerrufen, wenn er einmal gestellt ist. Die Bank setzt dann den bei ihr geführten Verlusttopf auf null zurück, damit es nicht zu einer doppelten Verlustverrechnung auf Bankseite kommt. Ohne Antrag würde die Bank einen verbleibenden Verlust ins Folgejahr übertragen und mit Gewinnen, die bei ihr anfallen, verrechnen.

Verlustverrechnung online einsehen

Viele Banken bieten Ihnen online die Möglichkeit, den Stand der Verlustverrechnungstöpfe einzusehen (meist unter dem Unterpunkt „Steuern"). Prüfen Sie, ob bei einer Bank Verluste aufgelaufen sind, die noch nicht verrechnet wurden.

tiengeschäften, nicht jedoch zum Beispiel mit Gewinnen aus Fonds verrechnet werden. Dazu führt die Bank einen Verlusttopf „Aktien" und einen Verlusttopf „Sonstige".

Haben Sie Depots bei verschiedenen Banken und möchten Verluste mit Wertpapieren bei einer Bank mit Gewinnen bei einer anderen Bank verrechnen, geht das nur im Rahmen Ihrer Einkommensteuererklärung. Denn Banken verrechnen Ihre Gewinne und Verluste

Aktien: Nur für Reiche?

Viele Deutsche halten Aktien für „Teufelszeug" oder eine Anlageklasse nur für Reiche. Wer aber die wichtigsten Grundbegriffe kennt, kann mit Aktienanlagen sein Gesamtvermögen streuen und die Rendite langfristig verbessern.

Was sind Aktien?

Aktien sind Beteiligungen an Unternehmen. Ausschüttungen und Wertsteigerungen bestimmen die Gesamtrendite des Aktionärs.

Aktien sind Wertpapiere, die Teilhaberrechte am Grundkapital einer Aktiengesellschaft (AG) verbriefen. Das in Aktien investierte Kapital zählt daher zum Eigenkapital des Unternehmens. Wenn Sie eine Aktie kaufen, werden Sie nicht nur Aktionär, sondern auch Miteigentümer des Unternehmens und übernehmen wie ein Unternehmer ein finanzielles Risiko, sollte die Aktiengesellschaft Verluste machen. Auf der anderen Seite sind Sie auch an ihren Gewinnen beteiligt.

Nennwert- und Stückaktien

Die Höhe Ihrer Beteiligung am Gewinn und Verlust hängt davon ab, welchen Anteil am Grundkapital des Unternehmens Ihr Aktienpaket ausmacht. Der Nennwert einer einzelnen Aktie gibt an, mit welchem Anteil jede Aktie am Grundkapital der AG beteiligt ist. Dieser Nennwert war früher als Geldbetrag (zum Beispiel „5 D-Mark") auf den effektiven Aktienurkunden aufgedruckt. Nach dem Aktiengesetz haben Aktiengesellschaften heutzutage aber die Wahl, ob sie ihre Aktien als Nennwertaktien (Nennbetragsaktien) oder nennwertlose Aktien (Stückaktien) ausgeben.

Bei nennwertlosen Aktien wird die Beteiligung des Aktionärs am Grundkapital der AG nicht in einem Nennbetrag, sondern in Stücken ausgedrückt. Der Anteil des Aktionärs am

Unternehmen resultiert dabei aus dem Verhältnis seiner Aktien zur Gesamtzahl aller ausgegebenen Aktien. Das Aktiengesetz schreibt vor, dass der rechnerische Anteil am Grundkapital pro Stückaktie mindestens 1 Euro betragen muss. Damit soll sichergestellt werden, dass Inhaber von Stückaktien nicht gegenüber Inhabern von Nennbetragsaktien benachteiligt sind.

Beispiel: Das Grundkapital einer AG beträgt 8 Millionen Euro und es wurden 2 Millionen Stückaktien ausgegeben. Das bedeutet, dass der rechnerische Anteil pro Aktie 4 Euro beträgt. Wenn ein Anleger 10 000 Aktien besitzt, hat er einen rechnerischen Anteil von 40 000 Euro am Grundkapital. Er ist prozentual also mit einer Quote von ((40 000 Euro : 8 000 000 Euro) x 100 =) 0,5 Prozent am Grundkapital beteiligt.

Nennwert ist nicht gleich Kurswert

Der Börsenkurs einer Aktie spiegelt den aktuellen Marktwert eines Unternehmens wider. Bei einem erfolgreichen Unternehmen ist der Marktwert in der Regel aber wesentlich höher als sein Grundkapital. Für die Bewertung des Unternehmens spielen unterschiedliche Faktoren eine Rolle.

Zum einen fließen die Vermögensgegenstände des Unternehmens in die Bewertung ein. Denn der Marktwert ergibt sich aus der Summe aller Vermögensgegenstände (abzüglich Schulden) – wie Anlagevermögen (zum Beispiel Immobilien, Maschinen, Geschäftsausstattung), Beteiligungen, Warenvorräte und Rechte, Patente, etc. Zum anderen bestimmen den Börsenkurs Faktoren, die nicht in der Bilanz des Unternehmens stehen, wie Gewinnaussichten, Markenname, stille Reserven und vieles mehr.

Ist der Kurswert einer Aktie hingegen geringer als der Nennwert, kann dies im Wesentlichen zwei Gründe haben: Entweder steckt das Unternehmen in ernsthaften wirtschaftlichen Schwierigkeiten und viele Anleger haben erkannt, dass sein tatsächlicher Wert unter den Wert des Grundkapitals gesunken ist. Die Aktien werden dann an der Börse zu Kursen unter dem Nennwert verkauft. Es kann aber auch sein, dass die Aktie aus dem Fokus der breiten Anlegermasse geraten ist oder falsch eingeschätzt wird. Dies kann zum Beispiel nach einem Börsencrash passieren, der alle Aktien erfasst hat, auch wenn einzelne Unternehmen dies nicht „verdient" hätten, weil ihre Zahlen und Geschäftsaussichten weiterhin gut sind. Denkbar ist auch, dass ein Konkurrent aus der gleichen Branche schlechte Zahlen präsentiert hat und Anleger andere Aktien dieser Branche in „Sippenhaft" nehmen. Wenn Anleger solche unterbewerteten Aktien zu den sehr günstigen Kursen kaufen, bestehen längerfristig hohe Gewinnmöglichkeiten.

Der Börsenkurs einer Aktie ist meist schon bei der Erstemission höher als ihr Nennwert oder Stückpreis. Bereits in den Erstausgabe-

AKTIEN

Geeignet für Anleger mit größerem Vermögen, die sich aktiv um ihr Geld kümmern wollen. Je mehr Risiko sie eingehen können und wollen, desto höher kann der Anteil an Aktienanlagen sein.

PRO

Mit Aktien sind höhere Renditen möglich als mit festverzinslichen Anlagen. Neben der Chance auf Wertsteigerungen bieten mögliche Dividendenzahlungen eine weitere Ertragschance.

CONTRA

Die „richtigen" Aktien auszuwählen und zu verwalten ist aufwendig. Hohe Wertschwankungen bis hin zum Totalverlust sind möglich. Eine ausreichende Risikostreuung ist nur mit einer hinreichend großen Anzahl verschiedener Titel aus verschiedenen Ländern und Sektoren möglich. Wer sich nicht ständig um sein Geld kümmern möchte, ist mit Aktienfonds besser bedient.

preis der Aktie fließen Schätzungen über die Geschäftsperspektiven und Gewinnaussichten ein. Das Unternehmen hat ein großes Interesse an einem hohen Ausgabepreis. Denn nur bei der Erstausgabe stellt der Anleger dem Unternehmen sein Kapital direkt zur Verfügung, und das eingenommene Geld wandert in die Kassen der AG. Der spätere Handel an der Börse erfolgt hingegen nur zwischen Anlegern in Gestalt von Käufern und Verkäufern der Aktie.

Stamm-, Namens- und Inhaberaktien

Neben der Unterscheidung in Nennwert- und Stückaktien gibt es in Deutschland noch weitere Abstufungen verschiedener Aktienarten, die sich hinsichtlich ihrer Handelbarkeit und der Rechte, die sie verbriefen, unterscheiden.

Das Grundkapital einer Aktiengesellschaft besteht meist aus Stammaktien. Inhaber von Stammaktien besitzen alle Aktionärsrechte, insbesondere das Stimmrecht auf der Hauptversammlung des Unternehmens. Stammaktien werden in der Fachsprache auch „Stämme" genannt und mit „St" abgekürzt. Je mehr Stammaktien ein Anleger hält, desto mehr Stimmrechte besitzt er. Entsprechend größer ist sein Einfluss auf das Unternehmen.

Die (noch) überwiegende Zahl dieser Stammaktien sind wiederum Inhaberaktien. Sie lauten nicht auf einen bestimmten Inhaber oder Namen, sondern gehören demjenigen, der sie gerade besitzt, weil sie in seinem Depot liegen. Inhaberaktien sind faktisch ein anonymes Inhaberpapier. Für die Aktiengesellschaft hat dies den Nachteil, dass sie ihre

Aktionäre nicht direkt kontaktieren kann und ihnen zum Beispiel nicht Aktionärsbriefe, Quartals- oder Jahresberichte zuschicken kann, sondern die jeweiligen Depotbanken der Anleger zwischenschalten muss. Da die AG nicht genau weiß, wer die Aktionäre sind, ist es schwierig, rechtzeitig Verschiebungen in der Aktionärsstruktur festzustellen und zum Beispiel vorab Versuche feindlicher Übernahmen zu erkennen.

Das ist bei Namensaktien anders. Diese werden unter Angabe von Namen, Geburtsdatum und Adresse des Aktionärs sowie der Stückzahl – oder bei Nennbetragsaktien der Höhe seines Anteils – in das Aktienregister der Aktiengesellschaft eingetragen. Benötigt der Aktionär zusätzlich die Zustimmung der AG für den Verkauf seiner Aktien, spricht man von vinkulierten Aktien. In der Satzung der AG ist bestimmt, unter welchen Voraussetzungen sie die Zustimmung zu einer Veräußerung versagen kann.

Aktionäre haben bei Inhaber- und Namensaktien die gleichen Rechte, insbesondere Stimmrechte auf der Hauptversammlung. Die Namensaktie ist aber international verbreiteter als die Inhaberaktie, die in Europa wohl noch überwiegt. Auch zahlreiche deutsche Unternehmen haben bereits auf Namensaktien umgestellt. Denn dies ist Voraussetzung, wenn ein Unternehmen an internationalen Börsen, beispielsweise in den USA, gelistet werden will.

Namens- und Inhaberaktien gibt es auch in der Form von Vorzugsaktien, Börsianer sprechen von „Vorzügen". Sie werden mit „Vz" abgekürzt. Bei diesen Aktien genießen Inhaber bestimmte Vorrechte. Diese Vorrechte bestehen bei deutschen Aktiengesellschaften meist in besonderen Dividendenansprüchen für die Aktionäre. Üblich sind beispielsweise eine Mehrdividende gegenüber Stammaktionären oder eine Mindestdividende, bei der Vorzugsaktionäre vor den Stammaktionären bedient werden (auch Vorausdividende genannt). Vorzugsaktien haben aber nicht nur Vorteile: So haben Vorzugsaktionäre meist kein Stimmrecht in der Hauptversammlung (stimmrechtslose Vorzugsaktien). Das Stimmrecht erhält der Aktionär zurück, wenn der vereinbarte Vorzug nicht vollständig gezahlt und nicht ausgeglichen wird.

Der Vorteil von Vorzugsaktien liegt für das Unternehmen darin, dass es sich über die Ausgabe der Vorzüge neues Kapital besorgen kann, ohne dass sich die Stimmrechts- und Mehrheitsverhältnisse in der Hauptversammlung verschieben. Sie sind insbesondere für Kleinanleger interessant, die in der Hauptversammlung kein Stimmgewicht haben. Großanleger bevorzugen hingegen Stammaktien, um über ihr Stimmrecht Einfluss auf die Aktiengesellschaft nehmen zu können. Daher notieren Vorzugsaktien an der Börse meist niedriger als Stammaktien.

Internationale Aktien-Sonderformen

An den Weltbörsen gibt es einige Sonderformen von Aktien, die mitunter auch in Deutschland gehandelt werden. Dabei werden A- und B-Aktien von Unternehmen unterschieden. A-Aktien dürfen oft ausschließlich von Einheimischen gekauft werden, während

Gut zu wissen

Keine Nachschusspflichten

Aktionäre haben als Miteigentümer „ihres" Unternehmens Rechte und Pflichten, die sich vor allem aus dem Aktiengesetz und der Satzung des Unternehmens ergeben.

Die Hauptpflicht eines Aktionärs ist es, eine bei der Erstemission georderte Aktie zu bezahlen, also die vereinbarte Einlage auf das Grundkapital zu leisten. Anders als bei Mitunternehmern einer Gesellschaft bürgerlichen Rechts (GbR) oder einer Offenen Handelsgesellschaft (OHG) kann die Aktiengesellschaft von ihren Miteigentümern aber keine weiteren Zahlungen verlangen, wenn das Unternehmen in wirtschaftliche Schieflage geraten sollte. Eine sogenannte Nachschusspflicht besteht bei der Rechtsform der Aktiengesellschaft (AG) für Aktionäre nicht. Wird eine AG insolvent, beschränkt sich das Verlustrisiko eines Aktionärs auf das Kapital, das er für seine Aktien bezahlt hat.

B-Aktien auch von ausländischen Investoren gehandelt werden dürfen. Die B-Aktien haben meist kein oder nur ein eingeschränktes Stimmrecht und werden nur in begrenzter Anzahl verkauft. Damit soll der Einfluss ausländischer Anleger auf die Unternehmen beschränkt werden.

Bedeutung hat die Unterscheidung vor allem bei chinesischen Aktien. Hier versteht man unter A-Aktien solche Aktien chinesischer Unternehmen, die in chinesischer Währung (Renminbi) an den Börsen Schanghai und Shenzhen gehandelt werden, B-Aktien hingegen werden in Schanghai in US-Dollar und in Shenzhen in Hongkong-Dollar gehandelt und sind für ausländische Privatanleger zugänglich. Daneben gibt es noch H-Aktien, die nur in Hongkong und nur von ausländischen Anlegern gekauft werden können.

Will ein ausländisches Unternehmen an einer US-Börse gehandelt werden, ohne sich dem vollständigen Zulassungsverfahren zu unterziehen, das für eine Börsennotierung notwendig wäre, kann es auf sogenannte American Depositary Receipts (ADR) ausweichen. Dabei handelt es sich um Hinterlegungsscheine, die von amerikanischen Kreditinstituten ausgestellt werden, die eine bestimmte Anzahl Aktien des ausländischen Unternehmens in Verwahrung genommen haben. Ein ADR kann sich auf eine, mehrere oder auch nur auf einen Bruchteil einer Aktie beziehen und wird dann stellvertretend für die Aktie gehandelt.

Die Dividende

Aktionären steht eine Beteiligung am Unternehmensgewinn in Form einer Dividendenzahlung zu – vorausgesetzt, die Aktiengesellschaft erzielt einen Gewinn.

Als Miteigentümer der Aktiengesellschaft hat ein Aktionär Anspruch darauf, am Erfolg des Unternehmens beteiligt zu werden. Ein Recht auf eine feste Verzinsung oder eine feste Rückzahlung wie ein Anleihegläubiger hat er allerdings nicht. Erzielt die Gesellschaft einen Gewinn, kann sie einen Teil davon an die Aktionäre ausschütten. Diese Ausschüttung heißt Dividende, abgeleitet aus dem lateinischen „dividere" (teilen). Selten wird der gesamte Bilanzgewinn eines Jahres an die Aktionäre ausgeschüttet. Vielmehr wandern häufig bis zu 50 Prozent des Gewinns zunächst in betriebliche Rücklagen und Investitionen. Ob, wann und in welcher Höhe der restliche Gewinn an die Aktionäre verteilt wird, entscheidet die Hauptversammlung mit einfacher Mehrheit aufgrund eines Vorschlages des Vorstands. Die Aktionärsversammlung kann sich auch gegen die Auszahlung einer Dividende entscheiden, wenn beispielsweise die Kapitalsubstanz des Unternehmens gestärkt werden soll. Plant ein Unternehmen zum Beispiel eine größere Investition oder Expansion, kann die Hauptversammlung beschließen, den Gewinn dafür einzusetzen und keine Dividende zu zahlen.

Dividenden sind ein wichtiger Ertragsbestandteil

Der Gesamtertrag eines Anlegers setzt sich aus Kursgewinnen und Dividenden zusammen. Wie sich der durchschnittliche jährliche Gesamtertrag bei verschiedenen Indizes und Laufzeiten in der Vergangenheit verteilte, zeigt diese Grafik.

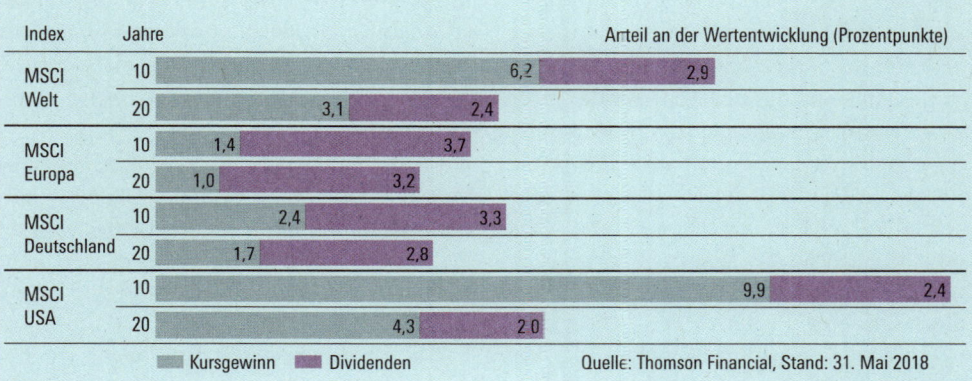

Index	Jahre	Anteil an der Wertentwicklung (Prozentpunkte)
MSCI Welt	10	6,2 2,9
	20	3,1 2,4
MSCI Europa	10	1,4 3,7
	20	1,0 3,2
MSCI Deutschland	10	2,4 3,3
	20	1,7 2,8
MSCI USA	10	9,9 2,4
	20	4,3 2,0

■ Kursgewinn   ■ Dividenden   Quelle: Thomson Financial, Stand: 31. Mai 2018

Meist erfolgt die Dividendenzahlung am dritten Geschäftstag, der auf den Beschluss der Hauptversammlung folgt. Am Tag der Ausschüttung sinkt der Aktienkurs meist um die gezahlte Dividende, da durch die Ausschüttung die Substanz des Unternehmens entsprechend gemindert wird (Dividendenabschlag). Der Kurs wird nach der Ausschüttung bei seiner Notierung an der Börse oder in den Tabellen von Wirtschaftsmedien häufig durch einen entsprechenden Hinweis „ex D" (ohne Dividende) gekennzeichnet. In Deutschland wird die Dividende üblicherweise jährlich gezahlt. In manchen Ländern, wie zum Beispiel den USA und Großbritannien, sind quartalsweise Dividendenzahlungen üblich.

Die Dividende wird meist nicht in Prozent, sondern in Währungseinheit pro Stück angegeben. Die Dividende, die ein Aktionär insgesamt bekommt, richtet sich daher nach der Anzahl der Anteile am Unternehmen. Wurde beispielsweise eine Dividende von 2 Euro je Aktie beschlossen und besitzt er 100 Aktien des Unternehmens, steht ihm eine Dividende von 200 Euro zu. Allerdings wird von diesem Betrag noch die ⬀ Abgeltungsteuer von 25 Prozent (zuzüglich 5,5 Prozent Solidaritätszuschlag) einbehalten. Dies übernimmt in der Regel die Depotbank. Der verbleibende Betrag – im Beispiel wären das 147,25 Euro – wird dem Aktionär auf sein zum Wertpapierdepot gehörendes Konto gezahlt.

Dividenden statt Zinsen?

Die Dividendenzahlung ist für Anleger nur ein Teil der tatsächlichen Rendite. Ob sich eine Aktienanlage lohnt, hängt vor allem von der Entwicklung des Aktienkurses ab. Nach einer Auswertung des Fondsverbands BVI der vergangenen 40 Jahre machen die Dividende etwas mehr als 40 Prozent und die Kursgewinne knapp 60 Prozent der Gesamtrendite europäischer Aktien aus. Das zeigt, dass Aktien von dividendenstarken Unternehmen für Anleger ein Puffer in Zeiten stagnierender oder fallender Börsen sein können. Denn solide Unternehmen zahlen häufig auch dann Dividenden an ihre Aktionäre, wenn der Kurs der Aktie zwischenzeitlich fällt. Mit den Dividendeneinnahmen fällt es leichter, zwischenzeitliche Kursverluste auszusitzen.

Manche Anleger zielen nicht in erster Linie auf Kursgewinne, sondern sehen in Aktien von Unternehmen, die in der Vergangenheit zuverlässig Dividenden ausgeschüttet haben, einen Ersatz für Zinsanlagen. Eine solche Dividendenstrategie kann in Zeiten niedriger Zinsen durchaus Sinn machen. Denn es ist möglich, dass das Marktzinsniveau durch Zentralbankinterventionen längere Zeit niedrig gehalten wird.

Langfristanleger, denen es mehr auf regelmäßige Erträge als auf Kurssteigerungen ankommt, können bei ihrer Aktienauswahl besonders auf sogenannte Dividendenaristokraten setzen. So werden Aktien von Unternehmen bezeichnet, die in der Vergangenheit (zehn Jahre und länger) jedes Jahr eine Dividende an ihre Aktionäre gezahlt haben.

Sie müssen sich aber bewusst sein, dass es keine Gewähr gibt, dass ein Unternehmen, das in der Vergangenheit hohe Dividenden gezahlt hat, dies auch zukünftig tut. Wenn es beispielsweise keinen Gewinn erzielt oder beschließt, diesen für Investitionen einzusetzen, können Dividenden auch ausbleiben.

Wichtig ist, dass die Dividende aus dem laufenden Gewinn gezahlt wird. Schüttet ein Unternehmen Dividenden mangels Gewinn zulasten der Substanz aus, um die Aktionäre bei Laune zu halten, ist dies ein Alarmzeichen.

Nicht immer fließt Geld

Eine Dividende muss nicht zwingend in Form von Geld ausbezahlt werden. Das Unternehmen kann auf seiner Hauptversammlung auch andere Arten der Dividendenzahlung beschließen. Voraussetzung ist, dass die Satzung dies vorsieht:

▶ **Sachdividende.** Von einer Sachdividende spricht man, wenn eine Aktiengesellschaft die Dividende nicht als Bargeld, sondern in Form von Sachgütern auszahlt.
▶ **Stockdividende.** Die Stockdividende ist eine besondere Form der Sachdividende, bei der die Anleger kostenlose Aktien – oft Aktien von Tochtergesellschaften des Unternehmens – erhalten.

Nicht alles auf die Dividendenkarte setzen

Auch wenn bei manchen Dividendenaktien als die neuen Anleihen gelten, sollten Sie nicht alles auf die „Dividendenkarte" setzen, wenn für Sie regelmäßige Einkünfte wichtig sind. Eine vernünftige Streuung auf Zinspapiere/Festgelder und Dividendenpapiere garantiert laufende Einnahmen auch dann, wenn die Aktienausschüttungen ausbleiben.

Der Kurs einer Aktie

Der Aktienkurs eines Unternehmens zeigt, wie Anleger seine wirtschaftliche Lage und Zukunftschancen einschätzen.

Der Börsenkurs einer Aktie ist ihr an einer Börse festgestellter Preis. Angebot und Nachfrage nach dem Wertpapier treffen aufeinander und werden im Präsenzhandel durch Börsenmakler (Skontroführer) oder – heute überwiegend – im elektronischen Handel durch Computersysteme der Börse wie zum Beispiel Xetra zusammengeführt.

Die Kurse im elektronischen Handel Xetra

Aktien, die in einem der Auswahlindizes der Deutschen Börse notiert sind (also zum Beispiel im Dax, MDax oder TecDax), werden im „Fortlaufenden Handel" gehandelt. Bei dieser Handelsform kann während der Börsenzeit jederzeit ein Aktienkurs festgestellt werden. Reicht die Liquidität nicht aus, sorgt ein „Designated Sponsor" dafür, dass ein Handel stattfinden kann. Designated Sponsors sind Banken oder sonstige Finanzdienstleister, die im elektronischen Handel verbindliche Preislimits für den An- und Verkauf von Wertpapieren stellen und damit deren Handelbarkeit gewährleisten.

Bei Wertpapieren, die nicht im fortlaufenden Handel notiert sind, findet der Handel in fortlaufenden Auktionen statt, bei denen das Meistausführungsprinzip wie im Präsenzhandel gilt.

Kursarten

An der Börse gibt es nicht nur den einen Kurs. Vielmehr unterscheiden Fachleute nach verschiedenen Kriterien folgende Kursarten:

▶ **Geldkurs, Briefkurs und Spread.** Der Preis, zu dem Käufer bereit sind, Wertpapiere zu kaufen, wird als Geldkurs (englisch „Bid") bezeichnet. Im Gegensatz dazu ist der Briefkurs (englisch „Ask") der Kurs, zu dem Verkäufer bereit sind, zu verkaufen. Die Differenz zwischen Geld- und Briefkurs wird als Spread bezeichnet.

▶ **Eröffnungs-, Höchst-, Tiefst- und Schlusskurs.** Im Laufe eines Börsentages ändert sich der Kurs einer Aktie ständig. Vier Werte im Tagesverlauf sind für Börsianer, insbesondere für solche, die sich mit der Chartanalyse befassen, besonders wichtig: Der Eröffnungskurs ist der erste Kurs des Börsentages. Der Höchst- und Tiefstkurs (Tageshoch und Tagestief) zeigen die extremsten Aktienpreise eines Börsentages. Der Schlusskurs schließlich ist der letzte Kurs, der während des Börsenhandels festgestellt wurde.

▶ **Realtimekurs.** Bei Direktbanken und Finanzseiten im Internet werden Börsenkurse in der Regel mit 15- beziehungsweise 20-minütiger Verzögerung angezeigt. Ak-

HÄTTEN SIE'S GEWUSST?

Der 1988 eingeführte Dax sollte ursprünglich Kiss heißen, abgeleitet von „Kursinformationssystem".

Rund die Hälfte aller 30 heute im Dax vertretenen Unternehmen sind von Anfang an dabei. Nicht mehr dabei sind zum Beispiel Hoechst, Nixdorf und Degussa.

Mehr als die Hälfte des Aktienkapitals der im Dax notierten Unternehmen ist überwiegend in der Hand ausländischer Investoren.

Den Rekord bei den größten Kursverlusten an einem Tag hält die Aktie des Finanzdienstleisters MLP, die im August 2002 um 48 Prozent fiel. MLP ist heute im SDax notiert.

An der Wall Street wird der Handel immer mit dem Läuten einer Glocke („Closing Bell") beendet. Viele Prominente hatten bereits die Ehre, dieses Ritual auszuführen.

tuelle Kurse in Echtzeit ohne Zeitverzögerung bezeichnet man als Realtime-Kurse. Kostenlos sind meist nur Realtime-Daten von großen Indizes wie dem Dax. Realtime-Kurse von Einzelaktien, die nur Börsenprofis benötigen, die diese innerhalb eines Tages mitunter auch mehrmals handeln, sind in der Regel kostenpflichtig.

Bulle und Bär

Viele kennen die beiden in Bronze gegossenen Figuren eines Bullen und eines Bären, die auf dem Frankfurter Börsenplatz stehen. Die beiden Tiere sind auch über Frankfurt hinaus in der Börsenwelt sehr prominent. In stilisierter Form finden Sie sie auf dem Cover dieses Buches. Sie stehen für die Richtung, die Börsenkurse einschlagen können: Der Bulle schleudert mit seinen Hörnern nach oben, der Bär schlägt mit den Tatzen nach unten. Übertragen stehen also Bullen für steigende, Bären für fallende Aktienkurse.

Neben dieser Erklärung gibt es noch verschiedene Legenden, wie die beiden Tiere den Weg in die Börsenwelt gefunden haben. Eine Legende sieht den Ursprung des tierischen Vergleichs im Krimkrieg Mitte des 19. Jahrhunderts, in dem Sir John Bull die siegreichen englischen Truppen führte. Die Unterlegenen waren die russischen Truppen, symbolisch vertreten durch ihr Nationaltier, den Bären.

Doch die simple Übersetzung „Bulle gleich steigende, Bär gleich fallende Kurse" erfasst die Bedeutung des börsianischen Tierpaares nicht ganz. Denn Bulle und Bär beschreiben nicht nur die Situation, sondern auch die

Stimmung an der Börse. So können etwa in einer allgemein guten Stimmung, einem Bullen-Markt, schlechte Unternehmensnachrichten weniger stark auf den Kurs drücken als zu Zeiten, in denen die Bären dominieren. In Bärenmärkten steigen umgekehrt Aktien unter Umständen nicht, selbst wenn sie eigentlich ein guter Tipp wären. Phasen anhaltender Kursrückgänge und schwacher Gesamtmärkte werden auch als „Baisse" bezeichnet. Zeiten, in denen die Börsenkurse dauerhaft steigen und die Stimmung am Gesamtmarkt positiv ist, nennt man auch „Hausse". Anleger oder Analysten, die mit steigenden Kursen rechnen, bezeichnet man im Börsenjargon auch als „bullish", Anleger die die zukünftigen Kurse eher als pessimistisch einschätzen, sind hingegen „bearish".

Die Risiken von Aktienanlagen

Wenn Sie die Risiken von Aktieninvestments kennen, können Sie diese realistisch einschätzen und verringern.

In vielen Ländern wie den USA oder Großbritannien ist der Anteil der Aktionäre an der Bevölkerung um einiges höher als in Deutschland. Hier scheuen die meisten Anleger Aktien wie der Teufel das Weihwasser und blenden die Chancen dieser Anlageklasse vollkommen aus. Die diffuse Angst vor Aktienanlagen ist oft grundsätzlicher Natur und nicht durch eigenes Wissen und Erfahrung begründet. Aber nur wer die Risiken von Aktien genauer kennt, kann diese objektiv bewerten und reduzieren.

Einzeltitel- und Marktrisiko

Die Rendite einer Aktie setzt sich aus Kursgewinnen und Dividendenerträgen zusammen. Beide unterliegen Schwankungen – sowohl wegen des Einzeltitel- als auch des Marktrisikos.

Soweit die Entwicklung eines Aktieninvestments von unternehmensinternen Nachrichten und Faktoren wie der Gewinn- und Umsatzentwicklung abhängt, spricht man vom „Einzeltitelrisiko", vom „unsystematischen" oder auch vom „unternehmensspezifischen" Risiko. Das unsystematische Risiko eines Aktienportfolios können Anleger dadurch senken, dass sie nicht nur auf ein Unternehmen setzen, sondern in verschiedene – empfehlenswert sind mindestens fünfzehn – Aktien anlegen. Das verringert das Risiko, auf die „falsche" Aktie gesetzt zu haben.

Dabei kommt es aber nicht nur auf die Anzahl der verschiedenen Aktien im Portfolio an, sondern vor allem darauf, dass diese aus unterschiedlichen Anlageregionen und -bran-

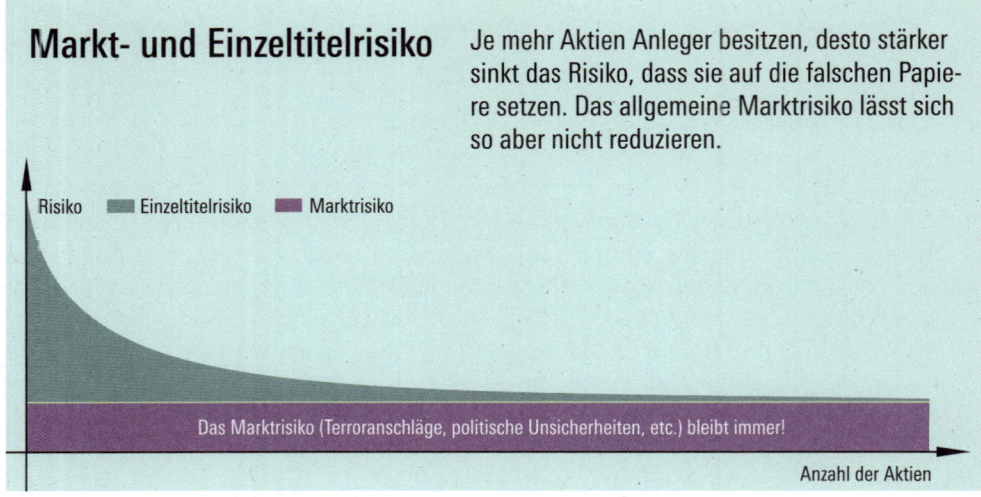

Markt- und Einzeltitelrisiko

Je mehr Aktien Anleger besitzen, desto stärker sinkt das Risiko, dass sie auf die falschen Papiere setzen. Das allgemeine Marktrisiko lässt sich so aber nicht reduzieren.

Risiko ▪ Einzeltitelrisiko ▪ Marktrisiko

Das Marktrisiko (Terroranschläge, politische Unsicherheiten, etc.) bleibt immer!

Anzahl der Aktien

chen kommen. Hat ein Anleger beispielsweise ein Portfolio mit zehn verschiedenen Aktien, von denen aber acht Automobilwerte sind, geht er ein hohes „Klumpenrisiko" ein. Klumpenrisiko bedeutet, dass sich eine hohe Anzahl von Aktien eines Portfolios in verschiedenen Situationen ähnlich verhält. Finanzexperten sprechen auch von einer hohen „Korrelation" der einzelnen Anlagen. Geht es der Autobranche insgesamt schlecht, werden tendenziell alle Automobilaktien des Anlegers darunter leiden. Hätte er hingegen nur ein oder zwei Autoaktien und ansonsten Aktien aus anderen Branchen, die von einer Krise der Autoindustrie nicht betroffen sind oder gar davon profitieren, würde sich das Einzeltitelrisiko seines Portfolios stark verringern. Die Anlagen wiesen dann eine niedrige Abhängigkeit voneinander (Korrelation) auf.

Neben dem unsystematischen Einzeltitelrisiko bleibt natürlich ein allgemeines „Marktrisiko". Naturkatastrophen, Terroranschläge und politische Unsicherheiten können Kurse stark einbrechen lassen, wenn Anleger in solchen Situationen panisch ihre Aktien verkaufen und ihr Geld in scheinbar sicherere Anlagen wie Anleihen und Gold umschichten. Vor allem sind die Aktienmärkte aber vorauslaufende Konjunkturbarometer der Wirtschaft. Wenn Anleger mit einer schwächer werdenden Entwicklung der Wirtschaft und sinkenden Gewinnen der Aktiengesellschaften rechnen, verkaufen sie Aktien. Sind diese Pessimisten in der Überzahl gegenüber denjenigen, die noch Aktien kaufen, fallen nach dem Gesetz von Angebot und Nachfrage die Kurse. Das Marktrisiko kann auch ein breit gestreutes Aktiendepot nicht „wegdiversifizieren".

Der Betafaktor

Eine Kennzahl zur Bestimmung des Marktrisikos einer Aktie ist der Betafaktor. Dieser gibt an, wie stark eine Aktie in der Vergangenheit im Vergleich zu einem Index geschwankt hat. Liegt der Betafaktor bei einer Aktie über 1, so bewegt sich diese stärker als es der Gesamtmarkt tut. Anleger können mit solchen Aktien somit tendenziell höhere Verluste, aber auch höhere Gewinne im Vergleich zum Marktdurchschnitt erzielen. Bei einem Wert unter 1 schwankt die Aktie weniger stark als der Markt. Ein negatives Beta bedeutet, die Rendite einer

Gewinn und Verlust

Diesen Gewinn benötigen Sie, um einen Verlust wettzumachen:

Prozentualer Verlust	Benötigter Gewinn (in Prozent)
− 10	11
− 20	25
− 30	43
− 40	67
− 50	100
− 60	150
− 70	233
− 80	400
− 90	900
− 100	Unmöglich

Aktie entwickelt sich gegenläufig zum Gesamtmarkt.

Die Volatilität

Eine wichtige Kennzahl, um das mögliche Verlustrisiko einer Aktie abzuschätzen, ist die „Volatilität". Diese Kennzahl wird auf der Grundlage zurückliegender Kurse berechnet und gibt an, wie stark der Kurs in einem bestimmten Zeitraum nach oben oder unten ausgeschlagen hat. Man spricht deshalb auch von der Schwankungsbreite. Die Volatilität ist sowohl im negativen als auch im positiven Sinn ein Maß für das Risiko einer Geldanlage. Nimmt die Volatilität zu, steigen die Chancen für hohe Kursgewinne. Allerdings wächst auch die Wahrscheinlichkeit hoher Verluste. Je höher Ihre Risikobereitschaft ist, umso höher kann der Anteil schwankungsanfälliger Wertpapiere in Ihrem Depot sein.

Ein Beispiel zur Volatilität

Nehmen wir an, dass der Kurs einer Aktie in den letzten 20 Jahren durchschnittlich 10 Prozent pro Jahr zugelegt hat. Die Schwankungsbreite (Volatilität) bei diesem Trend betrug in diesem Zeitraum 20 Prozent. Ein Anleger kauft sich die Aktie zu einem Preis von 100 Euro. Da die Aktie im Durchschnitt 10 Prozent pro Jahr steigt, ist der Ausgangswert (A) für den Kursstand der Aktie nach einem Jahr 110 Euro. Weil die Volatilität (V) allerdings 20 Prozent beträgt, kann der Preis der Aktie um 20 Prozent (20 : 100 = 0,2) um den Ausgangswert schwanken.

In einer Formel ausgedrückt, betragen die Gewinnchance A x (1 + V) und das Verlustrisiko A / (1 + V). Das bedeutet, der Anleger kann damit rechnen, dass der Kurs der Aktie nach einem Jahr zwischen (110 x 1,2 =) 132 Euro und (110 : 1,2 =) 92 Euro liegt. Läge die Volatilität allerdings nur bei 10 Prozent, könnte er lediglich mit (110 x 1,1 =) 121 Euro rechnen, er würde aber auch kei-

ner. Verlust machen, da der Kurs im ungünstigen Fall weiter bei (110 : 1,1 =) 100 Euro läge. Bei einer Volatilität von 30 Prozent hingegen beträgt die Gewinnchance 143 Euro und das Verlustrisiko 85 Euro.

Maximum Drawdown

Der Maximum Drawdown ist eine Kennzahl, die den maximalen kumulierten Verlust innerhalb einer betrachteten Periode darstellt. Er wird in der Regel in Prozent angegeben.

Beispiel: Hatte eine Aktie innerhalb eines Jahres einen Höchstkurs von 95 Euro und einen Tiefst- kurs von 84,55 Euro betrug ihr maximaler Verlust somit 11 Prozent in diesem Zeitraum.

Anleger sollten sich vor einer Aktienanlage immer auch Gedanken über den theoretisch zu erwartenden Drawdown machen. Denn um das Ausgangsniveau wieder zu erreichen, muss der prozentuale Gewinn stets höher sein als der zuvor erlittene Verlust, wie die Tabelle „Gewinn und Verlust" zeigt.

▶ Die Angaben zum Betafaktor und zur Volatilität einer Aktie finden Sie zum Beispiel auf der Homepage der Comdirect Bank unter www.comdirect.de.

Aktienindizes

Indizes dienen als Stimmungsbarometer und neutraler Vergleichsmaßstab (Benchmark). Sie eignen sich auch zur ersten Orientierung bei der Suche nach interessanten Einzelaktien.

Aus dem einleitenden Kapitel kennen Sie bereits das Grundprinzip eines Index und wissen, wie man die verschiedenen Indizes grob einordnen kann (zum Beispiel nach Regionen, Ländern, Sektoren und Strategien). In einem Index werden bestimmte ausgewählte Basiswerte zusammengefasst und deren Wertentwicklung über einen bestimmten Zeitraum dargestellt. Sind die Basiswerte Aktien, spricht man von einem Aktienindex. Allein im Aktien-

bereich gibt es zahlreiche verschiedene Indizes.

Aktien verschiedener Unternehmen entwickeln sich mitunter sehr unterschiedlich. So reagieren zum Beispiel einige sehr sensibel auf aktuelle Konjunkturnachrichten, während andere davon kaum beeinflusst werden. Mithilfe eines Index, der die Entwicklung verschiedener Einzelwerte zusammenfasst, lässt sich ein genereller Markttrend des Segments, das der

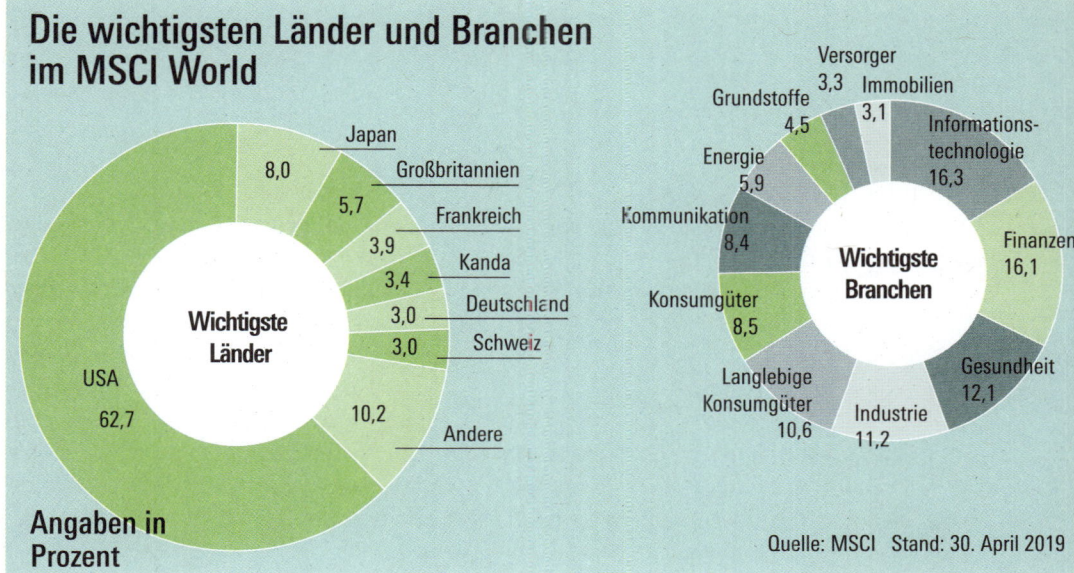

Die wichtigsten Länder und Branchen im MSCI World

Wichtigste Länder

- Japan 8,0
- Großbritannien 5,7
- Frankreich 3,9
- Kanda 3,4
- Deutschland 3,0
- Schweiz 3,0
- Andere 10,2
- USA 62,7

Wichtigste Branchen

- Versorger 3,3
- Immobilien 3,1
- Grundstoffe 4,5
- Energie 5,9
- Informationstechnologie 16,3
- Kommunikation 8,4
- Finanzen 16,1
- Konsumgüter 8,5
- Gesundheit 12,1
- Langlebige Konsumgüter 10,6
- Industrie 11,2

Angaben in Prozent

Quelle: MSCI   Stand: 30. April 2019

Index widerspiegelt, über einen längeren Zeitraum ablesen. So können Anleger interessante Bereiche erkennen, wie zum Beispiel aussichtsreiche Anlageregionen, die sich besser als andere Regionen entwickeln oder einen vielversprechenden Verlauf zeigen. Innerhalb dieses Segments und des stellvertretenden Index kann ein Anleger dann die Einzelaktien suchen, die besonders chancenreich sind.

Kurs- und Performanceindizes

Die meisten Indizes sind sogenannte Kurs- oder Preisindizes. Das bedeutet, sie messen lediglich die reine Preisveränderung der zugrundeliegenden Basiswerte. Verringert sich beispielsweise am Tag nach der Hauptversammlung der Kurs einer Aktie um die Dividendenzahlung, wird dies im Index entsprechend nachvollzogen. Die einzigen Faktoren, um die ein Kursindex bereinigt wird, sind Sonderzahlungen und Bezugsrechte, ansonsten ist ein Kursindex unabhängig von den Ursachen der Kursentwicklung der enthaltenen Aktien.

Anders ist dies bei einem „Performanceindex". Hier wird so getan, als ob sämtliche Erträge wie etwa Dividenden, Zinszahlungen (bei Rentenindizes), Bezugsrechtserlöse und Bonuszahlungen sofort wieder in die gleichen Werte angelegt werden, aus denen sie stammen. Kursverluste, die bei einem Kursindex nach einer Dividendenzahlung entstehen, werden bei Performanceindizes also sofort ausgeglichen. Daher ist die Entwicklung von Performanceindizes grundsätzlich besser als die von Kursindizes.

Die Deutsche Börse AG berechnet ihre wichtigsten Aktien- und Rentenindizes sowohl als Kurs- als auch als Performanceindex. Wenn in den Nachrichten und Medien vom Dax die Rede ist, ist grundsätzlich nur der Dax-Performanceindex gemeint.

Kleine Index-Weltenkunde

Um bei den vielen weltweiten Aktienindizes den Durchblick zu behalten, lohnt sich ein kleiner Streifzug durch die wichtigsten Kursbarometer. Da jeder Index nach eigenen Regeln funktioniert, ist es wichtig, darauf zu achten, nach welchen Kriterien er zusammengesetzt ist.

▶ Die wichtigsten Regionen-Indizes

Der wohl meistbeachtete Index ist der MSCI World. Er wird von dem amerikanischen Finanzdienstleister Morgan Stanley Capital International (MSCI) berechnet. Der Index beinhaltet über 1600 Aktien aus rund zwei Dutzend Ländern. Anders als sein Name vermuten lässt, kommen die im Index vertretenen Aktiengesellschaften aber nicht aus der ganzen Welt, sondern nur aus Industrienationen. Aktien aus Schwellenländern (Emerging Markets) sind nicht vertreten.

US-Aktien sind im MSCI World Index im Vergleich zu anderen Börsen überrepräsentiert (USA-Anteil über 60 Prozent, Europa weniger als 30 Prozent). Das liegt daran, dass die US-Börsen kapitalmäßig dominieren. Die Folge ist, dass der Index stark von der US-Aktienmarktentwicklung abhängig ist. Der MSCI World wird bei Vergleichen mit anderen Indizes und Einzelwerten meist als Kursindex herangezogen und dient vor allem bei weltweit anlegenden Aktienfonds als Vergleichsindex (Benchmark).

Eine Variante des MCSI World Index ist der MSCI All Countries World Index (ACWI), der zusätzlich Schwellenmärkte umfasst. US-amerikanische Firmen machen auch hier den größten Anteil aus. Allerdings beträgt ihr Anteil nur knapp 55 Prozent und der Index enthält Unternehmen aus 47 Ländern. Im ACWI sind Schwellenländer wie zum Beispiel auch China, Südkorea, Brasilien, Russland, Polen, Mexiko, Südafrika, Indien, aber auch Ägypten, Malaysia und Chile vertreten. Länder, die erst an der Schwelle zum Schwellenland stehen, wie Kuwait oder Bangladesch, sind nicht enthalten.

Im MSCI Emerging Markets finden sich über 1100 Unternehmen aus 24 Schwellenländern. Das stärkste Gewicht im Index hat China, gefolgt von Südkorea, Taiwan, Indien und Brasilien.

▶ Die wichtigsten Indizes der USA und Japans

Der Klassiker unter den Länderindizes ist der Dow Jones Industrial Average Index, kurz meist nur Dow Jones Index genannt. Seine Zusammensetzung ist nicht mehr ganz zeitgemäß. Anders als bei modernen Indexkonstruktionen ist jede Aktie mit der gleichen Stückzahl vertreten. Der Dow Jones umfasst 30 der größten US-amerikanischen Unternehmen und ist ein preisgewichteter Kursindex: Die einzelnen Aktienkurse werden aufsummiert und anschließend durch die Anzahl der Aktien im Index dividiert. Unternehmen werden nicht nach festen Regeln in den Index aufgenommen, sondern nach dem Ermessen der Herausgeber der Wirtschaftszeitung „Wall Street Journal".

Deutlich breiter orientiert und zudem gewichtet ist der Standard & Poor´s 500 Index (S & P 500), der 500 der größten an der New Yorker Börse gelisteten Aktien enthält. Er wird nach der Marktkapitalisierung gewichtet und in der klassischen Variante als Kursindex be-

Vergleichsindex Euro Stoxx 50

Der Euro Stoxx 50 gilt als einer der bekanntesten Vergleichsindizes für die Aktienkursentwicklung in der Eurozone und umfasst die 50 größten Unternehmen. Über zwei Drittel von ihnen haben ihren Sitz in Frankreich oder Deutschland.

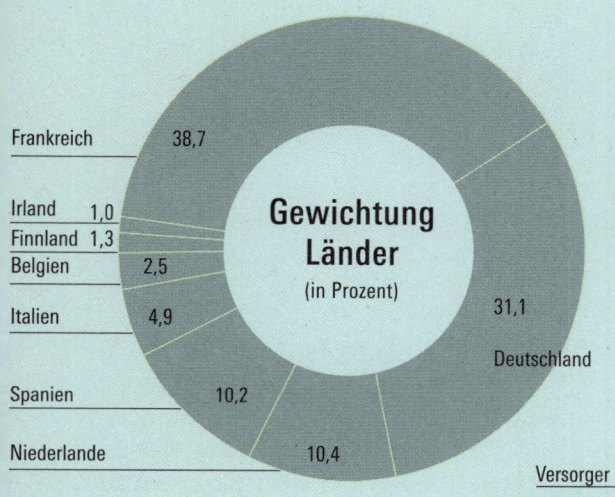

Gewichtung Länder (in Prozent)

- Frankreich 38,7
- Irland 1,0
- Finnland 1,3
- Belgien 2,5
- Italien 4,9
- Spanien 10,2
- Niederlande 10,4
- Deutschland 31,1

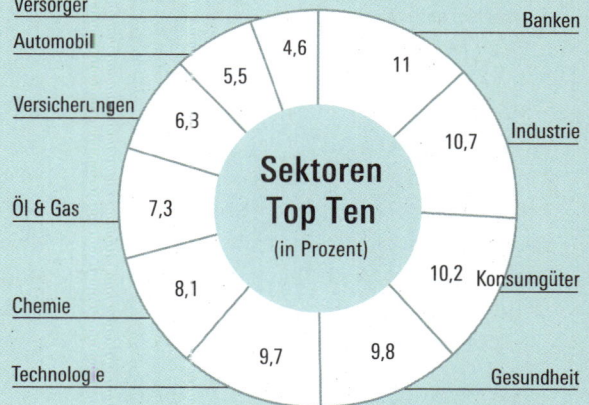

Sektoren Top Ten (in Prozent)

- Versorger 4,6
- Banken 11
- Automobil 5,5
- Versicherungen 6,3
- Industrie 10,7
- Öl & Gas 7,3
- Konsumgüter 10,2
- Chemie 8,1
- Technologie 9,7
- Gesundheit 9,8

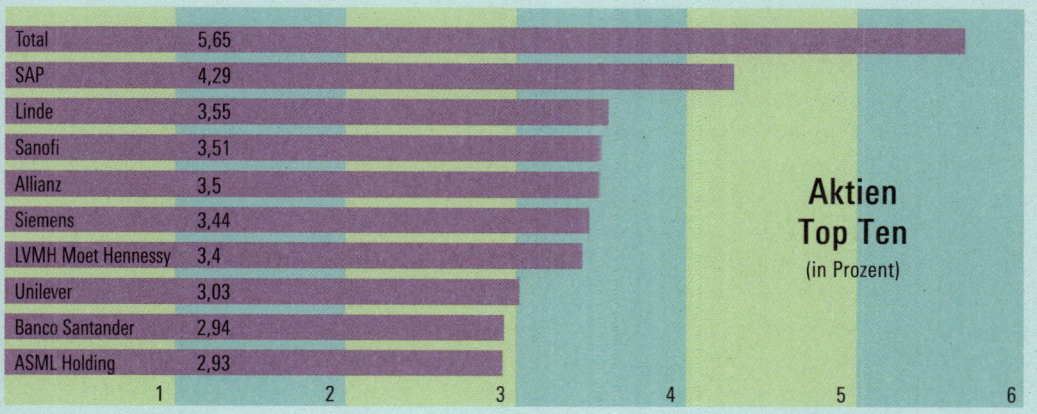

Aktien Top Ten (in Prozent)

- Total 5,65
- SAP 4,29
- Linde 3,55
- Sanofi 3,51
- Allianz 3,5
- Siemens 3,44
- LVMH Moet Hennessy 3,4
- Unilever 3,03
- Banco Santander 2,94
- ASML Holding 2,93

Quelle: Stoxx, Stand: 29. Februar 2019

74

rechnet. Der S & P 500 gehört zu den meistbe-
achteten Aktienindizes der Welt und ist das
wichtigste Kursbarometer für den US-amerikanischen Aktienmarkt.

Der Nasdaq 100 besteht aus den 100 Aktien
mit der höchsten Marktkapitalisierung, die an
der größten elektronischen Börse der USA,
Nasdaq, gelistet sind. Er umfasst viele Technologiewerte, aber auch Dienstleistungsfirmen,
Pharma- und Lebensmittelproduzenten. Nicht
enthalten sind Finanzwerte und derzeit auch
keine Öl- und Rohstoffkonzerne.

Der bedeutendste asiatische Aktienindex
ist der japanische Nikkei 225. Er wird wie der
Dow Jones nach dem einfachen arithmeti-
schen Mittel der nicht gewichteten Kurse berechnet und basiert auf 225 Aktienwerten. Einmal jährlich wird entschieden, welche Unternehmen aus dem Index ausscheiden und welche neu aufgenommen werden.

▶ **Indizes in Europa**
Als wichtigster Kursmaßstab für die Aktienkursentwicklung in Europa gilt der Euro Stoxx
50. Dieser wird von der Gesellschaft Stoxx Limited berechnet und geführt, die wiederum
ein Unternehmen der Deutschen Börse ist. Es
gibt sowohl einen Kurs- als auch einen Performanceindex. Wenn vom Euro Stoxx 50 die Rede ist, meint man aber normalerweise den
Kursindex. Der Index besteht aus 50 großen
börsennotierten Unternehmen der Eurozone.

Der FTSE 100 Index (unter Profis „Footsie"
genannt) ist der wichtigste britische Aktienindex. Er bildet die Kurse der 100 größten und
umsatzstärksten Aktien der Londoner Börse

nach. Der CAC 40 ist der französische Leit-
index der 40 führenden französischen Aktiengesellschaften, die an der Pariser Börse gehandelt werden.

Der Dax und seine Familie
Der wichtigste deutsche Index ist der Dax. Die
Abkürzung steht für „Deutscher Aktienindex".
Er wurde von der Deutschen Börse 1988 aus
der Taufe gehoben und wird seitdem fortlaufend von ihr berechnet. Grundlage der Berechnung sind die Xetra-Kurse. Der Dax gilt als
wichtigstes Stimmungsbarometer der deutschen Wirtschaft, und sein aktueller Stand
wird in Presse, Funk und Fernsehen laufend
veröffentlicht. Während der Handel läuft, wird
der aktuelle Stand auf einer Anzeigetafel im
Börsensaal der Frankfurter Börse angezeigt.
Üblicherweise ist die Performanceindex-Vari-
ante gemeint, wenn man vom Dax spricht.

Der Dax spiegelt die Entwicklung der 30
größten und umsatzstärksten Unternehmen
wider, die im Prime Standard der Frankfurter
Wertpapierbörse gelistet sind. Sein Ziel ist es,
ein aktuelles und repräsentatives Bild des hei-
mischen Aktienmarktes zu zeigen. Voraussetzung für die Aufnahme eines Unternehmens
in den Dax ist neben der Listung im Prime
Standard, dass es fortlaufend in Xetra gehandelt werden kann und eine Streubesitzquote
von mindestens 10 Prozent aufweist. Unter
Streubesitz versteht man Aktien, die sich nicht
in festen Händen von Anlegern befinden, die
dauerhaft am Unternehmen beteiligt sein wollen. Sie werden also frei am Markt gehandelt.
Außerdem muss ein Dax-Unternehmen einen

Sitz in Deutschland haben oder den Schwerpunkt seines Umsatzes an Aktien in Frankfurt haben und zumindest in der EU ansässig sein. Die Auswahl der 30 Werte erfolgt dann nach den zwei Kriterien Börsenumsatz und Marktkapitalisierung. Da sich beide Größen ständig ändern, überprüft die Börse im Allgemeinen einmal im Jahr, und zwar zum ordentlichen Anpassungstermin im September, inwieweit die Zusammensetzung des Dax noch den tatsächlichen Marktverhältnissen entspricht. In besonderen Fällen wie zum Beispiel bei Fusionen und Insolvenzen gibt es auch zu außerordentlichen Anpassungsterminen Änderungen der Dax-Zusammensetzung.

Kurssprünge bei Aufsteigern

Wenn Unternehmen davor stehen, in einen „höheren" Index aufzusteigen (zum Beispiel vom MDax in den Dax), führt das häufig zu Kursgewinnen der Aktie. Der Grund ist, dass Fondsmanager und institutionelle Anleger, die ihre Depots an diesem Index ausrichten, bei einer Auswechslung der Werte die neuen Aktien kaufen müssen. Das kann auf der anderen Seite zu Abstürzen bei den Absteiger-Unternehmen führen. Wenn die Indexumstellung in den Kursen der Aktien ausreichend berücksichtigt ist, treten die für die Börsenbewertung relevanten Daten wie Umsatz und Ertrag wieder in den Vordergrund.

Ein Unternehmen darf maximal 10 Prozent des Dax ausmachen. Entscheidend für die Gewichtung einer Aktiengesellschaft im Dax ist die Streubesitz-Marktkapitalisierung, also nicht der gesamte Börsenwert des Unternehmens, sondern nur der Wert der frei handelbaren Aktien. Dahinter steckt die Philosophie, dass die Höhe des Streubesitzes die Marktverhältnisse bei einzelnen Aktien besser widerspiegelt als die des gesamten Grundkapitals. Wäre die tatsächliche Verfügbarkeit der Aktien einer Gesellschaft für die Indexgewichtung unerheblich, würde dies zu unerwünschten Marktverzerrungen führen. Denn die Anleger, die ihr Depot am Index orientieren, müssten Titel mit einer hohen Indexgewichtung entsprechend kaufen. Dadurch würde bei den hoch kapitalisierten Aktien mit geringem Streubesitz (im englischen als „free float" bezeichnet) das Angebot zusätzlich verknappt.

Beispiel: Bei der VW-Stammaktie sind nur rund 11 Prozent der Aktien im Streubesitz, der Rest gehört der Porsche Holding, der Qatar Holding, dem Land Niedersachsen und anderen Großaktionären. Die nicht im Streubesitz befindlichen Aktien kann man praktisch nicht kaufen. Wären sie aber im Dax berücksichtigt, hätte VW einen knapp zehnmal so großen Anteil am Dax. ETF-Anbieter, die den Dax nachbilden, müssten also zehnmal so viele VW-Aktien kaufen, obwohl rund 89 Prozent der Aktien gar nicht börsengehandelt sind. Das würde den Preis der Aktie in die Höhe treiben beziehungsweise das Angebot verknappen.

So setzt sich der Dax zusammen

Im Dax werden, einfach gesprochen, die 30 größten deutschen Unternehmen geführt.
Die Grafik zeigt ihre jeweiligen Anteile im Dax in Prozent.

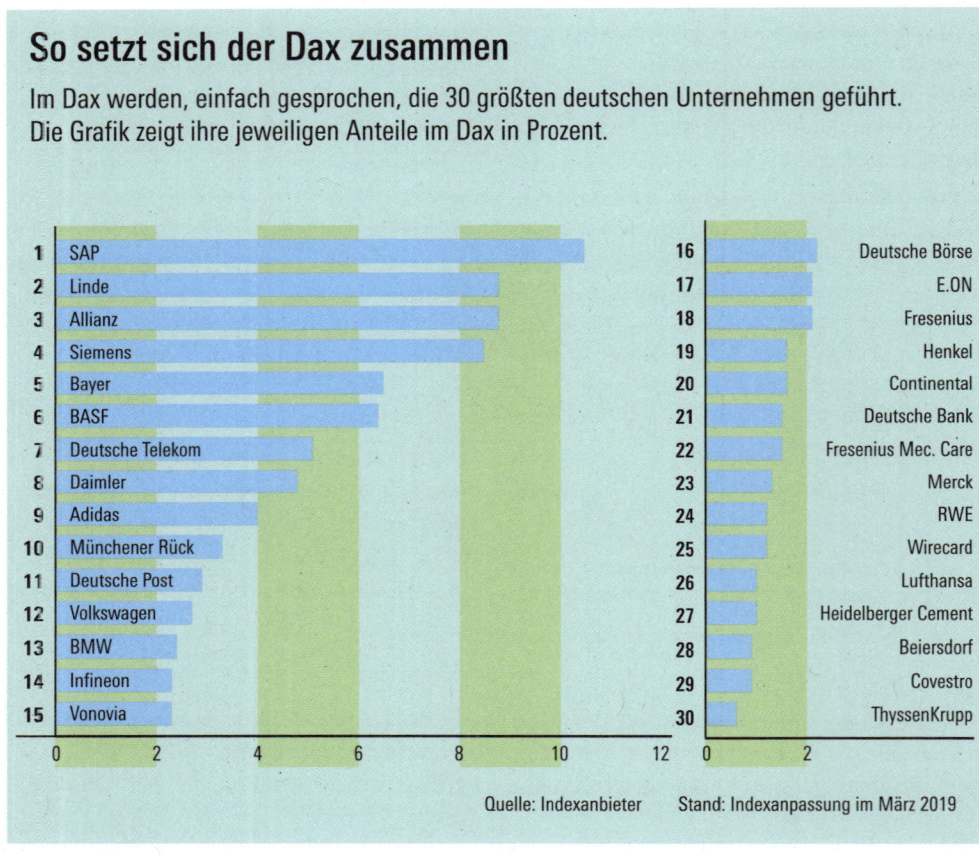

1	SAP		16	Deutsche Börse
2	Linde		17	E.ON
3	Allianz		18	Fresenius
4	Siemens		19	Henkel
5	Bayer		20	Continental
6	BASF		21	Deutsche Bank
7	Deutsche Telekom		22	Fresenius Mec. Care
8	Daimler		23	Merck
9	Adidas		24	RWE
10	Münchener Rück		25	Wirecard
11	Deutsche Post		26	Lufthansa
12	Volkswagen		27	Heidelberger Cement
13	BMW		28	Beiersdorf
14	Infineon		29	Covestro
15	Vonovia		30	ThyssenKrupp

Quelle: Indexanbieter   Stand: Indexanpassung im März 2019

Dem Dax steht eine ganze Index-Familie zur Seite. Der wichtigste Bruder ist der MDax (abgeleitet von Mid-Cap-Dax). Er ist nach demselben Konzept wie der Dax aufgebaut und misst den Kursverlauf von 60 Werten aus der „zweiten Reihe". Sie folgen also in der Rangliste nach Marktkapitalisierung des Streubesitzes und des Börsenumsatzes auf die Dax-Werte. Der MDax spiegelt somit die Kursentwicklung von

Aktien mittelgroßer deutscher Unternehmen wider. Seine Zusammensetzung wird grundsätzlich zweimal pro Jahr an die aktuellen Marktverhältnisse angepasst.

Die wichtigsten 70 kleineren Unternehmen sind im SDax (abgeleitet von Small-Cap-Dax) vertreten, der 1999 von der Deutschen Börse eingeführt wurde. Hier sind wiederum die Unternehmen gelistet, die den im MDax enthaltenen Werten hinsichtlich Umsatz und Marktkapitalisierung folgen. Eine Mindestvoraussetzung für die Aufnahme in den SDax ist, dass das Unternehmen die Vorgaben des Prime Standards erfüllt.

Ebenfalls zum Prime Standard der Frankfurter Wertpapierbörse gehört der TecDax (Technology Dax). Er beinhaltet die 30 größten Aktienwerte aus der Technologiebranche und wurde 2003 eingeführt als Nachfolger des durch Bilanzfälschungen und Insidergeschäfte in Verruf geratenen Nemax50, einem Index des „Neuen Marktes". Welche Werte in den TecDax aufgenommen werden oder ihn verlassen müssen, wird quartalsweise anhand der Marktkapitalisierung und des Umsatzes aller Technologieunternehmen unterhalb des Dax entschieden. Wie beim MDax können auch ausländische, aber vorwiegend in Deutschland tätige Technologieunternehmen in den TecDax aufgenommen werden.

Während im Dax schon immer auch Technologiewerte wie SAP vertreten waren, blieben diese in den Nebenwerte-Indizes MDax und SDax außen vor. Erst seit dem 24. September 2018 wurden die Regeln dahingehend geändert, dass auch Unternehmen aus dem TecDax im MDax und SDax gelistet sein dürfen. Dadurch stieg auch die Anzahl der Aktien in den Indizes MDax und SDax. Bis zur Reglerung waren dort nur 50 Aktien vertreten. In den TecDax dürfen jetzt auch große Technologiewerte, die vorher dem Dax vorbehalten waren.

Aktien handeln

Wenn Sie alle Informationen zusammengetragen und bewertet haben, geht es an die Umsetzung und damit den Aktienkauf oder -verkauf.

Sobald Sie ein Depot bei einer Filial- oder Direktbank eröffnet haben, können Sie Wertpapiere kaufen. Wenn Sie selbst den Wertpapierkauf per Onlinebanking durchführen oder diesen bei Ihrer Bank in Auftrag geben, benötigen Sie die nachfolgenden Informationen.

▸ **Isin.** Im Zuge der Internationalisierung des Finanzwesens wurde die sechsstellige Wertpapierkennnummer (WKN) von der auf der ganzen Welt gebräuchlichen zwölfstelligen International Securities Identification Number (Isin) abgelöst. Meist werden aber nach wie vor beide Nummern angegeben. In der Schweiz wird noch die Valorennummer (Valor) verwendet. Anhand der Isin kann ein an der Börse gehandeltes Wertpapier eindeutig identifiziert werden. Wenn Sie die Isin oder WKN nicht kennen, finden Sie sie in der Regel über die Suchmaske beim Onlinebanking oder im Internet.

▶ **Stückzahl.** Als Nächstes müssen Sie die Stückzahl angeben, also wie viele Aktien Sie kaufen wollen. Meist überlegen Anleger sich, wie viel Geld sie investieren wollen. Aus der Division „Kaufsumme durch Stückpreis je Aktie" ergibt sich die Stückzahl, die Sie sich leisten können. Schauen Sie sich zunächst den aktuellen Kurs der Aktie an, um zu ermitteln, wie viele Aktien Sie kaufen können.

Der richtige Börsenplatz

Aktien werden in der Regel an verschiedenen Börsen gehandelt. Die Eingabemasken beim Onlinebanking zeigen meist eine Vorauswahl der Börsen, an denen das Papier gehandelt wird. In Deutschland werden die meisten Aktienorders über den Handelsplatz Xetra an der Frankfurter Wertpapierbörse abgewickelt. Wird ein Wertpapier auch an einer der Regionalbörsen wie Berlin, Düsseldorf, Hamburg-Hannover, München oder Stuttgart gehandelt, können sich die Kurse unterscheiden. Denn die Börsen sind unabhängig voneinander, und die Kurse hängen von Angebot und Nachfrage an der jeweiligen Börse ab.

Privatanleger sollten aber nicht nur auf den zuletzt gehandelten Kurs schauen und dann an der vermeintlich günstigsten Börse kaufen. Auch wenn der Kurs einer Aktie zum Zeitpunkt der Orderaufgabe an einer Regionalbörse am günstigsten war, kann es passieren, dass dort zu diesem Preis kein Umsatz zustande kommt, weil es an entsprechenden Verkäufern fehlt. Im Vergleich zu Xetra werden an den Regionalbörsen oft nur geringe Stückzahlen bei Aktien umgesetzt. Der Spread, also die Differenz zwischen Kauf- und Verkaufskurs ist dort deshalb häufig höher.

> 66 **Grundsätzlich sollten Sie aber eine Aktie dort kaufen, wo deren größter Umsatz stattfindet.**

———

Grundsätzlich sollten Sie aber eine Aktie dort kaufen, wo deren größter Umsatz stattfindet. Das garantiert in der Regel transparente, marktnahe Preise und eine zeitnahe Ausführung der Order. Vor allem bei den wichtigsten deutschen Aktien ist Xetra daher meist die richtige Wahl. Da auch Großinvestoren dort ihren Handel abwickeln, ist dieser entsprechend rege, und eine Order kann während der Handelszeit fortlaufend ausgeführt werden. Nennenswerte Preisunterschiede gibt es zwischen den deutschen Börsenplätzen nicht.

Wollen Sie ausländische Aktien kaufen, die nicht an einer deutschen Börse gehandelt werden, müssen Sie als Handelsplatz eine ausländische Börse angeben, an der die Aktie gelistet ist. Der Kauf an einer ausländischen Börse kann sich auch anbieten, wenn eine Aktie in Deutschland nur in sehr geringen Stückzahlen gehandelt wird. Dann ist der Spread an der ausländischen Börse meist wesentlich kleiner.

Beachten Sie immer die Gebühren, die beim Wertpapierhandel im Ausland entstehen, und mögliche Währungsschwankungen, wenn die Aktien dort nicht in Euro notiert sind. Auch können Sie an Auslandsbörsen nur während der dortigen Handelszeiten ordern. Wenn Sie über eine deutsche Börse ausländische Aktien kaufen, sollte die Auslandsbörse geöffnet haben, damit die Spreads möglichst eng sind.

Umsätze zeigen den richtigen Börsenplatz

Bei einer Direktbank wird in der Übersichtsmaske zu einem Wertpapier die Anzahl der Kurse an den verschiedenen Handelsplätzen angezeigt. Daraus können Sie ableiten, wo der Handel besonders rege und damit transparent ist.

Direkthandel statt Börse

Banken und Discountbroker bieten ihren Kunden an, Wertpapiere außerbörslich direkt per Internet mit einzelnen Wertpapierhäusern zu handeln. Das macht Anleger flexibler und kann Geld sparen. Sie können spätabends oder sogar am Wochenende Ihre Order aufgeben und bekommen einen verlässlichen Kurs. Beim außerbörslichen Kauf oder Verkauf wird ein fester Preis garantiert, den Sie allerdings innerhalb weniger Sekunden akzeptieren oder ablehnen müssen. Das erspart die Ungewissheit, ob der gewünschte Handel tatsächlich stattfindet, und es gibt keine ärgerlichen Teilausführungen. Beim normalen Börsenhandel und vor allem im Handelssystem Xetra werden Aktienorders teilweise portionsweise bedient. Es ist durchaus möglich, dass ein Kauf in mehrere Einzelorders zerlegt wird und so zusätzliche Transaktionskosten entstehen.

Ein Nachteil des Direkthandels ist vor allem die Gefahr, dass Sie wegen geringerer Umsätze und mangels Transparenz mehr bezahlen als beim Kauf über die Börse. Außerhalb der offiziellen Börsenzeiten sollten Sie im Direkthandel nur in Ausnahmefällen handeln, weil es dann keinen aktuellen Börsenkurs als Vergleichsmaßstab gibt.

Limits zur Feineinstellung

Bei einer Wertpapierorder sollten Sie grundsätzlich ein Limit angeben. Damit verhindern Sie, dass Sie zu einem zu hohen Preis kaufen oder zu billig verkaufen. Steigt der Kurs nach Ihrer Kaufordereingabe über Ihr Limit, wird der Auftrag nicht mehr ausgeführt. Bei einem Verkauf bedeutet ein Limit, dass nicht verkauft wird, wenn Sie nicht mindestens den vorgegebenen Preis erzielen. Ohne ein Limit wird die Order „billigst" (bei Kauf) beziehungsweise „bestens" (bei Verkauf) ausgeführt. Das heißt, sobald sich ein Käufer beziehungsweise Verkäufer findet, kommt der Handel zustande. Der Preis kann dann unter Umständen weit von Ihren Vorstellungen entfernt liegen.

Sie können bei Limit-Orders festlegen, wie lange diese gelten sollen. Wird eine Wertpapierorder nicht am Tag der Auftragserteilung ausgeführt, wird die Bank versuchen, diese am Folgetag auszuführen. Sofern Sie nichts anderes angegeben haben, bleibt der Auftrag bis zum Monatsende (Ultimo) gültig.

Die richtige Limithöhe. Wenn Sie unbedingt an einem bestimmten Tag kaufen möchten, legen Sie das Limit immer etwas oberhalb des aktuellen Kurses fest. Dann kommen Sie mit hoher Wahrscheinlichkeit zum Zug, sofern das Wertpapier gehandelt wird. Wenn Sie jedoch erst kaufen möchten, wenn der Kurs unter eine bestimmte Marke rutscht, dann setzen Sie das Limit entsprechend tiefer als den aktuellen Kurs. Sofern Sie länger auf günstige Preise warten können, setzen Sie das Limit an Ihrem Zielkurs.

Ein Nachteil bei Limit-Orders ist, dass manchmal nur ein Teil des Auftrags zum festgelegten Preis ausgeführt werden kann. Die Restausführung erfolgt erst später oder aber gar nicht. Gerade bei seltener gehandelten Wertpapieren kann das dazu führen, dass die Order nur häppchenweise ausgeführt wird und mit jeder Teilausführung Gebühren entstehen. Mit einer Fill-or-kill-Order (erfülle oder vernichte) können Sie festlegen, dass der Auftrag nur vollständig oder aber gar nicht ausgeführt wird.

Verluste mit Limits begrenzen

Sie können auch Limits setzen, um sich vor zu hohen Verlusten zu schützen, falls der Kurs Ih-rer Aktie abstürzen sollte. Dazu können Sie eine Stop-Loss-Order erteilen. Dafür müssen Sie einen Tiefstkurs für Ihre Aktie festlegen. Berührt sie diese Schwelle, wird automatisch ein Verkaufsauftrag ausgelöst und die Aktie zum nächsten Kurs verkauft. Stop-Loss-Orders schützen allerdings nur bedingt vor einem plötzlichen Crash. Denn bei einer Stop-Loss-Order wird der Verkauf zum nächstmöglichen Kurs durchgeführt. Fällt der Preis bei einem Crash aber steil nach unten, kann der nächste festgestellte Kurs weit unter der persönlichen Stoppmarke liegen.

Beispiel: Der aktuelle Wert einer Aktie beträgt 100 Euro. Der Anleger hat sein Stop-Loss-Limit bei 90 Euro gesetzt. Es soll also ein Verkauf stattfinden, wenn der Preis unter 90 Euro fällt. Stürzt die Aktie während eines Crashs allerdings direkt von 100 auf 80 Euro, würde der Stop-Loss-Auftrag bei 80 Euro ausgeführt.

Manche Direktbanken bieten daher die Möglichkeit, eine Stop-Loss-Order mit Limit einzugeben. Damit können Sie bei einem Crash vermeiden, dass der Stopp automatisch zum nächstmöglichen Preis eintritt. Er wird nur ausgeführt, wenn ein bestimmter Mindestpreis, den Sie festgelegt haben, nicht unterschritten wird. Das kann aber dazu führen, dass Ihre Order nach Erreichen der Stopp-Schwelle gar nicht ausgeführt wird, weil die nachfolgenden Kurse schlechter als Ihr gewähltes Preislimit sind.

Beispiel: Sie könnten den Stopp bei 90 Euro und das Limit bei 85 Euro setzen. Wäre der nächste festgestellte Kurs 80 Euro, würde das Limit nicht greifen. Läge der nächste festgestellte Kurs hingegen zwischen 85 Euro und 90 Euro, würde der Verkaufsauftrag ausgeführt.

Es gibt auch automatisch nachgezogene Stop-Loss-Orders, sogenannte Trailing-Stops. Diese können Sie gut dazu nutzen, Gewinne laufen zu lassen und gleichzeitig Verluste zu begrenzen. Es gibt Trailing-Stops mit prozentualem oder absolutem Abstand von einem festgestellten Kurs. Sichern Sie beispielsweise eine Aktienposition mit einem Trailing-Stop von 10 Prozent ab, wird automatisch mit jedem neuen Höchstkurs der Aktie ein neues Stop-Loss-Limit platziert, das 10 Prozent unter dem jeweiligen neuen Höchstkurs liegt. Sie werden also von dem Aufwand befreit, täglich neue Stop-Loss-Limits einzugeben.

Aktiensparpläne

Wer Einzelaktien kaufen will, braucht dafür normalerweise mindestens 37 500 Euro, um eine sinnvolle Streuung zu erreichen und nicht zu viel Gebühren zu zahlen. Bei günstigen Direktbanken reichen zirka 15 000 Euro. Anleger, die mit weniger anfangen wollen, können Aktiensparpläne einrichten und bei einigen Direktbanken regelmäßig kleinere Beträge (ab 25 Euro) einzahlen. Die Auswahl der Aktien ist zwar begrenzt, die Direktbanken haben aber Aktien aus Dax, MDax, TecDax und einige internationale Aktien im Angebot.

Die Aktionäre auf Raten können bei einigen Direktbanken Aktien kaufen, die teurer sind als die Sparrate. Sie erwerben dann Bruchstücke. Oder sie können ihre Sparrate auf mehrere Aktien verteilen. Das ist bequem und hat den Vorteil, dass Anleger mit geringen monatlichen Sparraten die Aktien ihrer Wahl ansparen können.

So funktionieren Fonds

Investmentfonds bündeln das Kapital vieler Anleger und bieten eine hohe rechtliche Sicherheit.

Für Anleger, die von den Entwicklungen an den Aktienmärkten profitieren wollen, sich aber nicht ständig um die Auswahl und Beobachtung ihrer Aktien kümmern wollen, sind Investmentfonds eine komfortable Alternative. Auch für Anleger, denen das Kapital fehlt, um eine vernünftige Streuung ihrer Aktien zu erreichen, eignen sich Aktienfonds, denn sie ermöglichen es ihnen, sich mit kleineren Beträgen an der Börse zu engagieren.

Das Prinzip eines Investmentfonds ist einfach: Eine Fondsgesellschaft (auch Kapitalverwaltungsgesellschaft genannt) legt einen Fonds mit einem bestimmten Anlageschwerpunkt auf. Anleger können Anteile am Fonds kaufen, indem sie einmalig einen Betrag investieren oder über einen Sparplan regelmäßig Geld einzahlen. So bündelt die Fondsgesellschaft das Geld vieler Anleger im Fonds. Ein professioneller Fondsmanager kümmert sich darum, das gesammelte Geld anzulegen und zu verwalten. Er kann je nach Schwerpunkt des Fonds Aktien, Anleihen, Immobilien, Rohstoffe oder andere Fonds kaufen. Beispielsweise wird der Fondsmanager eines Aktienfonds mit Schwerpunkt Deutschland in deutsche Aktien investieren, bei einem Fonds mit Schwerpunkt europäische Aktien sucht er über Deutschland hinaus auch im Rest Europas nach lukrativen Papieren.

Breite Anlagestreuung

Die Fondsgesellschaft kann an den Finanzmärkten als Großanleger auftreten und zum Beispiel kostengünstiger und wirtschaftlicher investieren, als es für einen Anleger allein möglich wäre. Das Fondsmanagement hat überdies häufig Wissens- und Informationsvorsprünge gegenüber Privatanlegern. So besuchen zum Beispiel viele Fondsmanager die Unternehmen, in die sie investieren wollen, und sprechen mit der Geschäftsführung über die Zukunftsaussichten. Außerdem können Fondsmanager auf einen großen Stab an Analysten und Experten in den Anlageregionen zurückgreifen. Da sie sich täglich mit dem Marktgeschehen auseinandersetzen, können sie schneller als ein einzelner Anleger Veränderungen erkennen und entsprechend reagieren.

Die Fondsgesellschaft unterliegt den Vorgaben des Kapitalanlagegesetzbuches (KAGB). Dieses schreibt unter anderem vor, dass Fonds den Grundsatz der Risikostreuung einhalten müssen. Danach dürfen Aktienfonds grundsätzlich nur maximal 5 Prozent des Fondsvermögens in ein einzelnes Wertpapier investieren. Wenn die Vertragsbedingungen des Fonds dies vorsehen, darf er bis zu 10 Prozent in ein einzelnes Wertpapier investieren – allerdings nur bis zu einer Obergrenze von 40 Prozent.

So funktionieren Fonds

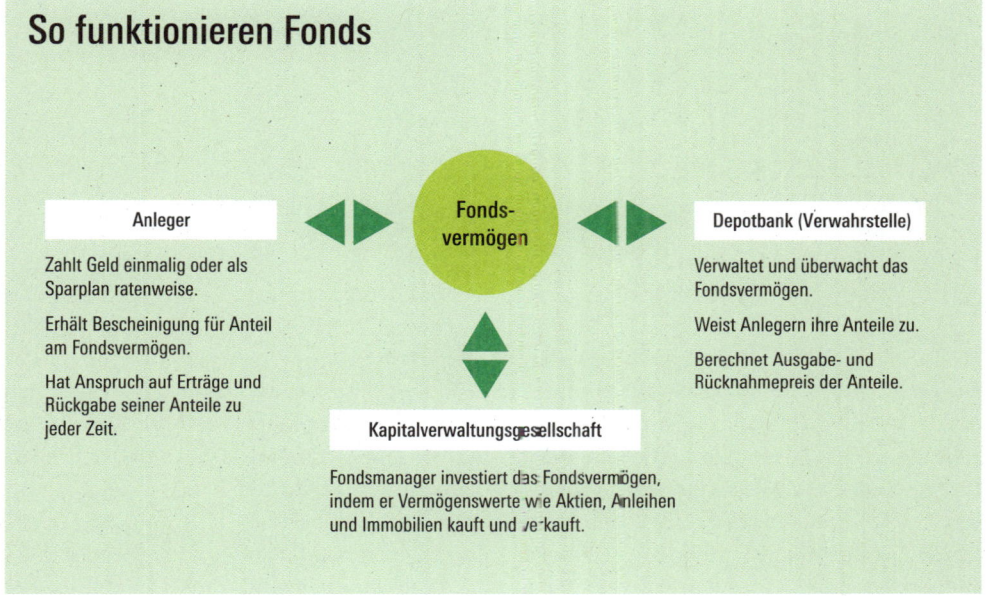

Anleger

Zahlt Geld einmalig oder als Sparplan ratenweise.

Erhält Bescheinigung für Anteil am Fondsvermögen.

Hat Anspruch auf Erträge und Rückgabe seiner Anteile zu jeder Zeit.

Fonds-vermögen

Depotbank (Verwahrstelle)

Verwaltet und überwacht das Fondsvermögen.

Weist Anlegern ihre Anteile zu.

Berechnet Ausgabe- und Rücknahmepreis der Anteile.

Kapitalverwaltungsgesellschaft

Fondsmanager investiert das Fondsvermögen, indem er Vermögenswerte wie Aktien, Anleihen und Immobilien kauft und verkauft.

Der Fonds muss also mindestens 16 verschiedene Werte halten (4 x 10 plus 12 x 5). Die meisten Fonds enthalten wesentlich mehr Titel. Ein großer Vorteil von Investmentfonds ist daher, dass Anleger sich mit kleinen Anlagebeträgen beteiligen und dennoch eine breite Streuung (Diversifikation) in unterschiedliche Wertpapiere und Finanzmärkte erreichen können. Am Beispiel eines Aktienfonds lässt sich das leicht verdeutlichen: So müsste ein Anleger in ein Depot aus Einzelaktien deutlich mehr Kapital einzahlen als in einen entsprechenden Aktienfonds, um eine ausreichende Streuung zu gewährleisten. Beim Fonds ist das Verlustrisiko gemessen am Gesamtvermögen erheblich niedriger als bei einem Depot, das nur aus wenigen Einzelaktien besteht. Wenn sich im Fonds einige Werte schlecht entwickeln, gibt es noch viele andere, die dies ausgleichen können. In einem Einzeldepot mit wenigen Aktien

wirken sich schlecht laufende Werte hingegen prozentual deutlich stärker aus.

> 66 **Sie haben als Fondsanleger nicht das Risiko, genau die „falschen" Titel gekauft zu haben, die sich unabhängig vom Markt schlecht entwickeln.**

Der Anteilspreis eines Fonds kann dennoch stark schwanken. Das Marktrisiko bleibt: Wenn die Kurse der Märkte fallen, in denen ein Fonds laut seinen Anlagegrundsätzen investiert ist, wird auch der Wert des Fonds fallen. Sie haben als Fondsanleger aber nicht wie der Direktanleger das Risiko, womöglich genau die „falschen" Titel gekauft zu haben, die sich unabhängig vom Markt schlecht entwickeln.

Hohe rechtliche Sicherheit

Am 22. Juli 2013 löste das Kapitalanlagegesetzbuch (KAGB) das Investmentgesetz in Deutschland ab. Seither ist es die rechtliche Grundlage für Verwalter offener und geschlossener Fonds. Das KAGB brachte einige Begriffsänderungen mit sich. So wurden aus den Kapitalanlagegesellschaft (KAG) genannten Fondsgesellschaften Kapitalverwaltungsgesellschaften (KVG). Die Depotbank wird im KAGB jetzt Verwahrstelle genannt. Die alten Begriffe sind unter Fachleuten aber noch gebräuchlich.

Vorsicht vor geschlossenen Fonds

Anders als offene Investmentfonds werden geschlossene Fonds nicht an der Börse gehandelt. Bei ihnen wird der Anleger Mitunternehmer (in der Regel Kommanditist) mit allen Chancen und Risiken. Investitionsgüter für geschlossene Fonds können neben Immobilien unter anderem Schiffe (Schiffsfonds), Windkraftanlagen, Zweitmarkt-Kapitallebensversicherungen (US-, britische oder deutsche Lebensversicherungen), Venture-Capital/Private-Equity oder Filme (Medienfonds) sein. Während der Beteiligungsdauer von in der Regel sieben und mehr Jahren ist ein Verkauf der Beteiligung selten möglich, und wenn nur mit Abschlägen. Solche Fonds weisen meist ein extrem hohes Risiko auf und sind für Kleinanleger nicht geeignet. Hier geht es nur um „offene Fonds".

Das Fondsvermögen ist rechtlich „Sondervermögen". Dies bedeutet, dass die Anlegergelder im Fonds getrennt vom Vermögen der Fondsgesellschaft bei einer unabhängigen Depotbank verwahrt werden. Deshalb ist es vor einer Insolvenz der Fondsgesellschaft oder einer Veruntreuung durch den Fondsmanager geschützt.

Nähere Informationen zu geschlossenen Fonds finden Sie ab S. 173.

Die Depotbank gibt Anteilsscheine am gesamten Fondsvermögen an die Anleger aus. Dabei wird bis auf drei Nachkommastellen genau berechnet, mit welchem Anteil der jeweilige Anleger Miteigentümer am Fondsvermögen ist. Über die Depotbank können die Anteilsscheine wieder verkauft werden. Die Depotbank berechnet dafür börsentäglich den Preis eines Fondsanteils.

So wird der Wert eines Fondsanteils berechnet

Tageswert sämtlicher Vermögenswerte des Fonds[1]

+ Summe der liquiden Mittel

− Verbindlichkeiten des Fonds[2]

= Nettoinventarwert des Fonds

/ Anzahl der ausgegebenen Anteilsscheine

= Rücknahmepreis pro Fondsanteil

[1] Bewertung der Wertpapiere zum aktuellen Tageskurs, Immobilien zum Ertragswert. [2] Zum Beispiel Managementkosten, Depotbankgebühr, An- und Verkaufsspesen

---

Mit der Depotbank haben Sie als Anleger übrigens keinen direkten Kontakt. Sie kaufen die Anteilsscheine zum Beispiel über eine Bank und verwahren sie in Ihrem Wertpapierdepot bei einer beliebigen Bank. Hier ist also zu unterscheiden zwischen der Depotbank als dem Kreditinstitut, bei dem das Sondervermögen von Investmentfonds hinterlegt und verwaltet wird, und dem Depot des Anlegers bei einer Bank, in dem seine persönlichen Wertpapiere geführt werden.

Sie können jederzeit aussteigen

Sie können die Fondsanteile jederzeit wieder verkaufen. Die Fondsgesellschaft ist grundsätzlich verpflichtet, sie zum dann gültigen Rücknahmepreis zurückzunehmen. Da sich die Kurse der Wertpapiere im Fonds im Laufe eines Tages ständig ändern, wird der Rücknahmepreis meist nur einmal pro Tag festgestellt. Dabei wird eine bestimmte Stichzeit zugrunde gelegt – beispielsweise 13 Uhr. Dieser Preis gilt dann für alle Aufträge, die bis zu einem bestimmten Zeitpunkt (zum Beispiel bis 10 Uhr) bei der Fondsgesellschaft eingehen. Orders, die später eingehen, werden zum Anteilspreis des nächsten Tages abgerechnet.

Neben der Möglichkeit, die Anteile über Ihre Bank an die Fondsgesellschaft zurückzugeben, gibt es mittlerweile für viele Fonds einen regen Börsenhandel, der ebenfalls über die Bank läuft. Fondsinhaber können somit auch außerhalb der Stichzeiten der Fondsgesellschaften zu den Börsenhandelszeiten ihre Anteile an Dritte verkaufen. An den Börsen bestimmt sich der Preis nach Angebot und Nachfrage, orientiert sich aber natürlich an den Rücknahmepreisen der Fondsgesellschaften.

Der Vorteil der Rückgabe an die Fondsgesellschaft ist, dass dies grundsätzlich kostenlos ist, während Anleger beim Verkauf über die Börse die normalen Transaktionskosten bezahlen müssen. Anleger können den Fonds auch dann an die Fondsgesellschaft zurückgeben, wenn sie ihn über die Börse gekauft haben. Andererseits rechnen Fondsgesellschaften nur einmal täglich ab. Für Anleger, die schnell einen Fonds kaufen oder verkaufen wollen, kann sich daher die Abwicklung über die Börse anbieten.

Aktiv gemanagte Fonds und ETF

Bei den aktiv gemanagten Fonds verfolgt ein Fondsmanager eine eigene Strategie und setzt sein Können ein, um die Gelder im Fonds möglichst lukrativ anzulegen. Daneben gibt es börsengehandelte Fonds, die einfach einen bestimmten Index abbilden, sogenannte ETF (Exchange Traded Funds). Ihre Performance bewegt sich parallel zum Index. Ein Dax-ETF bildet den Dax nach, ein ETF auf den S&P 500 eben diesen Index. Da diese Fonds keinen Fondsmanager benötigen, der sich aktiv um die Verwaltung des Fondsvermögens kümmert, spricht man auch von passiv gemanagten Fonds. ETF sind rechtlich ebenfalls Investmentfonds. Auch hier sind die Anlegergelder dadurch gesichert, dass das Fondsvermögen ein von der Fondsgesellschaft getrenntes Sondervermögen ist.

So kaufen Sie Fonds günstig

Beim Fondskauf können Sie viel Geld sparen und so Ihre Rendite deutlich verbessern. Um Investmentfonds zu kaufen, brauchen Sie als Privatanleger einen Zwischenhändler, der Ihnen den Zugang zu den Fondsgesellschaften und zu den Börsen eröffnet. Dafür entstehen natürlich Kosten, da der Vermittler – die Hausbank, eine Direktbank oder ein freier Fondsvermittler – etwas verdienen will. Doch je nach Fonds und Kaufquelle können sich die Kosten erheblich unterscheiden.

Besonders viel lässt sich beim Kauf von aktiv gemanagten Fonds sparen. Denn bei diesen ist ein entscheidender Kostenfaktor der Ausgabeaufschlag. Geht man bei Aktienfonds von einem Ausgabeaufschlag von 5 Prozent aus, lassen sich bei einer Anlagesumme von 10 000 Euro bis zu 500 Euro sparen. Direktbanken im Internet bieten für viele Fonds Rabatte auf den Ausgabeaufschlag von häufig 50 Prozent an. Bei manchen Fonds verzichten sie sogar ganz darauf. Verzichtet die Direktbank nicht vollständig auf den Ausgabeaufschlag, ist es meist für Sie günstiger, den Fonds über eine Börse zu kaufen. Dazu müssen Sie in der Ordermaske der Direktbank als Handelsplatz eine Börse anstatt der Fondsgesellschaft auswählen.

Für Anleger, die sich vorwiegend oder ausschließlich für gemanagte Fonds interessieren, sind freie Fondsvermittler im Internet eine Alternative. Dort erhalten sie fast alle Fonds ohne Ausgabeaufschlag. Die Vermittler besorgen sich die Fonds direkt bei der Fondsgesellschaft und erhalten von dieser eine jährliche Bestandsprovision auf die Depotbestände. Die Fonds müssen bei einer Fondsbank wie der Augsburger Aktienbank oder Ebase gelagert werden.

> 66 **Anleger, denen Ausgabeaufschläge und laufende Kosten gemanagter Fonds zu hoch sind, kaufen besser ETF.**

Anleger, denen Ausgabeaufschläge und laufende Kosten gemanagter Fonds zu hoch sind, kaufen besser ETF, also börsengehandelte Indexfonds. Auch dafür müssen sie eine Filial- oder Direktbank mit dem Kauf beauftragen. Sie zahlen je nach Bank unterschiedliche Ordergebühren, aber keinen Ausgabeaufschlag. In der Regel sind Direktbanken günstiger als Filialbanken. Anleger, die ETF bei ihrer Hausbank kaufen wollen, müssen manchmal Stehvermögen beweisen, weil Bankangestellte in der Regel viel lieber aktiv gemanagte Fonds mit hohem Ausgabeaufschlag verkaufen wollen als die für Kunden günstigeren ETF.

Aktienfonds

Aktienfonds sind die bekannteste Fondsgruppe. Manche investieren weltweit, andere nur in kleine Märkte. Die Anlagebedingungen bestimmen, wo und wie ein Fondsmanager investieren darf.

Das Angebot an Investmentfonds ist riesig. Privatanleger können mittlerweile aus Tausenden Fonds wählen. Im Produktfinder Fonds der Stiftung Warentest sind rund 18 000 Fonds gelistet, davon sind weit über 8 000 Aktienfonds. Aktienfonds sind die bekannteste Fondsgruppe. In Deutschland gibt es Aktienfonds seit 1950. Wie der Name sagt, legen sie hauptsächlich in Aktien an. Der Erfolg eines Aktienfonds ist vor allem davon abhängig, wie sich die Kurse der einzelnen Aktiengesellschaften, in die der Fonds investiert hat, entwickeln. Auch Dividenden der Aktien im Fonds kommen den Anlegern zugute. Da Aktienkurse schwanken und Unternehmen Dividenden nur zahlen, wenn sie dies beschließen und sich leisten können, schwanken die Kurse von Aktienfonds.

Innerhalb der Anlageklasse der Aktienfonds gibt es weitere Unterteilungen. So können die Anlagebedingungen eines Fonds dem Fondsmanager vorschreiben, wie er erfolgversprechende Aktien suchen darf, aus welchen Regionen oder Branchen die Papiere stammen müssen, an welchen Märkten er diese kaufen darf und ob er Absicherungs- oder Zusatzgeschäfte mit Finanzderivaten eingehen kann.

Aktienfonds Welt

Weltweit anlegende Aktienfonds suchen auf der ganzen Welt Unternehmen, in deren Aktien sie erfolgversprechend investieren können. In der Regel konzentrieren sie sich dabei auf die Industrienationen, etwa die USA, Deutschland und andere westeuropäische Staaten und Japan. Schwellenländer sind oft entweder gar nicht oder nur zu einem kleinen Teil berücksichtigt. Die Anlagen solcher Fonds sind so in der Regel über viele Länder, Währungen und Branchen verteilt. Für Einsteiger in die Fondsanlage oder Anleger, die nur geringe Sparbeträge zur Verfügung haben, bieten sich weltweit anlegende Fonds daher als Basisinvestment an. Passiv gemanagte ↗ Aktien-ETF sind dabei gerade für Einsteiger oft die erfolgversprechendere und bequemere Anlageform.

Länderfonds

Länderfonds kaufen nur Aktien eines Landes. Anleger können damit gezielt in diese Länder investieren, die Auswahl der einzelnen Aktien aber dem Fondsmanagement überlassen. Länderfonds eignen sich zum Beispiel für Anleger, die für einen überschaubaren Zeitraum eine dezidierte Meinung bezüglich der Entwicklung des Aktienmarktes eines Landes haben.

Sie sind manchmal die einzige Möglichkeit für Privatanleger, Aktien bestimmter Länder zu kaufen, wenn der Zugang zu deren Börsen für ausländische Privatanleger beschränkt ist. Die Risiken von Länderfonds unterscheiden sich stark – je nachdem wie gut entwickelt die Wirtschaft und der Aktienmarkt des jeweiligen Landes ist. Während die etablierten oder „klassischen" Aktienmärkte wie USA, Deutschland, Großbritannien, Frankreich, Schweiz und Japan ein breites Universum an börsennotierten Unternehmen bieten, gibt es in manchen Schwellenländern nur wenige Unternehmen, in die ausländische Anleger über Aktienfonds investieren können.

Vor allem die Länderfonds der etablierten Märkte lassen sich nach ihrem Anlageschwerpunkt unterscheiden. So gibt es Fonds, die eher in die großen Standardwerte investieren. Für einen Deutschlandfonds wären dies zum Beispiel insbesondere Aktien von Dax-Unternehmen. Daneben gibt es Fonds, die sich eher auf mittlere und kleine Unternehmen konzentrieren, bei einem Deutschlandfonds beispielsweise auf Werte aus dem MDax, TecDax und SDax.

> 66 **Die Entwicklung eines Länderfonds müssen Anleger viel stärker überwachen als breiter gestreute Regionen- oder Weltfonds.**

Die Entwicklung eines Länderfonds müssen Anleger viel stärker überwachen als breiter gestreute Regionen- oder Weltfonds, weil auf starke Aufschwungphasen eines Landes häufig stärkere Korrekturen und jahrelange Seitwärtsbewegungen folgen können. Politische Unruhen, Naturkatastrophen oder wirtschaftliche Fehlentwicklungen können den Aktienmarkt eines Landes herunterziehen, während der Rest der Welt davon weitgehend unberührt bleibt. Schwellenländer sind weitaus anfälliger bei solchen Schocks als entwickelte Industriestaaten. Das Fondsmanagement eines Länderfonds kann aber in solchen Abwärtsphasen nicht auf andere Länder ausweichen, da das seinen Anlagegrundsätzen widersprechen würde.

Regionenfonds

Für Anleger, die in mehrere Länder oder die Wachstumsregionen der Schwellenländer investieren wollen, bieten sich Regionenfonds an. Weil sie mehrere Länder einer Region abdecken, ist das Risiko geringer, das falsche Land zu erwischen. Es gibt Regionenfonds unter anderem für die Wachstumsregionen in Asien und im pazifischen Raum, Lateinamerika, aber auch für den Mittleren Osten und Afrika. Auch wenn Sie eher im europäischen Raum anlegen wollen, können Sie auf Regionenfonds zurückgreifen. Europäische Aktienfonds konzentrieren sich vor allem auf West-, Mittel- und Südeuropa sowie Skandinavien. Daneben gibt es Fonds, die ausschließlich Aktien von Unternehmen aus Ländern der Eurozone kaufen. Sie weisen kein Währungsrisiko auf, im Gegensatz zu den breiter aufgestellten Europafonds, die auch in Länder Europas investieren, die nicht den Euro als Währung haben. Dafür fehlen den Euroland-Fonds aber wichtige Börsenländer wie Großbritannien, Schweden und die Schweiz. Auch spielt das Währungsrisiko bei Aktienfonds kaum eine Rolle. Für die Regionen Osteuropas gibt es spezielle Osteuropafonds, die in osteuropäische Schwellenmärkte investieren, ebenso werden Nordeuropafonds angeboten, in denen speziell die skandinavischen Länder vertreten sind.

Aktien-ETF

Bequeme Anleger, die keine Lust haben, ihre Investments ständig im Auge zu behalten, können auf ETF zurückgreifen.

Studien zeigen immer wieder, dass es die meisten aktiv gemanagten Fonds nicht schaffen, langfristig besser als ihr Vergleichsindex, die sogenannte Benchmark, abzuschneiden. Für Anleger, die ihre Fonds nicht ständig überwachen wollen, sind daher Exchange Traded Funds (ETF) eine kostengünstige und transparente Alternative. ETF sind börsengehandelte Fonds, die einen bestimmten Index abbilden. Mit einem ETF können Anleger mit einer einzigen Anlage auf die Entwicklung eines ganzen Marktes oder Teilmarktes setzen.

Niedrigere Kosten und hohe Transparenz

ETF sind wie Aktien jederzeit an der Börse handelbar, und zwar zu den für Aktien üblichen Transaktionskosten . Die Mindestmenge, die gehandelt wird, beträgt lediglich ein Stück. An den wichtigen Börsen in Frankfurt und Stuttgart sorgen professionelle Market Maker dafür, dass ständig verbindliche An- und Verkaufskurse gestellt werden, damit sie laufend gehandelt werden können. Der Unterschied zwischen Kauf- und Verkaufskurs – der Spread – ist meist gering. Anleger, die ein Wertpapierdepot besitzen, können ETF bei jeder Bank kaufen. Ausgabeaufschläge, mit denen bei aktiv gemanagten Fonds vor allem der Vertrieb bezahlt wird, fallen bei ETF nicht an. Auch die Verwaltungskosten sind bei ETF geringer als bei aktiv gemanagten Fonds, da sich die Auswahl der Einzeltitel nur nach dem zugrundeliegenden Index richtet und kein aufwendiges Fondsmanagement finanziert werden muss. Die jährlichen laufenden Kosten liegen bei ETF im Schnitt bei 0,35 Prozent, bei aktiven Fonds sind es im Schnitt 1,7 Prozent pro Jahr.

ETF sind transparenter als aktiv gemanagte Fonds, weil ihr Wertpapierbestand zum Ende eines jeden Börsentages veröffentlicht wird. Viele aktiv gemanagten Fonds hingegen weisen die Wertpapiere, die sie halten, nur halbjährlich aus.

ETF haben auch Nachteile

ETF haben zwar viele Vorteile gegenüber aktiv gemanagten Fonds, aber es gibt natürlich auch Nachteile, sonst wären Letztere vollkommen überflüssig. Auch wenn nur wenige gemanagte Fonds langfristig einen Mehrertrag gegenüber ihrem Vergleichsindex erzielen, so gibt es doch immer wieder besonders fähige Fondsmanager, denen genau dies durch geschicktes Timing und kluge Einzeltitelauswahl gelingt. Sofern dieses Mehrergebnis noch nach Abzug der höheren Kosten (und gegebenenfalls Erfolgsgebühren) bei aktiv gemanagten Fonds bleibt, war und ist der Manager sein Geld wert. Bei ETF ist eine Mehrrendite über dem Marktdurchschnitt nicht möglich. Sie können den Markt nicht schlagen, da sie ja gerade den Index, der diesen Markt repräsentiert, so gut wie möglich nachbilden wollen. Dessen müssen sich Anleger bewusst sein.

Zumindest in sehr effizienten Märkten, die zum Beispiel die großen Standardwerte der Industrienationen in den USA, Europa und Japan beheimaten und mit denen sich täglich viele Analysten und Investoren befassen, schaffen es aktiv gemanagte Fonds kaum, besser abzuschneiden als der Index. Hier sollten Anleger getrost auf die kostengünstigeren ETF zurückgreifen. Anders kann dies in Spezialsegmenten wie kleinen Schwellenländern, bei kleinen Unternehmen (Small-Caps) oder Übernahmekan-

didaten sein. Hier können Fondsmanager mit entsprechendem Know-how Perlen entdecken, die sich noch in keinem Index wiederfinden, oder sie können diese höher gewichten. Auch kann ein aktiver Manager, der ebenso wie ein ETF in bestimmten Regionen – zum Beispiel in Schwellenländern Asiens – investiert, gezielt einzelne Länder heraussuchen und übergewichten, deren Konjunktur und Wirtschaftswachstum in den nächsten Jahren voraussichtlich besser laufen werden als die der Nachbarstaaten.

Ein weiterer wesentlicher Vorteil der aktiv gemanagten Fonds ist – zumindest theoretisch –, dass sie nicht immer voll investiert sein müssen. Bis zu 50 Prozent darf ein gemanagter Fonds an flüssigen Mitteln halten. Das kann sich vor allem in Krisenzeiten auszahlen. Wenn der Fondsmanager einen Rückgang der Börsenkurse erwartet, kann er Werte verkaufen und den Anteil der liquiden Mittel erhöhen. ETF sind hingegen immer entsprechend ihrem Index voll investiert. Sie als Anleger müssten hier selbst tätig werden und ETF-Anteile verkaufen, wenn Sie der Meinung sind, dass die Börse fällt. Hat der Manager des aktiven Fonds die Marktlage richtig eingeschätzt, kann er Anleger vor größeren Verlusten bewahren. Andererseits besteht die Gefahr, dass er zu früh aussteigt oder Phasen steigender Börsenkurse verpasst und zu spät wieder einsteigt.

Breite Indizes, Exoten und spezielle Strategien

Anleger, die sich für ETF entscheiden, müssen sich Gedanken bei der Auswahl der Indizes machen. Denn neben marktbreiten Indizes wie dem MSCI World oder dem EuroStoxx 600 gibt es auch Indizes auf spezielle Branchen oder exotische Märkte. Geraten diese Länder oder Marktsegmente in eine Krise, kann dies hohe Verluste für die Indizes und damit die ETF bedeuten. Zwar bieten breit aufgestellte Indizes keinen Schutz vor Börsenkrisen, sie erholen sich aber aufgrund der breiteren Streuung der Branchen und Unternehmen meist schneller als „Exoten-Indizes".

In den letzten Jahren werden darüber hinaus immer mehr ETF angeboten, die spezielle Strategien nachbilden. Das sind zum Beispiel ETF, bei denen die Wertentwicklung eines Index gehebelt wird oder mit denen auf sinkende Kurse gewettet werden kann. Bei sogenannten Smart-Beta-ETF wird ein vom Marktindex abgewandelter Index geschaffen, der aufgrund bestimmter Regeln nur die Unternehmen auswählt, die bestimmte Kriterien (zum Beispiel eine niedrige Volatilität oder ein besonderes Momentum) erfüllen. Je komplizierter die Strategien sind, umso weiter entfernen sich die ETF von ihrer ursprünglichen Zielsetzung, einfach und transparent zu sein. Die Berechnungsweise und die Wertentwicklung mancher Strategie-ETF sind für alle, die keine Börsenprofis sind, kaum mehr nachvollziehbar.

Breit gestreute Fonds für Bequeme

Einsteiger und „bequeme" Anleger sollten sich auf Fonds konzentrieren, die einen globalen Börsenindex wie den MSCI World nachbilden. Dieser umfasst allerdings trotz seines Namens nicht die ganze Welt, sondern nur die entwickelten Märkte, also vor allem USA, Westeuropa und Japan. Wer auch auf Schwellenländer setzen möchte, kann stattdessen einen ETF auf den MSCI ACW Index wählen oder zum Beispiel einen ETF auf den MSCI Emerging Markets dazunehmen. Auch kann eine Beimischung eines ETF auf einen breit streuenden Europaindex, zum Beispiel auf den MSCI Europe oder auf den Stoxx 600 Europe Wechselkursrisiken eindämmen, die beim MSCI World dadurch entstehen, dass mehr als 80 Prozent dieses Index auf Aktien außerhalb der Eurozone entfallen.

Anlageideen mit Fonds

Mit Fonds können Sie die Risiken Ihrer Aktieninvestments streuen und damit verringern. Sie können sie auch mit Einzelwerten kombinieren.

Für Anleger, die damit anfangen, sich ein Depot aus aktienbasierten Anlagen aufzubauen, eignen sich Fonds als Basisinvestments. Die einfachste Variante ist es, mit einem weltweit anlegenden Fonds zu starten. Damit lässt sich eine breite Streuung der Aktienwerte über verschiedene Regionen und Branchen am leichtesten realisieren. Kostengünstig und langfristig vielversprechend ist ein weltweit anlegender ETF auf den MSCI World oder den MSCI ACWI World, der auch Schwellenländer umfasst.

Sie sollten sich vor Augen führen, dass die individuell passende Aufteilung zwischen schwankungsreichen Aktien/Aktienfonds-Anlagen und festverzinslichen Anlagen wichtiger ist als die Auswahl konkreter Produkte. Daher sind für Einsteiger, aber auch für bequeme Anleger, die sich nicht ständig um ihr Depot kümmern wollen, die von Finanztest kreierten Pantoffel-Portfolios eine erfolgversprechende Lösung. Die Portfolios bestehen zu einem gewissen Prozentsatz aus Aktien-ETF auf einen marktbreiten Index. Für den sicheren Anteil des Depots können Anleger Rentenfonds mit Staatsanleihen aus Euroland oder einlagengesicherte Festgelder nutzen. Je höher Ihre ✈ Risikobereitschaft und

Zur Risikobereitschaft und -tragfähigkeit siehe „Welche Anlagen für welchen Anlegertyp?", S. 31.

-tragfähigkeit ist, desto höher kann der Anteil an Aktien-ETF sein. Bei der vorsichtigen Variante beträgt der Anteil an Aktien-ETF 25, bei der ausgewogenen 50 und bei der risikoreichen 75 Prozent. Ein Hauptvorteil dieser Strategie ist die einfache Umsetzung. Je nach Präferenz können Sie für den Aktienanteil zwischen verschiedenen Varianten wählen. Zum Beispiel:

▶ **Welt-Pantoffel:** Der Aktienanteil des Welt-Pantoffel-Portfolios kann einfach durch einen ETF auf den MSCI World abgebildet werden.

▶ **Europa-Pantoffel:** Anleger, die nicht auf weltweite Aktienfonds setzen wollen, können stattdessen einen Europafonds wählen, am besten einen ETF auf den MSCI Europe oder den Stoxx Europe 600.

▶ **Substanz-Pantoffel:** Anleger, die sich von Dividendenwerten auf Dauer einen höheren Ertrag versprechen, können den Aktienanteil zum Beispiel mit einem ETF auf den Stoxx Global Select Dividend 100 Index oder den MSCI Europe Value Index ausfüllen.

▶ **Tiger-Pantoffel:** Er setzt nicht nur auf Firmen aus Industrienationen, gelistet im MSCI World, sondern auch auf einen Anteil an Schwellenmärkten. Es gibt zwei Arten, ihn zu konstruieren. In der klassischen Variante besteht er aus drei statt aus zwei Fonds, einem ETF auf den MSCI World, einem auf den MSCI Emerging Markets und einem Renten-ETF. Er ist ein wenig komplexer als die Zwei-Fonds-Modelle und daher eher für Fortgeschrittene geeignet. In der Variante für Risikofreudige beträgt der Anteil des MSCI World 60 Prozent, der Anteil an Rentenfonds auf Staatsanleihen 25 Prozent, 15 Prozent entfallen auf den Schwellenländer-ETF. Beim ausgewogenen Typ wäre die Gewichtung 40/50/10, beim sicheren 20/75/5. Allerdings empfiehlt sich für die beiden letztgenannten Varianten das Drei-Fonds-Modell nicht. Die Gebühren beim Umschichten wären zu hoch. Vielmehr sollten Anleger hier den Aktienanteil mit einem ETF auf den MSCI-All-Country-World-Index bestreiten. In diesem Index sind Schwellenländer zu etwa 10 Prozent beigemischt.

▶ Mehr zu Pantoffel-Portfolios finden Sie unter www.test.de, Suchwort „Pantoffel".

Fonds und Einzelaktien kombinieren

Wenn Sie Spaß daran haben, sich mit der Suche nach erfolgversprechenden Einzelaktien zu beschäftigen und den Aufwand dafür nicht scheuen, können Sie die Anlage in Fonds und Einzelaktien kombinieren. Die Fonds dienen dazu, eine solide Basis und Streuung der Aktienanlagen im Depot sicherzustellen. Ein Mix aus verschiedenen ETF und/oder aktiv gemanagten Fonds bildet sozusagen das Rückgrat

des Aktiendepots und stabilisiert die Wertentwicklung.

Sie können verschiedene Strategien nutzen (zum Beispiel Fundamentalanalyse, Bottom-up- oder Top-down-Analyse, Value-Investing), um dazu besonders aussichtsreiche Einzelaktien zu suchen. Wichtig ist, dass Sie mit der Beimischung der Einzelaktien keine unverhältnismäßig hohen Risiken eingehen. Behalten Sie daher im Blick, dass sich der Kapitaleinsatz Ihrer Aktienanlagen im Verhältnis zum Gesamtdepot in den Grenzen hält, die zu Ihrer Risikobereitschaft passen.

▶ Ausführliche Informationen zu Fondsstrategien finden Sie im Ratgeber „Alles über Fonds" aus dem Programm der Stiftung Warentest, erhältlich im Buchhandel oder unter www.test.de/shop.

Die richtige Immobilie finden

Immobilien gelten als krisensichere und wertbeständige Anlagen. Das stimmt aber nur dann, wenn Anleger die „richtige" Immobilie finden und diese auch in ihr Gesamtportfolio passt.

Immobilien: Nichts für Bequeme

Die Investition in eine vermietete Immobilie bietet wie jede andere Kapitalanlage Chancen und Risiken. Damit sie langfristig zu einem wirtschaftlichen Erfolg wird, müssen Sie den Kauf jedoch deutlich besser planen als etwa den Erwerb festverzinslicher Wertpapiere.

„Betongold", also Anlagen in Grund und Boden, das Eigenheim oder vermietete Immobilien, gilt als beständige Wertanlage. Es eignet sich grundsätzlich zur Risikostreuung des Gesamtvermögens. Anleger müssen allerdings immer differenzieren zwischen einer Immobilie zur Selbstnutzung (Eigenheim) und einer Immobilie, die als Kapitalanlage dienen soll. Bei einer selbstgenutzten Immobilie geht es vor allem ums Wohlfühlen, bei einer vermieteten Immobilie sollten hingegen immer die Renditechancen im Vordergrund stehen. Auch die Finanzierungsmöglichkeiten unterscheiden sich bei beiden Nutzungsarten erheblich. Steuerliche Gesichtspunkte spielen zudem nur bei vermieteten Objekten eine Rolle. Dazu gehört zum Beispiel die Möglichkeit, Schuldzinsen und Werbungskosten absetzen zu können. Anleger, die eine Immobilie als Kapitalanlage kaufen wollen, sollten daher nicht den Fehler machen, das jeweilige Objekt nur durch die Brille des Selbstnutzers zu sehen. Entscheidend ist die Eignung als Kapitalanlage, und dabei zählen vor allem Zahlen und Fakten.

Wie viel Immobilie kann ich mir leisten?

Eine Einzelimmobilie bindet viel Kapital. Daher kommt diese Anlageform nur für vermögende Anleger infrage. Andernfalls bleibt zu wenig Raum für eine breite ⊼Streuung des Vermögens in unterschiedliche Anlageformen.

Auch erfordert der Kauf einer Immobilie einen hohen Kapitalaufwand. Daher wird sie zumeist zumindest teilweise über Darlehen finanziert, was auch steuerlich sinnvoll sein kann. Eigenkapital und Fremdfinanzierung geben somit den Rahmen vor, innerhalb dessen Anleger nach konkreten Investitionen Ausschau halten können. Anleger, die den umgekehrten Weg gehen, also zuerst eine bestimmte Immobilie suchen und dann nach der Finanzierbarkeit fragen, machen oft mehrere Fehler: Sie müssen waghalsige Finanzierungen eingehen, um den Kaufpreis noch zahlen zu können, und ihre Immobilienquote ist durch den Kauf viel zu hoch im Verhältnis zum Gesamtanlagevermögen.

In diesem Buch geht es nur um vermietete Immobilien, die ausschließlich als Kapitalanlage gedacht sind. Wer sich den Traum vom eigenen Haus oder der eigenen Wohnung erfüllen möchte, benötigt andere Informationen. Bei der Stiftung Warentest sind zahlreiche Ratgeber für Eigenheimbesitzer und solche, die es werden möchten, erschienen – neben einem Ratgeber zur Immobilienfinanzierung beispielsweise das „Bauherren-Handbuch" oder das „Handbuch Eigentumswohnung". Sie finden sie unter www.test.de/shop und im Buchhandel.

Als Faustregel gilt, dass Ihr Eigenkapitalanteil bei einer Immobilieninvestition mindestens 20 Prozent zuzüglich Nebenkosten (wie Notar, Grunderwerbsteuer, Makler), also rund 30 Prozent betragen sollte. Das bedeutet, dass Sie mit einer Summe von 60 000 Euro einen Immobilienkauf von rund 200 000 Euro finanzieren könnten. Natürlich müssen Sie sich auch die laufenden Kosten wie Darlehenszinsen und Instandhaltung leisten können. Im Idealfall werden diese Kosten durch die Mieteinnahmen der Immobilie gedeckt. Ob Sie noch weiteres Geld zuschießen müssen – und wenn ja, bis zu welchen Beträgen sich das noch lohnt –, ermitteln Sie später im Rahmen der Objektanalyse, wenn Sie ein konkretes Objekt gefunden haben. Im ersten Schritt geht es darum festzustellen, in welchem Preisbereich Sie nach Immobilien suchen sollten.

Zur Streuung des Vermögens siehe „Nicht alle Eier in einen Korb", S. 24.

Vergessen Sie dabei aber nicht, dass die Investitionshöhe für die Immobilie in Ihr Gesamtvermögen passen muss.

Beispiel: Sie kaufen eine Immobilie im Wert von 200 000 Euro (ohne Berücksichtigung der Darlehenshöhe) Ihr sonstiges Anlagevermögen (festverzinsliche Anlagen und Aktien) beträgt 100 000 Euro. Das wäre eine Immobilienquote von 67 Prozent (200 000 Euro : 300 000 Euro).

Eine solche Immobilienquote im Gesamtvermögen ist sehr hoch. Passt dies nicht zu Ihrer persönlichen Anlagementalität und Risikoeinstellung, sollten Sie einen Teil Ihrer Anlagesumme in andere Anlageklassen (zum Beispiel Festverzinsliche oder Aktien) investieren und nach einer kleineren Immobilie Ausschau halten.

Können oder wollen Sie nicht so viel Geld in eine Immobilie stecken, sind offene Immobilienfonds eine Alternative. Offene Immobilienfonds investieren in viele verschiedene Gewerbeimmobilien im In- und Ausland, in Bürohäuser, Einkaufszentren oder Hotels. Durch die Streuung ist das Risiko der Anlage recht gut verteilt. Diese Anlageform eignet sich aber nur zur Beimischung.

30

SEKUNDEN FAKTEN

96 %

aller Deutschen stimmen nach einer Umfrage des Baufinanzierers Interhyp zu, dass ein Heim, in dem man sich wohlfühlt, zu den wichtigsten Voraussetzungen für ein glückliches Leben gehört. Nur die Gesundheit wurde mit 99 % noch wichtiger eingeschätzt.

69 %

nannten „Behaglichkeit" als wichtig für die Traumwohnung.

57 %

fanden Lage und Umgebung besonders wichtig.

78 %

aller Mieter wollen irgendwann in ihre eigene Immobilie ziehen.

Daneben werden geschlossene Immobilienfonds als Möglichkeit der indirekten Immobilienanlage angeboten. Geschlossene Fonds setzen alles auf wenige oder gar eine einzige Gewerbeimmobilie. Das erhöht die Renditechancen, aber auch das Risiko. Anleger können während der gesamten Laufzeit – meist etliche Jahre – nicht an ihr Geld heran. Als Mitunternehmer haften sie für Verluste des Fonds, etwa wenn sich die gekaufte Immobilie als Fehlinvestition entpuppt. Schlimmstenfalls droht ihnen sogar der Totalverlust, weil die Fonds meist noch hohe Kredite tilgen müssen. Von dieser Anlageform rät die Stiftung Warentest grundsätzlich ab.

Was suchen Sie?

Nachdem Sie bestimmt haben, wie viel Immobilie Sie sich leisten können, sollten Sie überlegen, wie Ihr Immobilienengagement im Einzelnen aussehen soll.

Zunächst lässt sich zwischen Wohn- und Gewerbeimmobilien unterscheiden:

▶ Gewerbeimmobilien sind Immobilien, die ganz oder überwiegend für das produzierende Gewerbe oder für Dienstleistungsunternehmen genutzt werden. Hierzu zählen beispielsweise Lagerhallen, Einkaufszentren, Supermärkte, Ladengeschäfte, Büroimmobilien oder Spezialimmobilien wie Tankstellen oder Bahnhöfe. Die Bewertung, Finanzierung und Verwaltung von Gewerbeimmobilien erfordern spezielle Fachkenntnisse und eignen sich daher meist nicht für Privatanleger.

▶ Bei den Wohnimmobilien haben Sie die Wahl zwischen vermieteten Eigentumswohnungen, Ein- und Mehrfamilienhäusern, reinen Mietwohnhäusern und Wohn- und Geschäftshäusern. Mietwohnhäuser (auch Miet- oder Zinshäuser genannt) erfordern hohe Anlagesummen. Für „Normalanleger" kommen vor allem Eigentumswohnungen als Anlageobjekte in Betracht. Je nach Lage, Wohnfläche und Ausstattung lassen sich hier schon Objekte ab einer mittleren fünfstelligen Anlagesumme finden.

Die nächste Frage, die sich Kapitalanleger, die in Immobilien investieren möchten, stellen können, ist, ob sie eine Neubau- oder eine Bestandsimmobilie erwerben möchten. Beide Immobilienarten haben ihre Vor- und Nachteile. Käufer müssen überlegen, was ihnen wichtig ist.

Die Neubauwohnung wird oft von einem Bauträger angeboten und verkauft, bevor der erste Spatenstich erfolgt. Man spricht hier von projektierten oder im Bau befindlichen Wohnungen. Der Bauträger entwickelt die Wohnung in der Regel vom Kauf des Grundstücks bis zur Fertigstellung und schlüsselfertigen Übergabe an den Käufer. Bestimmte Änderungs- und Ausstattungswünsche des Käufers können während der Bauphase noch berücksichtigt werden. Trotz gesetzlicher Schutzvorschriften bestehen für Käufer gewisse Risiken, soweit sie finanziell gegenüber dem Bauträger in Vorleistung gehen. Die Hauptrisiken sind, dass der Bauträger Insolvenz anmeldet und sie nicht die gewünschten Leistungen erhalten

VERMIETETE IMMOBILIE

Geeignet für langfristig denkende Anleger mit größerem Vermögen, die Zeit investieren können.

PRO

Eine vermietete Immobilie ist ein Sachwert, der zur Risikostreuung des Gesamtvermögens, insbesondere auch gegen Inflationsgefahren, beitragen kann. Eine vernünftig kalkulierte Immobilie bietet langfristige Renditechancen.

CONTRA

Immobilien lassen sich nicht jederzeit schnell wieder zu Geld machen, sind also eine relativ unflexible Anlageform. Der Aufwand für den Kauf und die Verwaltung ist meist erheblich höher als für andere Geldanlagen.

oder der geplante Fertigstellungstermin nicht eingehalten wird. Anleger sollten daher nur mit renommierten und bonitätsstarken Bauträgern Verträge abschließen.

Neubauwohnungen werden mitunter auch erst nach Fertigstellung verkauft. Hat der Käufer dann noch Änderungswünsche, muss er diese in der Regel selbst veranlassen und gesondert bezahlen.

Der Vorteil von Neubauwohnungen ist natürlich, dass diese nach dem neuesten Stand der Technik gebaut sind. Probleme kann es hier neben der pünktlichen Fertigstellung vor allem mit der Beseitigung von Baumängeln und der Erfüllung von Gewährleistungsansprüchen geben.

Bestandsimmobilien zeigen aufgrund ihres Alters meist gewisse Abnutzungserscheinungen. Altbauten weisen zudem häufig die typischen Schwächen ihrer Entstehungszeit bezüglich Konstruktion, Material und äußerem Erscheinungsbild auf. Energiewerte neuesten Standards lassen sich für Altbauwohnungen oft nicht mehr oder nur nach aufwändigen Sanierungen erreichen. Der Zustand der Bausubstanz lässt sich für Laien bei einer Besichtigung nicht erkennen.

Für Bestandsimmobilien spricht hingegen oft ihre Lage. Diese Objekte findet man häufiger in innerstädtischen Wohngebieten und Zentrumslagen, während Neubau-Eigentumswohnungen oft in neuen und abgelegeneren Vierteln entstehen. Käufer können die Umgebung und Bewohnerstruktur von Bestandsimmobilien vorab prüfen. Bei einer noch nicht fertiggestellten Wohnung auf der „grünen Wiese" werden sich diese Faktoren erst in der Zukunft entwickeln. Auch sind Bestandswohnungen in der Regel günstiger als Neubauwohnungen in vergleichbarer Lage. Hier müssen potenzielle Käufer dann die noch erforderlichen Modernisierungskosten mit in ihre Überlegungen einbeziehen.

Risiken einer Immobilienanlage

Schon diese ersten Vorüberlegungen zu einer Immobilienanlage zeigen, dass sie nichts für Bequeme ist. Der Aufwand für die Suche, Finanzierung, Verwaltung und Vermietung ist – zumindest anfangs – hoch. Wenn ein guter Mieter gefunden wurde, der pünktlich zahlt, und ein professioneller Hausverwalter die Immobilie verwaltet, in der die Wohnung liegt, ist der Aufwand jedoch überschaubar. Bedenken sollten Sie allerdings: Anders als Wertpapiere lässt sich eine Immobilie meist nicht kurzfristig verkaufen. Wie jede Kapitalanlage birgt eine Immobilie Risiken, derer Sie sich bewusst sein sollten.

Spezifische Risiken einer Immobilieninvestition sind:

▶ **Objektwertänderungs- und Bewertungsrisiko:** Es gibt zahlreiche äußere Einflüsse, die sich eventuell in der Zukunft negativ auf den Wert der Immobilie auswirken könnten. Das Paradebeispiel ist die neugebaute Straße, die zu erheblichen Lärmbelästigungen und damit Wertminderungen führt. Auch kann es sein, dass der jetzige Käufer von zu optimistischen Bewertungsparametern (wie zukünftiger Wertsteigerung, Inflation, Wirtschaftsentwicklung) ausgegangen ist und daher bei einem späteren Verkauf nicht mehr den gewünschten Verkaufserlös erzielen kann. Vorsichtige Kapitalanleger sollten eine mögliche Wertsteigerung nicht einrechnen oder diese nur sehr moderat mit durchschnittlich 0,5 bis 1 Prozent pro Jahr kalkulieren.

▶ **Ertragsausfallrisiko:** Findet der Vermieter längere Zeit keine Mieter oder muss er bei der Miete erhebliche Abschläge gewähren, um die Immobilie vermieten zu können, kann dies die Rendite erheblich verschlechtern. Das zur Finanzierung aufgenommene Darlehen muss der Anleger auch bedienen, wenn die Immobilie keine oder weniger als die geplanten Einnahmen bringt.

▶ **Entwicklung der Mietpreise:** In der Vergangenheit war es zwar häufig so, dass die Mietpreise im Durchschnitt ähnlich wie die allgemeine Preissteigerung (Inflation) gestiegen sind, eine Garantie dafür gibt es aber nicht.

▶ **Refinanzierungsrisiko:** Die Zinsen für die Immobilienfinanzierung können nach Ablauf der Zinsbindung deutlich über dem jetzigen Zinsniveau liegen. Das kann die Finanzierung dann erheblich verteuern.

▶ **Rechtsänderungsrisiko:** Rechtliche Rahmenbedingungen können sich ändern. Dies kann zum Beispiel das Mietrecht und damit die Vermietbarkeit der Wohnung betreffen. Vor allem aber steuerliche Änderungen können die Renditeerwartungen beeinflussen. Das könnte zum Beispiel bei einer Änderung der Absetzbarkeit von Werbungskosten, der Abschreibungsmöglichkeiten oder der Besteuerung von Veräußerungsgewinnen der Fall sein. Derzeit sind Veräußerungsgewinne nach einer Haltedauer von zehn Jahren steuerfrei.

Wer den Aufwand und die Risiken nicht scheut und entsprechend einkalkuliert, kann aber mit einer Immobilie zum Vermieten eine Anlagemöglichkeit finden, die sich insbesondere zur Streuung des Gesamtrisikos innerhalb eines großen Anlagevermögens eignet.

Spezifische Vorteile der Immobilie zum Vermieten sind:

▶ Sie bietet gute Renditechancen über einen langen Zeitraum.

▶ Die Finanzierung einer Immobilie ist derzeit aufgrund der niedrigen Zinsen sehr günstig möglich.

▶ Eine abbezahlte Immobilie bietet die Möglichkeit, durch regelmäßige monatliche Mieteinnahmen ein Zusatzeinkommen zu generieren.

▶ Eine Immobilie ist – anders als beispielsweise eine Festgeldanlage – ein Sachwert, also ein Anlagegut, das von Geldwertschwankungen weitgehend unabhängig ist und oft die Inflation im Wert kompensiert.

Wo soll die Immobilie liegen?

Der richtige Standort ist einer der wichtigsten Faktoren einer erfolgreichen Immobilieninvestition. Eine gründliche Recherche hilft bei der
Konzentration auf aussichtsreiche Lagen.

Da sie „immobil" ist, sind die drei wichtigsten Entscheidungsfaktoren für eine Immobilie die Lage, die Lage und nochmals die Lage. So abgedroschen dieser Satz ist, so richtig ist er immer noch. Die Lage einer Immobilie ist nicht veränderbar, der Zustand oder die Ausstattung lassen sich hingegen meist durch entsprechende Ausbau- und Renovierungsmaßnahmen verbessern. Für Kapitalanleger ist entscheidend, die Immobilie zu einem Preis vermietet zu bekommen, der zumindest eine angemessene Rendite einbringt. Der Standort sollte daher so attraktiv sein, dass dort aktuell und zukünftig ausreichend solvente Mieter eine Wohnung suchen werden.

Der Makrostandort

Kapitalanleger müssen sich daher zunächst Gedanken über den gewünschten Makrostandort der Immobilie machen. Der Makrostandort ist das großräumige Verflechtungsgebiet (Stadt, Gemeinde, Region). Dabei sollten sie auf verschiedene Faktoren achten:

▶ **Bevölkerungsstruktur und wirtschaftliche Rahmenbedingungen**
In Gegenden, in denen (auch) zukünftig viele Menschen leben wollen, werden vermutlich weiterhin Wohnungen gesucht sein. Das lässt

stabile oder steigende Mietpreise erwarten. Denn diese werden von Angebot und Nachfrage bestimmt. In zunehmend „verlassenen" Gegenden kann man kaum steigende Mieten durchsetzen, da potenzielle Mieter dort viele günstige Wohnungen zur Auswahl haben. In Deutschland zieht es die Menschen immer mehr in die Großstädte. Auch Bundesländer wie Bayern und Baden-Württemberg werden vermutlich weiterhin von einer positiven Bevölkerungsentwicklung profitieren. Das führt in strukturschwachen Räumen zu einer sinkenden Nachfrage nach Wohnraum.

Regelmäßig erscheinende Studien wie zum Beispiel vom Bundesinstitut für Bau-, Stadt- und Raumforschung geben Prognosen über die Entwicklung der Bevölkerung, der Zahl der Haushalte und des Wohnungsmarkts in den Regionen Deutschlands. Flexiblere Anleger, die nicht nur in der Nähe ihres Wohnortes nach Immobilien suchen, finden hier eine erste Orientierung, wo es erfolgversprechend sein könnte, genauer zu suchen. Häufig sind wachsende Städte sowie Universitätsstädte, die viele Studenten mit Wohnraum versorgen müssen, interessante Makrostandorte. Besonders gefährdet, immer größere Abwanderungen verkraften zu müssen, sind – bis auf wenige Ausnahmen wie Leipzig oder Dresden – vor al-

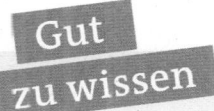

lem Orte in den neuen Bundesländern. Selbst wenn hier die Kaufpreise wesentlich günstiger sind als in den meisten Regionen der alten Bundesländer, müssen Anleger immer daran denken, dass eine leerstehende Wohnung keine Erträge einbringt.

Gründe für das Boomen mancher Regionen sind vor allem wirtschaftliche Rahmenbedingungen. Die wichtigsten Faktoren sind hier die Arbeitsmarktsituation und die Wirtschaftskraft. Florierende Unternehmen in einer Region ziehen Arbeitskräfte an und sorgen für Wohlstand, denn sie zahlen Gewerbesteuer, und die Menschen, die dort beschäftigt sind, kurbeln den Konsum an. So schneiden häufig Städte, in denen große Automobilhersteller produzieren, sehr gut bei Regionenrankings ab, die beispielsweise das Institut der Deutschen Wirtschaft Köln einmal im Jahr erstellt (www.iwkoeln.de). Ländliche Räume, die wirtschaftlich auf einem hohen Niveau sind, eine gute Verkehrsanbindung zu nahegelegenen Wirtschaftszentren und Hochschulen bieten, weisen mitunter ein attraktiveres Preis-Leistungsverhältnis bei Immobilien auf als teilweise schon sehr hoch bewertete Metropolen.

Indikatoren für die gegenwärtige und zukünftige Kauf- und Mietkraft bestimmter Regionen sind auch die Alters-, Haushalts- und Einkommensstruktur dieser Standorte. Finanzzeitschriften und Zeitungen informieren regelmäßig über solche Themen.

Gut zu wissen

Beobachten Sie den Markt. Ein gutes Gefühl für Angebot und Nachfrage in bestimmten Orten bekommen Sie, wenn Sie bei Immobilienportalen wie immobilienscout24.de oder immowelt.de sogenannte Suchagenten einrichten, mit denen Sie sich über genau definierte Objektangebote informieren lassen. Beobachten Sie eine Weile, wie lange Vermietungsangebote für Immobilien mit bestimmten Ausstattungsmerkmalen online sind und wie viele vergleichbare Konkurrenzangebote es am Ort gibt. Zu welchem Preis werden Mietobjekte (erfolgreich) angeboten?

▶ **Infrastruktur**

Wichtig ist auch die Infrastruktur einer Region. Auch die schönste und günstigste Wohnung wird sich nur schlecht vermieten lassen, wenn Mieter zu viel Zeit aufwenden müssten, um jeden Tag benötigte Leistungen in Anspruch nehmen zu können. Bei der Beurteilung der Infrastruktur ist besonders wichtig:

▶ **Verkehrsanbindung:** Liegt eine Wohnung auf dem Land oder weiter weg von Arbeitsstätten, ist es für Pendler wichtig, dass sie gut an den öffentlichen Nahverkehr angebunden oder die Autobahn schnell erreichbar ist. Aber auch in der Großstadt macht es einen Unterschied, ob die U-Bahn-Station um die Ecke liegt oder man erst einen längeren Fußmarsch dafür einplanen muss.

- **Einkaufsmöglichkeiten:** Nicht nur ältere Menschen wollen möglichst nicht erst weit fahren müssen, um den nächsten Supermarkt zu erreichen.
- **Schulen und Kindergärten:** Weiterführende Schulen im gleichen Ort oder zumindest eine gute Anbindung an den Nahverkehr sammeln Pluspunkte bei potenziellen Mietern mit Kindern.
- **Sportstätten, Freizeit- und Erholungsmöglichkeiten:** Vor allem für Mieter mit Kindern ist es wichtig, dass sie nicht für jede Freizeitaktivität der Kinder weite Autofahrten auf sich nehmen müssen. Auch ein reges Vereinsleben oder kulturelle Einrichtungen steigern die Attraktivität eines Ortes.
- **Medizinische Versorgung:** Wie weit ist der nächste Hausarzt oder ein Krankenhaus für Notfälle entfernt?

- **Immobilienmarkt**

Nicht zuletzt ist der Immobilienmarkt selbst am Makrostandort ein wichtiges Kriterium, um interessante Immobilien zum Vermieten zu finden. Wie ist das Verhältnis von Angebot und Nachfrage? Gibt es in der Region einen hohen Leerstand bei dem Immobilientyp, den Sie ins Auge gefasst haben (wie zum Beispiel Studentenappartement, 4-Zimmer-Wohnung, Reihenhaus)? Werden vielleicht eher gewerbliche Flächen oder 3-Zimmer-Wohnungen gesucht? Welche Anforderungen müssen diese

Immobilien erfüllen? Ist das Preisniveau zum Kauf von Immobilien noch attraktiv? Wenn die Kaufpreise so hoch sind, dass mit den erzielbaren Mieten keine ausreichende Rendite möglich ist, sollte die Wahl besser auf eine andere Regionen fallen.

- **Weiche Faktoren**

Neben diesen „harten" Merkmalen können „weiche" Faktoren wichtig sein, um interessante Makrostandorte herauszufiltern. So haben manche Orte und Gegenden ein gutes Image hinsichtlich der Einwohnermentalität wie zum Beispiel das Rheinland. Auch Berge, Seen, Wälder oder das Meer in der Nähe sorgen dafür, dass eine Region für Mieter attraktiv ist. Für eine hohe Lebensqualität spricht zum Beispiel ein geringerer Prozentsatz an Straftaten je 100 000 Einwohner als in anderen Regionen.

Den Makrostandort prüfen

Anleger haben heutzutage vielfältige Möglichkeiten, um festzustellen, ob ein Makrostandort eine sogenannte „Lila"-Lage ist, also eine, wo die **L**andschaft schön, die **I**nfrastruktur gut, die **L**ebensqualität hoch und das **A**rbeitsangebot reichlich sind. Es ist natürlich vorteilhaft, wenn Sie sich in der Stadt oder Region, in der Sie nach Anlageobjekten suchen, gut auskennen. Vielleicht gehört Ihr Wohnort oder die Nachbarstadt zu den aussichtsreichen Makrostandorten oder Sie suchen dort, wo nahe Verwandte leben oder Sie regelmäßig Ihren Urlaub verbringen?

Checkliste

Den Makrostandort prüfen

Versehen Sie die Punkte dieser Checkliste mit einem Plus- oder Minuszeichen, um einschätzen zu können, wie attraktiv ein Standort ist.

- ☐ Bevölkerungswachstum (Zuzug)
- ☐ Bevölkerungsstruktur (Einwohnerzahl, Altersstruktur, Wohnsituation)
- ☐ Wirtschaftskraft
- ☐ Arbeitsplätze
- ☐ Beschäftigung (geringe Arbeitslosigkeit)
- ☐ Kommunalpolitik
- ☐ Aktivitäten der öffentlichen Hand (Planungsvorhaben, Förderungen)
- ☐ Immobilienmarkt (Immobilienbestände, Preisniveau)

- ☐ Infrastruktur
- ☐ Verkehrsanbindung durch Straßen, Eisenbahn, Flughafen, öffentlicher Nahverkehr
- ☐ Geschäfte, Dienstleistungsangebot
- ☐ Ärztliche Versorgung
- ☐ Schulen, Kitas, Kindergärten
- ☐ Freizeitangebote, Sportstätten
- ☐ Kulturelles Angebot
- ☐ Landschaftliche Qualität
- ☐ Weiche Faktoren (Image, Lebensqualität, Sicherheit)

Aber auch in „fremden" Regionen können Anleger gute Renditeobjekte finden, wenn sie ihre Hausaufgaben machen. Eine gute Einstiegsmöglichkeit bei der Bewertung des Makro-, aber auch des Mikrostandorts bieten die Daten, die Finanztest regelmäßig veröffentlicht. Dort finden Sie die Preise und Mieten in mehr als 100 Städten und Kreisen anhand der Statistik des vdp, die auf abgeschlossenen Kauf- und Mietverträgen beruht. Im Netz erhalten Sie die Daten auf der Homepage der Stiftung Warentest (www.test.de) wenn Sie in die Suche „Immobilienpreise" eingeben.

Genauere Zahlen und Daten über einen Ort finden Anleger oft auf den Homepages von Städten und Kreisen, auch Wikipedia erweist sich oft als nützliche Quelle.

So finden Sie Immobilien

Wenn Sie sich über den Großraum, in dem Ihre Immobilie liegen sollte, und die Art und Größe der Immobilie im Klaren sind, können Sie sich auf die Suche nach einem konkreten Objekt machen. Dazu können Sie einen Makler vor Ort beauftragen oder selbst aktiv werden.

Wenn Sie die Suche selbst in die Hand nehmen, ist der erste Schritt die Suche über die großen Immobilienportale immobilienscout24.de und immowelt.de. Dort können Sie Suchaufträge für verschiedene Standorte ein-

HÄTTEN SIE'S GEWUSST?

Bei Immobilienanzeigen zwischen den Zeilen lesen:

Liebhaberobjekt kann „stark renovierungsbedürftig" heißen.

Zentrale verkehrsgünstige Lage bedeutet mitunter stark frequentierte Straße, Autobahn oder Bahnhof in der Nähe; mit Lärm und Abgasen ist zu rechnen.

Luxuriöse Sanierung kann ein Rechtfertigungsversuch für einen überhöhten Preis sein.

Wohnanlage mit Zukunft bedeutet mitunter Neubaugebiet, in dem noch jahrelang gebaut werden wird.

Seriöses Umfeld bedeutet oft Bürohausviertel ohne Einkaufsmöglichkeit, tagsüber Parkplatzmangel, abends „tote Hose".

Denkmalgeschützt kann heißen, dass bauliche Änderungen nur schwer möglich sind.

geben und genau definieren, nach was Sie bis zu welchem Höchstpreis suchen. Per E-Mail können Sie sich dann immer informieren lassen, wenn neue für Sie passende Angebote eingestellt wurden.

In Lokalzeitungen inserieren häufig Verkäufer von Immobilien, die sich im Internet nicht so gut auskennen oder den Aufwand scheuen, eine Verkaufsanzeige bei den Immobilienportalen einzustellen. Auch kostenlose Lokalblättchen sind bei vielen Verkäufern beliebt, da sie günstig eine breite Lesermasse ansprechen können. Die Immobilienanzeigen ihrer Tageszeitungen sind somit Pflichtlektüre für Anleger, die in der Nähe ihres Wohnortes nach Anlageobjekten suchen. Flexible Anleger, die auch in weiter entfernten Regionen investieren wollen, abonnieren häufig zum Beispiel die Wochenendausgabe mit den Immobilienanzeigen der dortigen Tageszeitung.

Weiterhin können Anleger auf den Internetseiten der Banken und Sparkassen der Zielregion interessante Objekte finden. Nicht immer werden diese zusätzlich bei Immowelt oder Immobilienscout24 eingestellt. Insbesondere die Sparkassen haben ein eigenes Immobilienportal, bei dem Sie sich registrieren und über neue interessante Objekte per Mail oder Post informieren lassen können.

Zu guter Letzt können Anleger, die den Aufwand nicht scheuen, auch direkt vor Ort suchen. Bei einer „Stadtbesichtigung" bekommen sie einen ersten Eindruck über den Ort und können sich die Aushänge von Maklern und Banken ansehen.

Den Standort unter die Lupe nehmen

Ein Teil der Hausaufgaben von Immobilieninvestoren besteht darin, die konkrete Lage eines potenziellen Anlageobjekts zu bewerten.

Nun geht es daran, potenzielle Anlageobjekte zu bewerten. Dazu müssen sich Anleger zunächst das nähere Umfeld der Immobilie, den sogenannten Mikrostandort, genauer ansehen. Das kann je nach Art der Immobilie der Stadtteil oder nur ein bestimmter Teilraum mit bestimmten Merkmalen sein. Sie sollten möglichst detaillierte Informationen über das nähere Umfeld zusammentragen, um den Mikrostandort bewerten zu können.

Die Prüfung des Mikrostandortes kann unter anderem umfassen:

▶ Grundstückslage, -zuschnitt und -beschaffenheit
▶ Anbindung im regionalen Straßenverkehr und an öffentliche Verkehrsmittel
▶ Nachbarschaft
▶ Erschließung des Grundstücks
▶ Vorgeschichte der Immobilie
▶ Einkaufsmöglichkeiten
▶ Einrichtungen für Bildung, Kultur, Sport, Freizeit und Erholung
▶ Umweltfaktoren wie Lärm, Gestank oder Hochwasser

Teilweise finden sich hier ähnliche Faktoren wie beim Makrostandort. Anders als bei diesem geht es jetzt aber darum, nicht nur zu be-

urteilen, ob der Ort oder die Region ausreichend mit diesen Standortfaktoren versorgt ist, sondern ob diese auch in der nahen Umgebung des konkreten Objekts zu finden sind. So nützt es beispielsweise wenig, wenn eine größere Stadt mit einer Vielzahl von Einkaufs- und Naherholungsmöglichkeiten punktet, die konkrete Immobilie aber am anderen Ende der Stadt in einer heruntergekommenen Wohngegend steht.

Die Wohnlage

Die ideale Wohnlage ist abhängig von den Anforderungen und Wünschen der Bewohner. Während beispielsweise viele ältere Leute Wert auf eine ruhige Wohnlage mit kurzen Wegen zu Ärzten und Einkaufsmöglichkeiten legen, sind für junge Menschen Ausgehmöglichkeiten und Einrichtungen zur Freizeitgestaltung wichtig. Bei der Beurteilung der Wohnlage sollten Anleger daher einbeziehen, welche Bevölkerungsstruktur der Makrostandort aufweist. Auch die Größe, der Preis und die Ausstattung der Wohnung müssen zur Wohnlage passen. In einem hippen Ausgehviertel werden sich große 5-Zimmer-Wohnungen oder Wohnungen mit seniorengerechter Ausstattung wahrscheinlich schlechter vermieten lassen als klei-

Gut zu wissen

Eine gute oder sehr gute Wohnlage garantiert noch kein gutes Anlageobjekt. Wenn Sie eine überteuerte Wohnung in einer sehr guten Lage kaufen, die Sie dann aber nicht zu den Preisen vermieten können, die Sie für eine rentable Investition erzielen müssten, nützt Ihnen die gute Lage wenig. Häufig haben gute Objekte in mittleren Wohnlagen ein besseres „Preis-Leistungs- Verhältnis".

nere Wohnungen für Ein- und Zwei-Personen-Haushalte. Familien, die größere Wohnungen oder Doppelhaushälften suchen, werden hingegen Kindergärten, Schulen und Sportstätten in der Nähe als Vorteil ansehen.

Für viele Menschen sind aber zentrale und dennoch ruhige Wohnlagen, beispielsweise in ruhigen Seitenstraßen und Sackgassen, attraktiv. Eine gute Anbindung an Fernverkehrsstraßen oder die Bahn erhöht zusätzlich die Chancen auf gute Vermietbarkeit.

Neben der „subjektiven" Wohnlage, die stark von den Bedürfnissen und Wünschen der Eigentümer und Mieter abhängt, gibt es allgemein gebräuchliche Kriterien für die Einteilung von Wohnlagen.

▶ **Sehr gute und gute Lagen** bieten für gewöhnlich ein besonders attraktives Umfeld, kaum Abgase, sehr gute bis gute Verkehrsanbindung, Stellplätze auf oder am Grundstück, Läden sowie Schulen und kulturelle Einrichtungen in der Nähe.

▶ **Mittlere Lagen** sind typische Wohngegenden mit ausgeglichener Sozialstruktur. Busse und Bahnen sind zu Fuß erreichbar, Stellplätze sind ebenfalls auf dem oder am Grundstück, Schulen und Supermärkte befinden sich in angemessener Entfernung.

Der Immobilien-Kompass (capital.de/immobilien-kompass.html) teilt Wohnlagen in fünf Kategorien ein und markiert diese auf Karten unterschiedlich:

▶ Einfache Wohnlage
▶ Mittlere Wohnlage
▶ Gute Wohnlage
▶ Sehr gute Wohnlage
▶ Top Wohnlage

Die Bewertung erfolgt dabei in drei Schritten. Im ersten Schritt werden sogenannte Preislagen ermittelt, für die vier Faktoren relevant sind: örtliche Preise, Arbeitslosenquote im jeweiligen Bezirk, Einkommen der Anwohner und Wohnwert der Gebäude (ermittelt anhand von Typ- und Baujahrklassen). Danach prüft das iib-Institut, das hinter der Bewertung steht, jede Preislage nach einem umfangreichen Kriterienkatalog, der städtebauliche Faktoren, Anbindung, Versorgung, Umwelt und Soziales berücksichtigt. In Schritt drei werden Sonderfälle, wie architektonisch hochwertige oder denkmalgeschützte Viertel, historische Altstadtlagen oder besondere Lagen am Wasser geprüft.

Ein weiterer wichtiger Punkt ist die Lagequalität des konkreten Grundstücks: Wie ist die Topographie des Grundstücks? Liegt es zum Beispiel auf einem steilen Berg oder an einem Fluss? Wie gut lässt es sich von außen einsehen, wie viele Fußgänger oder Autos kommen vorbei?

Nachbarschaft

Nicht jeder möchte neben einer Kneipe oder einem Fußballplatz wohnen, wo regelmäßige Ruhestörungen programmiert sind. Auch die Aussicht ist für die meisten Mieter wichtig. Eine Wohnung mit Berg- oder Seeblick wird sich besser vermieten lassen, als wenn der Mieter auf einen verwahrlosten Hinterhof blicken muss. Wie ist die Sozialstruktur der Nachbarschaft oder des Wohnviertels?

Umweltfaktoren

Lärmbelästigungen sind in vielerlei Hinsicht denkbar, beispielsweise Verkehrslärm, Lärm durch Sportanlagen, Gewerbebetriebe oder Fluglärm. Bevor Sie sich zum Kauf einer Immobilie entscheiden, sollten Sie diese mindestens einmal besichtigen und darauf achten.

Auch die Gefahr von Schäden durch Hochwasser ist ein Umweltfaktor, den Immobilienkäufer abklären sollten. Ob die Immobilie in einem gefährdeten Gebiet liegt, lässt sich oft durch Nachfragen beim Bauamt der Stadt oder Gemeinde klären.

Geruchsbelästigungen durch eine Fabrik oder möglicherweise gesundheitsschädliche Belästigungen durch Mobilfunkmasten, Windräder oder Hochspannungsleitungen sollten Sie ebenfalls als negative Faktoren des Mikrostandorts berücksichtigen.

Anleger sollten sich immer auch informieren, ob mit Altlasten auf dem Grundstück zu rechnen ist. Beispielsweise werden etliche ehemalige Industriegebiete oder Militärgelände in letzter Zeit in Wohngebiete umgewandelt. Wenn Altlasten entdeckt werden, kann der jetzige Eigentümer zur Sanierung herangezogen werden. Der ursprüngliche Verursacher kann bei Verunreinigungen des Bodens, die viele Jahrzehnte zurückliegen, meist nicht mehr zur Verantwortung gezogen werden. Häufig sind Grundstücke mit Altlasten sowie Altlasten-Verdachtsfälle in einem Altlastenkataster erfasst, welches bei den Bezirksregierungen vorliegt. Endgültige Sicherheit bringt im Verdachtsfall allerdings nur eine Bodenuntersuchung.

Bebauung

Liegt die Immobilie in einer in kurzer Zeit hochgezogenen Trabantenstadt oder in einem harmonisch gewachsenen Wohnviertel? Viele Menschen und potenzielle Mieter bevorzugen Wohnlagen mit etwas Flair. Enge Straßen mit wenigen Parkmöglichkeiten oder eine zu enge Bebauung mit wenig Grünflächen oder öffentlichen Plätzen können ebenfalls die Qualität der Mikrolage beeinträchtigen.

Die Immobilie unter die Lupe nehmen

Wenn die Gegend und der konkrete Standort eines potenziellen Anlageobjekts passen, geht es daran, die Immobilie selbst zu analysieren. Eine Besichtigung ist dabei Pflicht.

Entscheiden Sie sich nie allein auf Grundlage bunter Verkaufsprospekte oder vollmundiger Makler-Exposés für den Kauf einer Immobilie. Anleger, die so fahrlässig handeln, erhalten selten ein Anlageobjekt, das sich rentiert.

Die Immobilie besichtigen

Sie sollten nie auf eine eingehende Außen- und Innenbesichtigung verzichten. Denn diese ist Grundlage einer Kaufentscheidung, die oftmals für Anleger zu den finanziell wichtigsten Entscheidungen ihres Lebens zählen. Gibt es ein Exposé oder haben Anleger vor dem Besichtigungstermin Informationen zu dem Objekt erhalten, sollten sie sich schon vor der Besichtigung überlegen, worauf sie besonders achten und was sie nachfragen sollten.

Auch ist es sinnvoll, sich bereits vor dem Termin das Umfeld der Immobilie, wie zum Beispiel den Stadtteil und die Nachbarschaft, anzuschauen, um einen ersten Eindruck zu bekommen. Dann können Anleger bei der Besichtigung den Makler oder Eigentümer konkret über beispielsweise fehlende Parkplätze oder Industriebetriebe in der Nachbarschaft befragen, die ihnen bei ihrem Streifzug aufgefallen sind.

Sie sollten die Immobilie grundsätzlich bei Tageslicht besichtigen. Dies ist vor allem wichtig, um den Zustand von Dach und Fassade beurteilen zu können sowie zum Beispiel Schimmelbefall oder Ähnliches erkennen zu können. Wichtig ist auch, dass Sie die Immobilie mit den Augen eines Mieters oder späteren Selbstnutzers ansehen. Diesen sind vor allem der äußere Zustand sowie die Ausstattung des Objektes wichtig.

Starten Sie Ihre Besichtigung mit einem Rundgang um das Haus und die Außenanlagen, verschaffen Sie sich einen Überblick über die Anzahl der Geschosse, die Größe der Wohnanlage und die Qualität der Außenanlagen. Machen Sie sich so einen erstes Bild vom Zustand und der Ästhetik des Hauses. Bei der Innenbesichtigung können Sie sich an der ⬈Checkliste „Worauf Sie bei der Besichtigung achten sollten" orientieren.

Besonderheiten bei Eigentumswohnungen

Bei einer Eigentumswohnung zählen das Grundstück sowie die tragenden Gebäudeteile wie Dach, Keller und Außenwände, außerdem Treppenhaus, Aufzug, Fenster und Heizungs-

Checkliste

Worauf Sie bei der Besichtigung achten sollten

☐ **Allgemeine Daten:** Adresse, Baujahr, Etagen

☐ **Grunddaten des konkreten Objekts** (z. B. Eigentumswohnung): In welcher Etage gelegen? Wohnfläche? Zimmeranzahl? Keller vorhanden und trocken? Gehört ein Stellplatz zur Wohnung/welche Parkmöglichkeiten gibt es? Gibt es einen Aufzug?

☐ **Balkon oder Garten:** Gibt es einen Balkon oder einen Gartenanteil?

☐ **Zustand der Immobilie:** Wie ist der Zustand des Mauerwerks und des Daches? Besitzt das Haus eine Wärmedämmung?

☐ **Ausstattung:** Wie alt und in welchem Zustand sind die Fenster, die Heizung und die Sanitäranlagen? Wie steht es mit der Elektrik und den Wasser- und Heizungsleitungen? In welchem Zustand ist der Bodenbelag? Wird eine Einbauküche mitverkauft?

☐ **Räume:** Wie ist Raumaufteilung? Wie ist die Besonnung/Lage der Wohnung?

☐ **Lage:** Wie ist der Ausblick? Gibt es Lärm- oder Geruchsbelästigung, beispielsweise durch eine vielbefahrene Straße oder Industriebetriebe?

☐ **Sonstiges:** Gibt es sonstige Plus- oder Minuspunkte, die förderlich oder hinderlich für eine Vermietung sind?

anlage typischerweise zum „Gemeinschaftseigentum". Das bedeutet, für Sanierungen und Reparaturen dieser Bestandteile sind alle Eigentümer im Haus gemeinsam zuständig und die Kosten werden auf alle umgelegt. Dennoch sollten Anleger, die eine Wohnung kaufen wollen, auch auf diese Gebäudeteile achten. Dies ist zum einen hilfreich, um den Gesamtzustand der Immobilie zu beurteilen und einzuschätzen, ob die finanziellen Rücklagen der Eigentümergemeinschaft ausreichen. Zum anderen müssen Anleger immer daran denken, wie sie eine Wohnung gut vermietet bekommen. Sind zum Beispiel die Fenster schlecht isoliert, vermerkt dies ein potenzieller Mieter negativ. Der Anleger und Vermieter muss hingegen so lange auf eine Sanierung der Fenster warten, bis die Eigentümergemeinschaft sie beschließt. Dies kann Jahre dauern.

Wichtige Unterlagen beim Kauf einer Eigentumswohnung

Beim Kauf einer Eigentumswohnung, bei der Sie sich in eine Hausgemeinschaft einkaufen, sollten Sie vorher die wichtigsten Unterlagen kennen und prüfen.

Bei vielen Maklern, die für den Verkäufer einer Wohnung handeln, müssen Sie mehrfach nachfragen, bis Sie alle Dokumente vorliegen haben. Hier sollten Sie aber hartnäckig sein: Dafür wird der Makler bezahlt, und Sie müssen wissen, worauf Sie sich einlassen.

Die Teilungserklärung

Die Teilungserklärung ist das Grundgesetz einer Wohnungseigentumsanlage. In ihr ist geregelt, welche Räume und Gebäudeteile (zum Beispiel Keller, Garten, Terrasse) zu welcher Wohnung gehören. Die Teilungserklärung wird im Grundbuch eingetragen, wenn eine Eigentümergemeinschaft erstmalig entsteht. Mit der Teilungserklärung muss ein Aufteilungsplan eingereicht werden, aus dem sich ergibt, was Sonder- oder Teileigentum und was Gemeinschaftseigentum ist. Danach kann die Teilungserklärung nur noch einstimmig geändert werden. Das bedeutet für Käufer einer Eigentumswohnung, dass sie die Teilungserklärung akzeptieren müssen, wie sie ist – oder vom Kauf Abstand nehmen sollten.

Die Unterscheidung von Sonder- oder Teil- und Gemeinschaftseigentum ist typisch für eine Wohneigentumsgemeinschaft.

▸ **Sondereigentum.** Als Sondereigentum wird das Alleineigentum an der Wohnung oder an nicht zu Wohnzwecken dienenden Räumen bezeichnet. Über sein Sondereigentum kann der Wohnungseigentümer grundsätzlich allein verfügen, es also selbst nutzen oder vermieten.

▸ **Teileigentum.** Als Teileigentum bezeichnet man das Alleineigentum an Räumen, die nicht Wohnzwecken dienen. Das können beispielsweise Büroräume oder Ladengeschäfte sein.

▸ **Gemeinschaftseigentum.** Gemeinschaftliches Eigentum ist alles, was nicht Sonder- oder Teileigentum ist. Typischerweise zählen das Grundstück, Außenwände, Keller, Dach, Gänge, Flure, Aufzüge und Heizungsanlage zum Gemeinschaftseigentum. Auch Fenster, Türen, Balkone oder Rasenflächen werden häufig dem Gemeinschaftseigentum zugeordnet.

Alle Räume, die Sonder- oder Teileigentum sind, müssen baulich vom Gemeinschaftseigentum eindeutig getrennt und in sich abgeschlossen sein.

Muster-Teilungserklärung als Prüfleitfaden. Der Verein Wohnen im Eigentum stellt unter www.wohnen-im-eigentum.de/gemeinschaftsordnung eine Muster-Teilungserklärung zum Download bereit, die als beispielhafte Sammlung wichtiger, ausgewogener Regelungen dienen soll. Käufer von Eigentumswohnungen können sie als Prüfleitfaden für Teilungserklärungen nutzen.

In manchen Teilungserklärungen finden sich Regelungen zum „Sondernutzungsrecht". Mit einem Sondernutzungsrecht wird einem Eigentümer ein exklusives Recht zur Nutzung beispielsweise des Gartens oder eines Kfz-Stellplatzes eingeräumt. Der Sondernutzungsberechtigte darf dieses Recht aber nur so ausüben, wie es in der Gemeinschafts- oder Hausordnung festgelegt ist.

Weiterer Bestandteil der Teilungserklärung ist die Gemeinschaftsordnung. In dieser ist – ähnlich einer Vereinssatzung – geregelt, welche Rechte und Pflichten die Eigentümer untereinander haben und wie ihr Verhältnis zum Verwalter der Immobilie ist. Sie enthält weiterhin Nutzungsvorgaben. Das kann zum Beispiel die Frage betreffen, ob in einer Wohnung ein Gewerbe oder eine freiberufliche Tätigkeit ausgeübt werden darf.

Drei wichtige Punkte, auf die Sie in einer Gemeinschaftsordnung achten sollten, sind:

1️⃣ Wie ist der Kostenverteilungsschlüssel für gemeinschaftliche Kosten?

2️⃣ Muss der Verwalter dem Verkauf einer Wohnung zustimmen?

3️⃣ Wie ist das Stimmrecht in der Eigentümerversammlung geregelt?

Das Stimmrecht bemisst sich häufig nach der Höhe der Miteigentumsanteile der jeweiligen Eigentümer (sogenanntes Wertprinzip). Ist hingegen nichts dazu geregelt, gilt das „Kopfprinzip", wonach jeder Eigentümer eine Stimme hat – unabhängig davon, wie viele Wohnungen welcher Größe er im Objekt besitzt. Richtet sich das Stimmrecht nach der Zahl der Wohnungen, spricht man vom Objektprinzip.

Protokolle der letzten Eigentümerversammlungen

In der Regel wird einmal jährlich eine ordentliche Eigentümerversammlung vom Verwalter einberufen. Bei Bedarf, wenn zum Beispiel größere bauliche Maßnahmen durchgeführt werden müssen, können auch außerordentliche Versammlungen stattfinden.

Die Eigentümerversammlung ist das oberste Beschlussorgan der Wohnungseigentümer. Unter anderen hat sie folgende Aufgaben:

▸ Sie trifft grundlegende Entscheidungen. über das gemeinschaftliche Eigentum

▶ Sie bestellt einen Verwalter oder beruft ihn ab.

▶ Sie verabschiedet den vom Verwalter vorgelegten Wirtschaftsplan und genehmigt die Jahresabrechnung.

▶ Sie legt die Instandhaltungsrücklage fest.

▶ Sie beschließt die Hausordnung.

Für jede Versammlung muss der Verwalter ein eigenes Protokoll anfertigen, aus dem Anleger wichtige Informationen über das potenzielle Anlageobjekt herauslesen können. So lässt sich aus dem Protokoll häufig erkennen, ob es aktuell Streit in der Gemeinschaft gibt und ob eventuell kostspielige Projekte oder Sanierungen beschlossen wurden oder anstehen. Auch lässt sich abschätzen, ob diese möglicherweise sogar über eine Sonderumlage der Eigentümer – also eine zusätzliche Zahlung neben der Instandhaltungsrücklage – finanziert werden

sollen. Interessant ist hierbei auch, ob etwaige Maßnahmen weitgehend einstimmig beschlossen wurden oder ob es viele Gegenstimmen gab.

66 Käufer einer Eigentumswohnung sollten sich immer mindestens die Protokolle der letzten drei Jahre vorlegen lassen.

Potenzielle Käufer einer Eigentumswohnung sollten sich immer mindestens die Protokolle der letzten drei Jahre vorlegen lassen, um einen umfassenden Einblick zu bekommen. Dazu gehören auch die Wirtschaftspläne. Diese sind eine Aufstellung der für das Kalenderjahr zu erwartenden Einnahmen und Ausgaben des Gemeinschaftseigentums. Der Wirtschaftsplan ist Grundlage für die Vorauszahlungen auf die Betriebskosten des Gemeinschaftseigentums (Hausgeldzahlungen), die die Eigentümer leisten müssen. Anhand der Wirtschaftspläne sowie der Abrechnungen der letzten Jahre können Anleger sehen, ob geplante Einnahmen/Ausgaben eingehalten wurden und wie sich die Einnahmen-/Ausgabensituation im Objekt entwickelt hat.

Gut zu wissen

Instandhaltungsrücklage im Notarvertrag ausweisen

Wenn Sie eine Eigentumswohnung kaufen, achten Sie darauf, dass im notariellen Kaufvertrag die aktuelle Höhe Ihrer Instandhaltungsrücklage ausgewiesen ist. Auf diesen Teil des Kaufpreises müssen Sie nämlich keine Grunderwerbsteuer zahlen.

Nebenkostenabrechnungen und Energieausweis

Zwar müssen Mieter Nebenkosten wie Heizung, Wasser und Strom selbst zahlen, Anleger als zukünftige Vermieter sollten sich aber dennoch die Nebenkostenabrechnungen (Hausgeldabrechnungen) der letzten Jahre zeigen lassen. Denn sie spielen für die Vermietbarkeit eine wichtige Rolle. Potenzielle Mieter werden Wohnungen mit geringeren Nebenkosten bevorzugen. Meist ersehen Sie aus den Jahresabrechnungen auch den der Wohnung zugeordneten Rücklagenstand. Diesen übernehmen Sie bei einem Kauf vom Voreigentümer. Achten Sie darauf, dass dieser hoch genug ist, um die regelmäßig auf Ihren Wohnungsanteil entfallenden Instandhaltungskosten zu decken.

Wohnungen mit guter Wärmedämmung oder neuen Fenstern sparen Heizkosten. Um den Energiebedarf einer Immobilie einschätzen zu können, müssen Vermieter ihren Mietinteressenten einen Energieausweis vorlegen, aus dem sie diesen ablesen können. Auch jeder Verkäufer eines Hauses oder einer Wohnung muss ihn dem Kaufinteressenten zur Verfügung stellen.

Kopie des Mietvertrages

Ein Käufer einer bereits vermieteten Eigentumswohnung tritt in die Rechte und Pflichten des Verkäufers ein. Auch den Mietvertrag, den der Voreigentümer mit dem Mieter abgeschlossen hat, muss er übernehmen. Anleger sollten daher vor einem Kauf prüfen, ob sie mit diesem Vertrag und insbesondere der vereinbarten Miete einverstanden sind, denn

Checkliste

Haben Sie diese Unterlagen erhalten und geprüft?

☐ Grundbuchauszug

☐ Lageplan

☐ Teilungserklärung

☐ Protokolle der Eigentümerversammlungen

☐ Wirtschaftspläne

☐ Nebenkostenabrechnungen

☐ Energieausweis

☐ Kopie des Versicherungsscheins der Gebäudeversicherung

☐ Mietvertrag

☐ Baubeschreibung

kurzfristige Änderungen sind grundsätzlich nur im Einvernehmen mit dem Mieter möglich. Mieterhöhungen sind an gesetzliche Vorgaben gebunden und nicht nach Gutdünken des neuen Eigentümers möglich. Zwar ist eine Mieterhöhung bis zur ortsüblichen Vergleichsmiete möglich, aber nicht unbedingt auf einen Schlag. Die Miete darf in drei Jahren höchstens um 20 Prozent steigen. In Städten, in denen der Wohnraum knapp ist, kann diese Grenze bei 15 Prozent liegen.

Weitere Unterlagen

Weitere Unterlagen, die Sie sich vor dem Kauf einer Eigentumswohnung vom Makler oder Eigentümer vorlegen lassen sollten und die auch jede finanzierende Bank grundsätzlich sehen will, sind ein Lageplan, ein Grundbuchauszug und eine Kopie des Versicherungsscheines zur Gebäudeversicherung. Prüfen Sie, ob die im Lageplan eingezeichneten Grenzen den tatsächlichen Grenzen entsprechen, und fragen Sie beim Vermessungsamt nach, ob der Lageplan noch korrekt ist. Mitunter kommt es hier später zu Überraschungen, wenn die Grenzlinie in einem Streit mit dem Nachbarn relevant wird.

Vor allem beim Kauf einer noch zu bauenden Wohnung oder einem Renovierungsobjekt ist die Baubeschreibung ein wichtiges Dokument. Sie enthält die exakte Umschreibung der Leistungspflichten des Bauträgers, also auch, welche Materialien und Qualitäten verwendet werden müssen.

Den Preis und die Rentabilität unter die Lupe nehmen

Mit der Auswahl des richtigen Standortes und der Besichtigung Ihrer potenziellen Immobilie ist es noch nicht getan. Natürlich müssen auch Preis und Rendite stimmen.

Vergleichen Sie den geforderten Kaufpreis mit dem von anderen Immobilien am Standort. Sammeln Sie dazu Kaufpreise und Mieten von Objekten mit vergleichbarer Ausstattung in Immobilienanzeigen der Zeitungen und Immobilienportale im Internet. Wenn Sie den örtlichen Markt eine Weile beobachten, bekommen Sie ein gutes Gespür für angemessene Kaufpreise und Mieten dort. Sie können auch Immobilienbewertungen im Internet oder Preisspiegel der Maklerverbände heranziehen.

Gibt es keine Vergleichswerte, können Sie zumindest den Bodenwert einer Immobilie ermitteln. Gutachterausschüsse der Städte und Gemeinden führen ein Verzeichnis der Bodenrichtwerte. Der Bodenrichtwert ist ein aus Kaufpreisen ermittelter durchschnittlicher Lagewert für ein Gebiet mit im Wesentlichen gleichen Nutzungs- und Wertverhältnissen. Er ist auf ein Grundstück bezogen, dessen Eigenschaften für dieses Gebiet typisch sind (ein sogenanntes Richtwertgrundstück). Der Gutachterausschuss ermittelt den Bodenrichtwert anhand von Kopien aller abgeschlossenen Immobilienkaufverträge, die ihm die Notare seines Zuständigkeitsbereichs übersenden und die er anonymisiert unter mathematisch-statistischen Gesichtspunkten auswertet.

Müssen Sie bei einem Kaufobjekt vermutlich noch größere Sanierungen vornehmen oder wollen Sie die Immobilie umbauen, ziehen Sie Fachleute wie Architekten und Immobiliensachverständige zurate, um realistische Vorstellungen zu erhalten, wie hoch Ihr zusätzlicher finanzieller Aufwand neben den Kaufkosten noch sein wird.

Eine Immobilie zur Kapitalanlage dient zwar der Streuung Ihres Vermögens, muss sich aber vor allem auch nach Renditegesichtspunkten mit anderen Kapitalanlagen messen lassen.

Erst auf die Rentabilität schauen

Erfahrenere Anleger, die den gewünschten Standort und den gewünschten Immobilientyp kennen, nutzen die Rentabilitätsanalyse schon zur Vorauswahl von interessanten Objekten. Sie betrachten nur Immobilien, die die Chance haben, attraktive Renditen zu erwirtschaften, näher und besichtigen diese auch. Das spart viel Zeit bei der Immobiliensuche.

Anleger müssen immer beachten, dass eine Rentabilitätsanalyse zwar eine wichtige Orientierung für den Verlauf einer Investition und die Renditeerwartungen geben kann, aber keine umfassende Sicherheit. In die Ergebnisse fließen zwangsläufig unsichere Annahmen ein, wie zum Beispiel die über die Wert- und Mietpreisentwicklung. Schon kleine Änderungen der Prognosen können die Ergebnisse erheblich verändern. Sie sollten deshalb stets mehrere Szenarien durchrechnen und eher von vorsichtigen Annahmen ausgehen. Rechnet sich aber eine Immobilie nur bei sehr optimistischen Annahmen, ist das ein Zeichen dafür, dass sie zu teuer ist und Sie lieber nach anderen Objekten Ausschau halten sollten.

Die Rentabilität prüfen: ein Beispiel

Anhand des folgenden Beispiels erläutern wir die Rentabilitätsanalyse Schritt für Schritt:

Objekt: Eigentumswohnung, 75 qm, Baujahr 2008

Kaufkosten: Der Kaufpreis beträgt 150 000 Euro, die Kaufnebenkosten (Notar- und Grundbuchgebühren, Grunderwerbsteuer, Makler) laufen sich auf 18 000 Euro. Die Kaufkosten summieren sich also insgesamt auf 168 000 Euro. Von den gesamten Anschaffungskosten entfallen 134 400 Euro (80 Prozent) auf das Gebäude.

Mieteinnahmen: Die Bruttomiete für die Wohnung beträgt 8 Euro pro Quadratmeter, also 7 200 Euro pro Jahr. Die Instandhaltungskosten werden mit 1,50 Euro pro Quadratmeter Wohnfläche, mithin mit 112,50 Euro monatlich (1 350 Euro pro Jahr) angesetzt. Die Kosten für die Verwaltung der

Checkliste

Anhand der folgenden Daten prüfen Sie die Rentabilität einer Immobilie

☐ Kaufpreis und Kaufnebenkosten

☐ Angenommene Wertsteigerung und Inflationsrate

☐ Höhe Ihres Eigenkapitals

☐ Ihr Grenzsteuersatz (Belastung an der oberen Grenze des zu versteuernden Einkommens. Er gibt an, wie hoch die Besteuerung des „letzten Euros" in Prozent ist.)

☐ Jährliche Mieteinnahmen

☐ Unterhaltskosten (nicht auf den Mieter umlegbare Nebenkosten und Instandhaltung)

☐ Zinsaufwand und Tilgung pro Jahr

☐ Abschreibungen pro Jahr

Eigentumswohnung betragen 270 Euro jährlich. Aus den Mieteinnahmen abzüglich der Verwaltungs- und Instandhaltungskosten ergibt sich im ersten Jahr eine Nettokaltmiete von 5580 Euro, also 465 Euro pro Monat.

Finanzierung: Eigenkapital 48000 Euro, Darlehen 120000, Zinssatz 1,8 Prozent fest für 20 Jahre, Anfangstilgung 2 Prozent.

Steuern: 2688 Euro Abschreibung pro Jahr (2 Prozent von 134 400 Euro). Der Anleger ist verheiratet, und das Ehepaar hat ein zu versteuerndes Einkommen von 70000 Euro.

Prognosen: Die nicht auf den Mieter umlegbaren Kosten (Instandhaltungs- und Verwaltungskosten) steigen jährlich um 1 Prozent, die Miete steigt erst nach dem dritten Jahr um durchschnittlich 1 Prozent pro Jahr.

Mietfaktor und Mietrendite

Dividiert man den Kaufpreis (ohne Nebenkosten) durch die jährlichen Mieteinnahmen, ergibt sich der Brutto-Mietfaktor. Daraus lässt sich wiederum die anfängliche Brutto-Mietrendite berechnen, indem man 100 durch den Mietfaktor teilt.

Mietfaktor und -rendite in unserem Beispiel:

Der Brutto-Mietfaktor beträgt 20,83 (150000 Euro geteilt durch 7200 Euro). Ein Käufer der Immobilie würde also das rund 21-fache der Jahresmiete für die Immobilie bezahlen.

Die anfängliche Brutto-Mietrendite beträgt dann 4,8 Prozent (100/20,83), was auf den ersten Blick und verglichen mit derzeitigen Festgeldangeboten nach einem sehr interessanten Angebot aussieht.

Makler und Werbeanzeigen für Immobilienprojekte weisen häufig die Brutto-Mietrendite aus. Allerdings ist diese nicht besonders aussagekräftig. Denn Kapitalanleger müssen bei

Eine Prognose für 20 Jahre

So sieht die Prognoserechnung mit den Daten unseres Beispiels von S. 301 aus (in Euro).

Jahr	Mietein-nahmen	Instandhaltung und Verwal-tungskosten	Jahres-reinertrag	Kreditrate (Zins + Tilgung)	Rest-schuld	Steuern	Überschuss bzw. Unter-deckung
1	7200	1620	5580	4560	117600	248	772
2	7200	1636	5564	4560	115157	256	748
3	7200	1653	5547	4560	112670	266	721
4	7272	1669	5603	4560	110138	300	743
5	7345	1686	5659	4560	107560	334	765
6	7418	1703	5716	4560	104936	370	786
7	7492	1720	5773	4560	102265	404	809
8	7567	1737	5830	4560	99546	440	830
9	7643	1754	5889	4560	96778	478	851
10	7719	1772	5948	4560	93960	514	874
11	7797	1789	6007	4560	91091	552	895
12	7875	1807	6067	4560	88171	590	917
13	7953	1825	6128	4560	85198	630	938
14	8033	1844	6189	4560	82171	668	961
15	8113	1862	6251	4560	79090	708	983
16	8194	1881	6314	4560	75954	748	1006
17	8276	1900	6377	4560	72761	790	1027
18	8359	1919	6440	4560	69511	832	1048
19	8443	1938	6505	4560	66202	874	1071
20	8527	1957	6570	4560	62834	918	1092

vermieteten Immobilien auch die nicht auf den Mieter umlagefähigen Verwaltungs- und Instandhaltungskosten tragen. Wir empfehlen, für die Instandhaltungskosten mindestens 1,00 bis 1,50 Euro pro Quadratmeter Wohnfläche und Monat anzusetzen. Die nicht auf den Mieter umlegbaren Kosten für die Verwaltung der Immobilie (insbesondere die Kosten für den Hausverwalter) können Sie aus den Jahresabrechnungen ersehen.

Außerdem müssen noch die Nebenkosten beim Kauf einer Immobilie berücksichtigt werden:

▸ **Die Notarkosten,** die der Käufer zahlt, betragen inklusive Grundbuchkosten zirka 1,5 Prozent des Kaufpreises (für den Kauf und die Eigentumsumschreibung). Für eine Grundschuldbestellung und -eintragung werden zirka 0,5 Prozent der Darlehenssumme fällig.
▸ **Die Grunderwerbsteuer** beträgt je nach Bundesland, in dem die Immobilie liegt, zwischen 3,5 und 6,5 Prozent des Kaufpreises. Erst wenn der Käufer sie gezahlt hat, erteilt das Finanzamt eine sogenannte Unbedenklichkeitsbescheinigung. Ohne diese Bescheinigung wird er nicht als Eigentümer ins Grundbuch eingetragen.
▸ **Eine Provision** von 3,57 bis 7,14 Prozent des Kaufpreises fällt in der Regel für den Käufer an, wenn ein Makler die Immobilie vermittelt. Nur bei der Vermietung von Wohnungen gilt das sogenannte Bestellerprinzip, wonach derjenige (meist der Vermieter), der den Makler beauftragt, diesen zahlen muss.

Der Nettomietfaktor in unserem Beispiel:

Setzt man 12 Prozent an Kaufnebenkosten an, betragen diese 18 000 Euro. Zieht man von der Bruttomiete von 7 200 Euro die Verwaltungs- und Instandhaltungskosten von 1 620 Euro ab, verbleibt eine Nettomiete (auch als Jahresreinertrag bezeichnet) von 5 580 Euro. Der Jahresreinertrag dividiert durch die Gesamtanschaffungskosten von 168 000 Euro ergibt eine anfängliche Netto-Mietrendite von 3,32 Prozent, also schon bedeutend weniger als die Brutto-Mietrendite von 4,80 Prozent. Der Netto-Mietfaktor beträgt jetzt rund 30 (100/3,32).

Es gilt die Regel: Je höher das Vielfache der Jahresmiete, desto geringer die Mietrendite.

Anleger sollten also immer streng zwischen Brutto-Mietrendite und Netto-Mietrendite unterscheiden. Für Kapitalanleger und Vermieter ist wichtig, was unter dem Strich übrig bleibt. Das zeigt Ihnen nur die Netto-Mietrendite.

Die Steuerrechnung

Mieteinnahmen müssen versteuert werden, und Verluste wirken sich steuermindernd aus. Mit einer Steuerrechnung können Anleger die steuerlichen Auswirkungen einer Immobilieninvestition einschätzen.

Vermieter können ihre Verwaltungs- und Instandhaltungskosten steuerlich absetzen. Daneben wirkt sich die Abschreibung – kurz

Rechnung mit Unbekannten

So wirkt sich in unserem Beispiel die Veränderung einiger Prognoseparameter aus, wenn die Miete 8 Euro pro Quadratmeter beträgt.

Veränderter Wert	Eigenkapitalrendite (Prozent)	Überschuss/Unterdeckung im 10. Jahr (Euro)
Keine Änderung	4,60	874
Mieterhöhung 2 Prozent pro Jahr	6,30	1 235
Keine Mieterhöhung	2,62	530
Verkaufserlös 16 x Jahresmiete	3,66	874
Verkaufserlös 20 x Jahresmiete	5,40	874
Verkaufserlös 22 x Jahresmiete	6,09	874
Eigenkapital 30 000 Euro	5,68	278
Eigenkapital 60 000 Euro	4,14	1 270
Eigenkapital 80 000 Euro	3,60	1 930

AfA (Absetzung für Abnutzungen) genannt– von üblicherweise 2 Prozent der Anschaffungs- oder Herstellungskosten jährlich steuermindernd aus. Höhere Abschreibungen sind möglich, wenn eine Immobilie vor 1925 fertiggestellt wurde oder eine besondere Denkmalschutz-Abschreibung vorliegt. Auch die Zinsen, die ein Vermieter für das Darlehen zahlen muss, mit dem er die Immobilie finanziert, kann er absetzen. Nicht abziehbar ist hingegen die Tilgung, denn dabei handelt es sich letztlich nur um eine Umschichtung von Fremd- zu Eigenkapital.

Die Steuerrechnung im ersten Jahr für unser Beispiel:

Mieteinnahmen	7 200 €
Verwaltungskosten	−270 €
Instandhaltungskosten	−1 350 €
Abschreibung	−2 688 €
Zinsaufwand	−2 160 €
steuerpflichtiger Gewinn	732 €
zu zahlende Steuern	248 €

Die Liquiditätsrechnung

Wichtig für einen Immobilieninvestor ist auch, dass er nach dem Kauf nicht noch regelmäßig Geld in das Objekt nachschießen muss. Eine Immobilie soll sich im Wesentlichen durch die Mietzahlungen tragen. Eine Liquiditätsrechnung summiert die aus der Immobilie resultierenden liquiden Zu- und Abflüsse auf. Hier geht beispielsweise die Abschreibung nicht ein, da diese nur ein steuerlicher Abzugsposten ist, aber keinen Liquiditätsabfluss beim Anleger bewirkt. Die Tilgung hingegen stellt einen Liquiditätsabfluss dar.

Die Liquiditätsrechnung im ersten Jahr für unser Beispiel

Mieteinnahmen	7 200 €
Verwaltungskosten	−270 €
Instandhaltungskosten	−1 350 €
Kreditrate (Zins + Tilgung)	−4 560 €
Steuerwirkung	−248 €
Überschuss	772 €

Die Immobilie erwirtschaftet einen Überschuss und wird also mit der erzielten Miete „bezahlt". Der Anleger erhält im ersten Jahr mehr laufende Einnahmen aus seiner vermieteten Wohnung, als er laufend dafür aufwenden muss.

Von der Miete zur Rendite

Natürlich reicht es nicht, sich nur die Kennzahlen des ersten Jahres einer Immobilieninvestition anzusehen. Eine Immobilienanlage ist ein langfristiges Investment von mindestens zehn Jahren. Ein früherer Verkauf lohnt sich schon deshalb meist nicht, weil die hohen Kauf-Nebenkosten erst wieder „verdient" werden müssen und Steuern auf einen Veräußerungsgewinn sowie Vorfälligkeitsentschädigungen für das Darlehen zu zahlen wären.

Sie als Anleger wollen zum einen wissen, ob sich die Immobilie langfristig trägt, also laufende Überschüsse erwirtschaftet, zum anderen, ob Sie dabei eine angemessene Rendite auf Ihr eingesetztes Kapital erwirtschaften. In der ↗ Tabelle „Eine Prognose für 20 Jahre" sehen Sie, wie sich die Immobilie im Beispielfall entwickeln könnte. Sie weist in allen Jahren einen Liquiditätsüberschuss aus. Sofern also die Annahmen zur Entwicklung der Einnahmen und Ausgaben zutreffen, muss der Anleger kein Geld nachschießen, sondern erzielt jährlich laufende Einnahmen. Durch die Tilgung des Kredits und (erwartete) Wertsteigerungen der Immobilie baut er zugleich Vermögen auf.

Siehe Tabelle „Eine Prognose für 20 Jahre", S. 119.

Um die zu erwartende Rendite einer Immobilieninvestition zu kalkulieren, können Sie mit Prognosen zum möglichen Verkaufserlös arbeiten. In den letzten Jahren gab es zwar teilweise hohe Wertsteigerungen bei Immobilien,

Rechnung mit weiteren Unbekannten

So wirkt sich in unserem Beispiel die Veränderung einiger Prognoseparameter aus, wenn die Miete nur 6,50 Euro pro Quadratmeter beträgt.

Veränderter Wert	Eigenkapitalrendite (Prozent)	Überschuss/Unterdeckung im 10. Jahr (Euro)
Nur 6,50 Euro/qm Miete	1,14	−82
Mieterhöhung 2 Prozent pro Jahr	3,23	214
Keine Mieterhöhung	−1,49	−362
Verkaufserlös 16 x Jahresmiete	−0,14	−82
Verkaufserlös 20 x Jahresmiete	2,17	−82
Verkaufserlös 22 x Jahresmiete	3,04	−82

garantiert sind diese aber nicht. Vorsichtige Anleger setzen den Wiederverkaufswert mit dem 15- bis 20-Fachen der künftigen Jahresmiete an.

Die Eigenkapitalrendite in unserem Beispiel

Rechnet man mit einem Verkauf nach 20 Jahren zum 18-Fachen der dann angenommenen Miete, erhält man einen prognostizierten Verkaufserlös von (8527 Euro x 18 =) 153 486 Euro. Zieht man davon die verbleibende Restschuld von 62 834 Euro ab, erhält man das Vermögen aus der Immobilienanlage, das dann 90 652 Euro betragen würde. Das Eigenkapital betrug 48 000 Euro. Die Eigenkapitalrendite nach Steuern beträgt über den Anlagezeitraum von 20 Jahren 4,6 Prozent – ein gutes Ergebnis.

Verkaufserlös	153 486 €
− Kreditrestschuld	− 62 834 €
= Vermögen aus Immobilienanlage	90 652 €
Eigenkapitalrendite nach Steuern	**4,6 Prozent**

Bei einer Immobilieninvestition müssen Sie immer einige Annahmen zur zukünftigen Entwicklung treffen. Ändern sich beispielsweise der zu erzielende Verkaufserlös oder die Steigerungsraten der Mieten, hat dies Auswirkungen auf die Eigenkapitalrendite. Bringen Sie mehr Eigenkapital ein, sinkt zwar regelmäßig Ihre Eigenkapitalrendite, dafür steigen die jährlichen Überschüsse. Die I Tabelle „Rechnung mit Unbekannten" zeigt, wie sich im Beispiel die Veränderungen einiger Prognoseparameter auswirken, wenn die für das erste Jahr angenommene Miete von 8 Euro pro Quadratmeter erzielt werden kann.

Gelingt es dem Anlegerpaar im Beispielsfall aber nicht, die erstrebte Miete von 8 Euro/qm zu erzielen, sondern nur 6,50 Euro, besteht schon im ersten Jahr eine Liquiditäts-Unterdeckung von 120 Euro und die Eigenkapitalrendite sinkt auf 1,14 Prozent. Dies zeigt bereits, wie wichtig es ist, mit realistischen Mietpreisen zu kalkulieren. Wie sich bei einer Jahresmiete von 5850 Euro darüber hinaus Änderungen bei

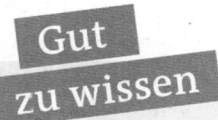

Mietpreisbremse als Kaufpreis-bremse? Nach der im März 2015 vom Bundestag verabschiedeten „Mietpreisbremse" für Gebiete mit angespannten Wohnungsmärkten darf ein Vermieter bei einer Wiedervermietung höchstens eine Miete in Höhe von 10 Prozent über der ortsüblichen Vergleichsmiete verlangen. Hat der Vormieter mehr gezahlt, darf der Vermieter weiter die alte Miete berechnen, sie aber nicht erhöhen. Kapitalanleger, die eine bezugsfreie Bestandsimmobilie kaufen, können danach in vielen Städten weniger Miete einnehmen als vor Einführung der Mietpreisbremse. Insoweit kann die Mietpreisbremse auch eine Kaufpreisbremse sein, da viele Wohnungen sich dann nur noch bei sinkenden Kaufpreisen rechnen. Bei der Kalkulation der Mieteinnahmen für eine Immobilie als Kapitalanlage müssen Sie die Mietpreisbremse berücksichtigen.

möglichen Mieterhöhungen und erzielbaren Verkaufsfaktoren auswirken würden, zeigt die Tabelle „Rechnung mit weiteren Unbekannten".

Planen Sie langfristig

Natürlich reicht es nicht, die Rentabilität einer Immobilie für die ersten Jahre zu berechnen. Anleger benötigen immer eine langfristige Finanzierung, und ein Veräußerungsgewinn aus dem Verkauf der Immobilie ist erst nach zehn Jahren steuerfrei. Schon aus diesen Gründen sollten Sie immer eine Langfristrechnung über 15 bis 20 Jahre erstellen oder sich von einem erfahrenen Finanzberater erstellen lassen. Die genannten Kennzahlen müssen auch einer solch langfristigen Prognose standhalten. Wichtig ist, dass sie realistisch ist. Mit anderen Worten: Anleger sollten sich die Rentabilität der Immobilie nicht schönrechnen.

▶ Oft kaufen Anleger überteuerte Immobilien und rechtfertigen dies mit der erwarteten Wertsteigerung. Eine Wertsteigerung sollte aber immer nur das Sahnehäubchen einer Immobilienanlage sein. Diese sollte sich also auch ohne oder mit einer nur geringen Wertsteigerung rechnen. Wenn dann bis zum Verkauf eine Wertsteigerung dazugekommen ist – umso besser.

▶ Die angenommene jährliche Mietsteigerung sollte nicht höher sein als die erwartete Inflationsrate von beispielsweise 1 oder 2 Prozent und nicht schon im ersten Jahr beginnen. Realistisch erscheint es vielmehr, frühestens ab dem dritten Jahr mit möglichen Mietsteigerungen zu rechnen.

▶ Sie sollten die Kostenseite nicht vergessen: Auch hier sollten Sie mit Steigerungen rechnen, die etwa der Inflationsrate entsprechen.

- Nach Ablauf der Zinsbindung müssen Anleger eventuell teuer weiterfinanzieren. Vorsichtshalber sollten sie mit einem Anschluss-Zinssatz von mindestens 5 Prozent kalkulieren.
- Sie sollten einen möglichen Verkauf mit höchstens dem 20-bis 22-Fachen der Jahresnettokaltmiete planen. Auf keinen Fall sollte der Verkaufs-Faktor höher sein als beim Kauf.

Wichtig ist auch, die Immobilie unter dem Gesichtspunkt der Liquidität langfristig zu betrachten. Anleger müssen sich fragen, ob sie eventuelle jährliche Unterdeckungen nach Steuern aus ihrem Einkommen tragen können und wollen. Auch unter dem Gesichtspunkt einer möglichen Wertsteigerung sollte eine Immobilienanlage kein „Zuschussbetrieb" sein.

Finanzierung mit Konzept

Zu einer erfolgreichen Finanzierung gehört ein schlüssiges Gesamtkonzept, das auf die individuellen Verhältnisse des Anlegers und auf die Art der geplanten Objektnutzung ausgerichtet ist.

Am Anfang des Finanzierungskonzeptes steht die Frage nach dem Fremdfinanzierungsanteil und damit nach der Höhe des Darlehens. Anders als Eigenheimbesitzer können Vermieter die Schuldzinsen für das Darlehen steuerlich absetzen. Es muss aber bei jedem Objekt nachgerechnet werden, ob eine höhere Verschuldung sinnvoll ist. Eine hohe Verschuldung oder gar eine 100-Prozent-Finanzierung führt zu höheren Risiken, wenn sich zum Beispiel kein Mieter für die Immobilie findet oder nach Ablauf der Zinsbindung die Zinsen stark gestiegen sind, aber noch eine hohe Restschuld besteht. Der Vermieter muss trotzdem seine Zins- und Tilgungsraten bei der Bank bedienen. Der „richtige" Fremdkapitalanteil einer Finanzierung hängt insofern vor allem auch von der Risikobereitschaft und Renditeerwartung ab. Wenn für Sie wichtig ist, von Anfang an deutliche Liquiditätsüberschüsse zu erwirtschaften, muss der Eigenkapitalanteil höher sein, damit die Mieteinnahmen über den Darlehenskosten liegen.

Anleger können hingegen ihre Rendite auf das eingesetzte Eigenkapital steigern, wenn sie einen höheren Kaufpreisanteil finanzieren, also ihren Eigenkapitalanteil reduzieren. Dies nennt man den Hebeleffekt des Fremdkapitals (man spricht auch vom „Leverage-Effekt": Englisch lever = Hebel). Je höher der Fremdkapitalanteil im Verhältnis zum Eigenkapital ist, desto stärker ist die Hebelwirkung. Dieser Hebel funktioniert aber nur dann zugunsten des Anlegers, wenn der effektive Darlehenszins nach Steuern unter der Objektrendite nach Steuern liegt. Die Objektrendite erfasst alle Einnahmen und Ausgaben aus der Immobilienanlage, nicht aber die Finanzierung. Sie wird also so ermittelt, als wäre die Immobilie vollständig aus Eigenkapital finanziert. Damit sollen Verzerrungen der Bewertung durch die Finanzierungsstruktur eliminiert werden. Sollte der Darlehenszins nach Steuern über die Objektrendite steigen – etwa weil bei einer Nachfinanzierung die Darlehenszinsen stark gestiegen sind oder der Ertrag der Immobilie gesunken ist –, wirkt der Leverage-Effekt in die andere Richtung und führt zu einer schnelleren Vermögensvernichtung.

Der Hebeleffekt

Bei einer niedrigeren Eigenkapitalquote sind die laufenden Überschüsse geringer, dafür ist aber Ihre Rendite grundsätzlich höher. Denn solange die Objektrendite über den Darlehenszinsen liegt, nutzen Sie den Hebeleffekt.

Anleger fahren meist gut mit einer Eigenkapitalquote von mindestens 20 Prozent bezogen auf den reinen Kaufpreis. Die Kaufnebenkosten sollten sie zusätzlich aus Eigenmitteln aufbringen. Ziel muss sein, dass Zins, Tilgung und Unterhalt der Immobilie weitgehend durch die Mieteinnahmen und eine eventuelle Steuerersparnis finanziert werden. Bei einer Fremdfinanzierung von 100 Prozent verlangen Banken überdies meist einen kräftigen Zinsaufschlag von bis zu einem Prozent und mehr.

Darlehenszins und Zinsbindung

Zins, Zinsbindungsdauer und Tilgung sind wichtige Stellschrauben einer optimalen Finanzierung.

Dass sich ein möglichst geringer Darlehenszins positiv auf die Rendite einer Immobilienanlage auswirkt, ist wohl jedem klar. Aber auch die Wahl der richtigen Zinsbindungsdauer und der Tilgungssatz sind wichtige Komponenten einer optimalen Finanzierung. In einer Nied-

rigzinsphase, wie sie derzeit herrscht, sind grundsätzlich lange Zinsbindungen von zehn bis 20 Jahren empfehlenswert. Denn je länger die Zinsbindung, umso weniger muss sich der Anleger Gedanken um die Anschlussfinanzierung machen. Es gilt die Faustregel: „Niedrige

Zinsen – lange Bindungsdauer". Für eine Zinsbindung von mindestens zehn Jahren spricht auch, dass erst nach dieser Zeit ein Veräußerungsgewinn aus dem Verkauf der Immobilie steuerfrei ist. Ein kürzerer Anlage- und Finanzierungshorizont macht insofern wenig Sinn. Eine Zinsbindung unter zehn Jahren kann lediglich für Anleger sinnvoll sein, die in einigen Jahren mit einer größeren Kapitalzahlung (zum Beispiel aus einer Lebensversicherung oder einer Erbschaft) rechnen können und diese zur Entschuldung der Immobilie nutzen möchten.

Wollen Anleger vor Ablauf der zehn Jahre aus einem Hypothekendarlehen mit fester Zinsbindung aussteigen, müssen sie dafür in der Regel eine Vorfälligkeitsentschädigung an den Darlehensgeber zahlen. Da diese meist sehr hoch ist, lohnt der Ausstieg selten, auch wenn ein neues Darlehen bessere Zinskonditionen bieten würde.

„Mutigere" Anleger können in Niedrigzinsphasen auch über variable Darlehen (Geldmarktdarlehen) nachdenken. Bei diesen richtet sich der Zins nach dem aktuellen Marktzins (häufig dem Dreimonats-Euribor) zuzüglich eines Aufschlages. Ein variables Darlehen kann mit einer Frist von drei Monaten gekündigt werden. Solange der variable Zins geringer ist als ein Festzins, können Anleger darauf spekulieren, erst dann in ein Festzinsdarlehen umzuschichten, wenn die Marktzinsen wieder anziehen. Das setzt aber voraus, dass sie die Zinsentwicklung genau beobachten.

Gut zu wissen

Kündigungsrecht nach § 489 BGB
Wenn Anleger ein Immobiliendarlehen mit einem festen Zins über eine längere Laufzeit als zehn Jahre abschließen, können sie gemäß § 489 BGB zehn Jahre nach vollständiger Kreditauszahlung jederzeit mit einer Frist von sechs Monaten kündigen. Der Darlehensgeber ist hingegen an die vereinbarte Laufzeit gebunden.

Die Zinswaage
Eine lange Zinsbindung schützt dauerhaft vor Erhöhungen – hat aber auch Nachteile:
- Je länger die Zinsbindung, desto höher ist der Zinssatz. Für einen Kredit mit 20 Jahren Zinsbindung zahlten Kreditnehmer beispielsweise 2018 in den ersten zehn Jahren im Schnitt gut 30 Prozent mehr Zinsen als für einen Kredit mit zehn Jahren Zinsbindung.
- Eine vorzeitige Kreditrückzahlung innerhalb der ersten zehn Jahre wird besonders teuer. Sie müssen dann nicht nur eine um mehrere Tausend Euro höhere Restschuld begleichen, es fällt auch eine höhere Vorfälligkeitsentschädigung an.

Was fällt stärker ins Gewicht: Die Sicherheit der längeren Zinsbindung oder der niedrigere Zinssatz der kürzeren? Eine Entscheidungshilfe bietet der Grenzzinssatz. Er gibt an, wie

Die Zinswaage

Je nachdem, wie sich die Zinsen nach Ablauf der kürzeren Darlehenszeit entwickeln, neigt sich die Zinswaage. Liegt der Anschlusszins über dem Grenzzinssatz, kann eine längere Zinsbindung dem Anleger einiges an Geld sparen.

Kreditsumme **200 000 Euro**

Zinsbindung 10 Jahre

Zinssatz: 1,50 Prozent
Tilgung: 3,00 Prozent
Monatsrate: 750 Euro

Zinsbindung 20 Jahre

Zinssatz: 2,20 Prozent
Tilgung: 2,30 Prozent
Monatsrate: 750 Euro

Zwischenbilanz nach 10 Jahren

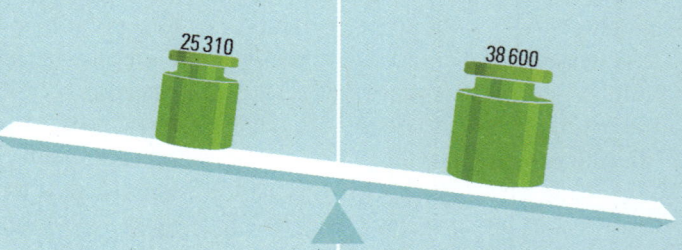

25 310   38 600

Der Kreditnehmer hat nach zehn Jahren 13 290 Euro mehr Schulden, wenn er den Kredit mit 20 statt 10 Jahren Zinsbindung wählt. Entscheidend ist aber die Bilanz nach 20 Jahren. Sie hängt von der Zinsentwicklung ab.

Darlehenszinsen (Euro) während der Zinsbindung

Darlehenszinsen (Euro) für Anschlusskredit nach 10 Jahren

Zinssatz (Prozent) für Anschlusskredit

Zinsbindung 10 Jahre

Zinssatz: 1,50 Prozent
Tilgung: 3,00 Prozent
Monatsrate: 750 Euro

Zinsbindung 20 Jahre

Zinssatz: 2,20 Prozent
Tilgung: 2,30 Prozent
Monatsrate: 750 Euro

Bilanz nach 20 Jahren

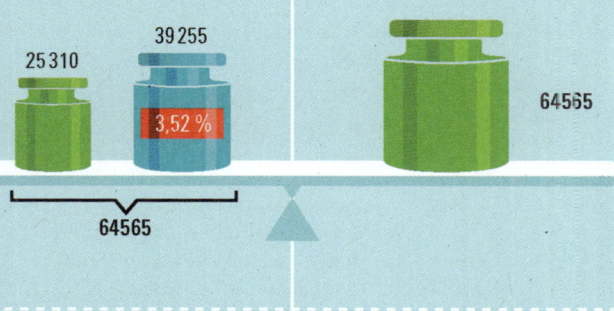

25310 39255
3,52 %
64565
64565

Beide Kredite sind gleich

Beim Kredit mit zehn Jahren Zinsbindung
benötigt der Kunde nach zehn Jahren einen
Anschlusskredit von 135 Beträgt der Zinssatz
dafür 3,52 Prozent für weitere zehn Jahre,
zahlt er – bei gleicher Monatsrate –
insgesamt genauso viel Zinsen wie für den
Kredit mit 20 Jahren Bindung.

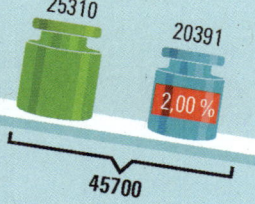

25310 20391
2,00 %
45700
64565

Nachteil für 20 Jahre Zinsbindung: 18 864 Euro

Liegt der Anschlusszins unter dem Grenzzins
von 3,52 Prozent, neigt sich die Zinswaage
zugunsten der zehnjährigen Zinsbindung.
Bei 2 Prozent Anschlusszins ist die kürzere
Zinsbindung klar im Plus.

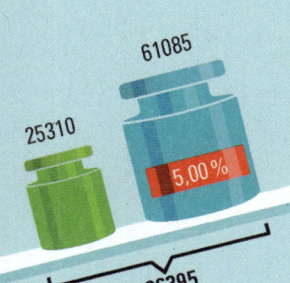

61085
25310 5,00 %
64565
86395

Vorteil für 20 Jahre Zinsbindung: 21 830 Euro

Liegt der Anschlusszins über dem Grenzzins,
neigt sich die Zinswaage zugunsten der
20-jährigen Bindung. Bei einem Zinsanstieg
auf 5 Prozent spart der Kreditnehmer mehr
als 20 000 Euro, wenn er sich die aktuellen
Zinsen für 20 Jahre sichert.

hoch die Zinsen mindestens steigen müssen, damit Kreditnehmer mit der längeren Zinsbindung die anfangs höheren Zinsen wieder einsparen. Je kleiner der Grenzzins, desto eher lohnt sich die lange Bindung.

Wie sich die Zinswaage auswirkt, lässt sich im besten an einem Beispiel zeigen (siehe die Grafik „Die Zinswaage"):

Ein Immobilienkäufer steht vor der Entscheidung, ob er seinen Kredit mit 10 oder 20 Jahren Zinsbindung abschließt. Die Monatsrate steht fest: Er möchte 750 Euro monatlich abzahlen. Auf der Zinswaage werden jeweils die Zinsen gewogen, die der Kreditnehmer insgesamt in 20 Jahren zahlt.
Beim Kredit mit 20 Jahren Zinsbindung steht die Summe fest. Beim Zehn-Jahres-Kredit kommt es darauf an, welchen Zinssatz er für den Anschlusskredit nach 10 Jahren bezahlen muss.
Die Zinswaage zeigt: Bei einem Anschlusszinssatz von 3,52 Prozent, dem Grenzzinssatz, sind beide Kreditvarianten gleich. Steigen die Zinsen so stark, dass der Immobilienkäufer für den Anschlusskredit mehr als 3,52 Prozent zahlt, wäre die 20-jährige Zinsbindung nicht nur sicherer, sondern auch günstiger.

Zwar erscheinen 3,52 Prozent Zinsen im Jahr derzeit sehr hoch. Doch der langjährige Vergleich zeigt, dass die Zinsen für Immobilienkredite nur in den Jahren ab 2012 niedriger waren. Davor waren sie immer teurer. Im Durchschnitt der letzten 20 Jahre mussten

Hauseigentümer rund 5 Prozent für einen Kredit mit zehn Jahren Zinsbindung zahlen.

Auch die Tilgung sollten Sie berücksichtigen, wenn Sie die richtige Zinsbindung bestimmen. Können und möchten Sie sich eine hohe Tilgung leisten, ist die Restschuld am Ende der Zinsbindung relativ klein. Das Zinserhöhungsrisiko nimmt mit wachsender Tilgung ab und damit der Nutzen der längeren Zinsbindung. Wenn Sie viel tilgen, ist eine lange Zinsbindungsfrist weniger wichtig.

▶ Unter www.test.de/zinsbindungs-rechner finden Sie einen kostenlosen Rechner, mit dem Sie Kreditangebote mit unterschiedlicher Zinsbindung vergleichen können. Er berechnet den Grenzzins der Anschlussfinanzierung für das Darlehen mit der kürzeren Zinsbindung. Nur wenn der Anschlusszins unter diesem Grenzzinssatz liegt, ist das Darlehen mit der kürzeren Zinsbindung insgesamt günstiger.

Vorsicht bei einem Zinsbindungsmix

Kreditnehmer müssen nicht alles auf eine Karte setzen. Sie können ihre Darlehenssumme auch auf Kredite mit mehreren Zinsbindungen verteilen, etwa einen Drittelmix aus 10, 15 und 20 Jahren Zinsbindung wählen. Sie profitieren dann teilweise von den niedrigen Zinsen für kürzere Zinsbindungen, und eine Zinserhöhung betrifft immer nur einen Teil des Gesamtdarlehens.

Möglich ist auch ein Mix aus variablem und Festzinsdarlehen. Dabei werden zum Beispiel ein Drittel des Fremdfinanzierungsbedarfs mit einem variablen Darlehen und zwei Drittel mit 10-jähriger oder längerer Zinsbindung finanziert. Steigen die variablen Zinsen, wird auch der variable Teil in ein Festzinsdarlehen umgewandelt.

Aber Vorsicht: Läuft die Zinsbindung eines Teildarlehens aus oder soll ein variables Darlehen in ein Festzinsdarlehen umgewandelt werden, sitzt die Bank bei den Verhandlungen um den Anschlusskredit am längeren Hebel. Banken geben nur günstige Angebote für Kredite ab, die im Grundbuch im ersten Rang gesichert sind. Doch den blockiert die alte Bank, und damit sinkt die Chance auf eine günstige Umschuldung. Das nutzen viele Banken aus. Oft bleibt nichts anderes übrig, als ein schlechtes Verlängerungsangebot zu akzeptieren.

Kreditnehmer sollten sich deshalb nur in Ausnahmen auf verschiedene Fristen einlassen. Viele Förderdarlehen der staatlichen KfW-Bank etwa sind sehr günstig, aber nur mit einer Zinsbindung von längstens zehn Jahren zu haben. Weil danach ein marktüblicher Zinssatz gilt, ist das Zinserhöhungsrisiko relativ hoch. Deshalb ist es meist sinnvoll, KfW-Darlehen mit einem Bankdarlehen zu kombinieren, dessen Zinssatz für mindestens 15 Jahre festgeschrieben ist.

Gute Zinsen für später sichern

Auch wenn ein vorzeitiger Ausstieg aus einem laufenden Darlehen nicht möglich oder sehr teuer ist, müssen Kreditnehmer nicht bis kurz vor Ende der Zinsbindung warten, bis sie ihre Anschlussfinanzierung unter Dach und Fach bringen. Mit einem Forwarddarlehen (forward = vorwärts) können sie den künftigen Zinssatz, die Rate und die neue Zinsbindung bereits bis zu fünf Jahre im Voraus vereinbaren. So wissen Sie heute schon genau, wie viel Zinsen Sie für Ihren Anschlusskredit zahlen werden. Der Preis der Sicherheit: Ein Forwarddarlehen ist teurer als ein Darlehen, das sofort oder in wenigen Monaten ausgezahlt wird. Je länger die Vorlaufzeit bis zur Ablösung des alten Darlehens, desto höher ist der Zinsaufschlag. Bis zu zwölf Monate im Voraus kann man sein Anschlussdarlehen bei vielen Banken ohne Zinsaufschlag abschließen.

Die Tilgung richtig bestimmen

Die Art und die Höhe der Tilgung eines Darlehens beeinflussen auch die Zinszahlungen und deren steuerliche Absetzbarkeit.

Anders als Eigenheimnutzer können Vermieter Zinsen, die sie für ihr Darlehen gezahlt haben, steuerlich absetzen. Wie viel sie an Zinsen zahlen, hängt neben dem Zinssatz von der Restschuld des Darlehens ab. Die Restschuld wiederum wird durch die Art und die Höhe der Tilgung beeinflusst. Grundsätzlich können Anleger zwischen zwei Tilgungsmethoden wählen.

Annuitätendarlehen

Hinter dem Fachbegriff „Annuitätendarlehen" verbirgt sich die am häufigsten genutzte Kreditform. Um den Kredit abzuzahlen, überweisen Sie regelmäßig (in der Regel monatlich) einen konstanten Betrag an die Bank, die sogenannte Annuität. Diese setzt sich aus den beiden Komponenten Tilgung und Zins zusammen. Da sich die Restschuld durch jede Tilgungszahlung verringert, müssen Sie jedes Jahr weniger Zinsen zahlen.

Der Tilgungsanteil erhöht sich von Monat zu Monat, weil die Rate, die Sie an die Bank zahlen, nicht abnimmt, sondern konstant bleibt.

Beispiel: Für ein Darlehen über 100 000 Euro vereinbart ein Anleger 2 Prozent Zinsen und eine Anfangstilgung von 2 Prozent. Damit beträgt seine Monatsrate 333,34 Euro. Bei der ersten Ra- *te entfallen jeweils 166,67 Euro auf Zins und Tilgung, bei der zweiten entfallen auf die Zinsen nur noch 166,39 Euro, auf die Tilgung 166,95 Euro. Nach zehn Jahren beträgt der Zinsanteil 130,14 Euro, der Tilgungsanteil 203,20 Euro und die Restschuld 77 879,17 Euro.*

Ein Vorteil des Annuitätendarlehens ist, dass Anleger die Restschuld zum Ende der Zinsbindung genau berechnen können. Wird der Tilgungssatz einer Finanzierung so gewählt, dass das Darlehen bis zum Ende der Zinsbindungszeit komplett zurückgezahlt wird, spricht man von einem Volltilgerdarlehen.

Für Vermieter sind Annuitätendarlehen in der Regel die richtige Wahl. Wie Zinssatz und Tilgungssatz bei diesen Darlehen hinsichtlich der Dauer der Kredittilgung zusammenhängen, zeigt die ⬈Tabelle „Kredittilgung".

Endfällige Tilgung

Eine andere Tilgungsmethode ist die endfällige Tilgung. Dabei wird das Festdarlehen am Ende der vereinbarten Laufzeit durch die Ablaufleistung eines Anlagesparplans, einer Rentenversicherung mit Kapitalwahlrecht oder einer Lebensversicherung (fondsgebundene Lebensversicherung oder Kapitallebensversicherung) auf einen Schlag abgelöst. Angesichts der anhaltenden Niedrigzinsphase sind aber

Kredittilgung

Zeitraum (Jahre)	Diesen Tilgungssatz benötigen Anleger, um ein Annuitätendarlehen bei einem Zinssatz von ... Prozent in einem bestimmten Zeitraum abzuzahlen.				
	1,0	1,5	2,0	2,5	3,0
15	6,18	5,95	5,72	5,50	5,29
20	4,52	4,29	4,07	3,86	3,66
25	3,52	3,30	3,09	2,88	2,69
30	2,86	2,64	2,44	2,24	2,06

mit einem Anlagesparplan nur geringe Renditen zu erzielen, die unter dem Effektivzins für Hypothekendarlehen liegen.

Bei Kapitallebensversicherungen ist der Garantiezins mit 0,9 Prozent für den Sparanteil bei Neuabschlüssen ebenfalls so gering, dass dieses Modell kaum noch lohnt, zumal darin die Kosten der Versicherung nicht berücksichtigt sind. Denn der Sparanteil macht nur 70 bis 80 Prozent der Versicherungsprämie aus, der restliche Beitrag wird für die Kosten der Versicherung verwendet.

Auf die möglichen Ablaufrenditen, mit denen die Versicherer werben, sollten Anleger sich nicht verlassen. Erreichen die Versicherungen diese nicht, müssen Anleger möglicherweise teuer nachfinanzieren. Bei Aktienfondssparanlagen oder fondsgebundenen Lebensversicherungen kann die Ablaufleistung naturgemäß nicht genau prognostiziert werden, da sie von der Entwicklung der Aktienmärkte abhängt. Vermieter sollten daher grundsätzlich Annuitätendarlehen den Vorzug geben.

Sondertilgung vereinbaren

Um bei der Entschuldung eines Darlehens flexibler zu sein, sollten Anleger immer das Recht auf Sondertilgungen vereinbaren. Eine Sondertilgung ist eine außerplanmäßige Rückzahlung eines Teils des Darlehens, die zusätzlich zu den fest vereinbarten Monatsraten möglich ist. Fast alle Immobilienfinanzierer erlauben Sondertilgungen, ohne dafür einen Aufschlag auf das Darlehen zu verlangen. Üblich ist, dass einmal jährlich 5 Prozent der Darlehenssumme zusätzlich getilgt werden können. Mitunter werden bis zu 10 Prozent kostenlos angeboten. Falls Sie erweiterte Sondertilgungsrechte mit einem Zinsaufschlag erkaufen wollen, sollten Sie überlegen, ob Sie die Sondertilgungen immer leisten können. Sonst lohnt sich dies nicht. Sondertilgungen sind immer jährlich vereinbart. Eine ausgelassene Sondertilgung kann nicht im folgenden Jahr nachgeholt werden.

Anleger können zusätzlich zur Sondertilgung eine Option auf einen Tilgungssatzwechsel (zum Beispiel zweimalige Erhöhung oder Verminderung des Tilgungssatzes während der Zinsbindung) vereinbaren. Das erhöht ihre Flexibilität hinsichtlich der Tilgung.

Vergleichen Sie Finanzierungsangebote

Viele machen den Fehler, nur bei ihrer Hausbank ein Angebot für eine Immobilienfinanzierung einzuholen. Doch diese bietet selten die besten Konditionen – zumindest solange Sie kein Gegenangebot vorlegen.

Kleinste Zinsunterschiede bedeuten in der Summe viel Geld für Anleger und können darüber entscheiden, ob die Investition rentabel ist.

Beispiel: Ein Anleger benötigt ein Darlehen über 100 000 Euro und kann monatlich 500 Euro abzahlen. Eine Bank offeriert ihm einen Kredit mit einem Zinssatz von 2 Prozent. Findet er eine Bank, bei der er statt 2 Prozent nur 1,5 Prozent Zinsen zahlt, bringt ihm dieser Unterschied von 0,5 Prozentpunkten innerhalb von 10 Jahren die erkleckliche Ersparnis von 4 278 Euro.

Mit anderen Worten: Die Mühe, nach einem guten Angebot zu suchen, lohnt sich. Die Stiftung Warentest ermittelt regelmäßig die Zinssätze von über 75 Immobilienfinanzierern. Mit dabei sind Banken und Sparkassen, Versicherer und Kreditvermittler. Sie finden die aktuellen Auswertungen im Serviceteil der Zeitschrift Finanztest und im Internet unter www.test.de/hypothekenzinsen. Holen Sie sich für eine Finanzierung immer mehrere Angebote der günstigsten Anbieter ein. Fragen Sie auch bei Ihrer Hausbank und Banken in Ihrer Region.

Um eine Vergleichbarkeit der Angebote zu gewährleisten, sollten Sie bei allen Anbietern die gleichen Vorgaben machen. Welche das sind, sehen Sie in der ⊼Checkliste „Finanzierungsangebote einholen".

▶ Neben den günstigen Baufinanzierern bieten die Experten der Stiftung Warentest Ihnen unter www.test.de/hypothekenzinsen zusätzlich und kostenlos einen ständig aktualisierten Überblick über staatliche Kredite und Zuschüsse der bundeseigenen Förderbank KfW als Download. Besonders attraktiv sind die KfW-Kredite für energiesparendes Bauen und Modernisieren.

Konditionen richtig vergleichen

Immobilienkäufern wird meist geraten, beim Vergleich von Kreditangeboten vor allem auf den effektiven Jahreszins zu achten. Der effektive Jahreszins, auch Effektivzins genannt, drückt die jährlichen Gesamtkosten eines Kredits aus. Nach einer neuen Richtlinie für Wohnimmobilienkredite müssen nun auch die Kosten, die für die Bestellung der Sicherheiten anfallen, in den Effektivzins hineinge-

Achten Sie auch auf die Nachkommastelle

Auch geringe Zinsunterschiede machen sich über die Zeit stark bemerkbar. So sieht die Rechnung aus bei einem Darlehen von 100 000 Euro und einer Monatsrate von 500 Euro.

Zins (in Prozent)	Zinsaufwand in 10 Jahren (in Euro)	Restschuld nach 10 Jahren (in Euro)
1,5	11 482	51 482
1,6	12 318	52 318
1,7	13 164	53 164
1,8	14 020	54 020
1,9	14 885	54 885
2,0	15 760	55 760
2,1	16 644	56 644
2,2	17 539	57 539
2,3	18 443	58 443
2,4	19 358	59 358
2,5	20 283	60 283

rechnet werden. Dies gilt für alle Kosten, die der Bank bei Vertragsabschluss bekannt sind (mit Ausnahme von Notarkosten). Darunter fallen vor allem Wertermittlungskosten und Gebühren des Grundbuchamtes für die Eintragung der Grundschuld, die die Bank fordert.

Auf diese Weise soll gewährleistet werden, dass der angegebene Zins möglichst realistisch ist. Da Kreditgeber inzwischen kaum noch Nebenkosten wie zum Beispiel Schätz- und Bearbeitungskosten verlangen dürfen, ist ein Vergleich des Sollzinssatzes, der einfach die Höhe der Verzinsung eines Kredites wiedergibt, inzwischen oft genauso aussagekräftig wie der Effektivzins. Ein direkter Zinsvergleich ist allerdings nur sinnvoll, wenn die Kredite die gleiche Zinsbindung haben und die Raten gleich oder ähnlich hoch sind.

Checkliste

Finanzierungsangebote einholen

Diese Punkte gehören in eine Anfrage für ein Finanzierungsangebot:

☐ Exakte Kreditsumme

☐ Gewünschte Anfangstilgung oder monatliche Belastung

☐ 5 oder 10 Prozent Sondertilgung

☐ Gewünschte Laufzeit

Immobilien und Steuern

Eine vermietete Immobilie bringt Steuervorteile durch absetzbare
Kosten und Abschreibungen. Wer grundlegende Regeln einhält, kann
daneben steuerfreie Veräußerungsgewinne erzielen.

Werbungskosten absetzen

Bei vermieteten Immobilien erzielen Sie Einnahmen, die Sie in Ihrer Steuererklärung in
der Regel bei den Einnahmen aus Vermietung
und Verpachtung angeben müssen. Im Gegenzug können Sie aber einige Posten absetzen
und damit Steuern sparen. Das Steuersparen
fängt für Vermieter bei der Finanzierung der
Immobilie an. Sie können die jährlichen Sollzinsen für das Darlehen als Werbungskosten
absetzen. Die gezahlten Zinsen entnehmen Sie
den Bescheinigungen Ihrer Bank. Mit diesen
können Sie die Werbungskosten auch gegenüber dem Finanzamt belegen. Nicht absetzen
können Sie hingegen die Tilgungsraten.

Ein weiterer jährlicher Posten ist die Abschreibung für das Gebäude. Meist dürfen Vermieter jedes Jahr 2 Prozent des Kaufpreises für
das Gebäude geltend machen. Für Häuser, die
vor 1925 erbaut wurden, sind es 2,5 Prozent. Zu
den Anschaffungskosten, auf die die Abschreibung erfolgt, gehören neben dem Kaufpreis
die Nebenkosten wie Grunderwerbsteuer,
Maklergebühren und Notarkosten.

Der Wert des Grundstücks muss bei dieser
Rechnung aber außen vor bleiben. Immobilieninvestoren sollten beim Kauf darauf achten, dass die Kaufpreise von Haus und Grundstück gleich im Kaufvertrag gesplittet ausge

wiesen sind. Dann bleibt das Finanzamt an die
Aufteilung gebunden, wenn der Wert für den
Boden angemessen ist. Fehlt die Angabe des
Gebäudepreises, wird der Bodenwert meist im
„Sachwertverfahren" ermittelt. Oft werden dabei 20 Prozent des Kaufpreises für den nicht
abschreibbaren Bodenwert angesetzt. Wie dieses Verfahren funktioniert, zeigt das Rechenbeispiel.

So werden die Abschreibungsbeträge ermittelt	
Kaufpreis	140 000 €
Anschaffungsnebenkosten	+ 14 000 €
Summe	154 000 €
minus 20 Prozent davon für Grund und Boden	− 30 800 €
Anschaffungskosten Gebäude	123 200 €
davon 2 Prozent im Jahr	
Abschreibung	2 464 €

Im ersten Jahr dürfen nur die Monate in die
Rechnung eingehen, die das Haus bereits im
Besitz des Käufers war. Kauft er es im November, kann er also nur die Abschreibung für
zwei Monate ansetzen. Im Beispiel würde sie
für das erste Jahr dann etwas mehr als 410
Euro betragen.

Ausgaben für Renovierungen und Sanierungen dürfen Vermieter ebenfalls als Werbungskosten absetzen, sofern diese den Stan dard der Immobilie erhalten. Dann können die Kosten auf einen Schlag oder gleichmäßig verteilt über zwei bis fünf Jahre abgerechnet werden. Erhöhen die Baumaßnahmen dagegen den Standard oder die Nutzfläche der Immobilie, müssen sie über 40 oder 50 Jahre verteilt abgeschrieben werden.

Aufpassen müssen Vermieter, wenn sie größere Instandhaltungsaufwendungen kurz nach dem Kauf ausführen. Das Finanzamt nimmt einen „anschaffungsnahen Herstellungsaufwand" an, wenn die Netto-Instandsetzungskosten (Rechnungsbetrag ohne Umsatzsteuer), die innerhalb von drei Jahren nach der Anschaffung des Gebäudes anfallen, 15 Prozent der Anschaffungskosten des Gebäudes übersteigen. Dann können Vermieter auch diese Kosten nur über 40 oder 50 Jahre abschreiben – je nach Baujahr der Immobilie und dem daraus resultierenden AfA-Satz von 2,5 oder 2 Prozent. Nach den ersten drei Jahren entfällt die 15-Prozent-Grenze.

Immobilien steuerfrei verkaufen

Halten Sie eine vermietete Immobilie weniger als zehn Jahre, müssen Sie einen Veräußerungsgewinn – das ist die Differenz aus Verkaufserlös und Anschaffungskosten – mit Ihrem persönlichen Steuersatz versteuern. Auch Ihre Abschreibungen werden dann wieder hinzugerechnet. Das nachfolgende Beispiel zeigt, welche Spekulationssteuer anfällt, wenn eine Immobilie nach acht Jahren wieder verkauft wird. Anders als im vorherigen Beispiel hat das Finanzamt bei dieser Immobilie nur 70 Prozent Gebäudeanteil für die Abschreibungen

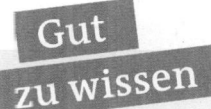

Vermietung an Familienmitglieder. Wenn Sie Ihre Immobilie an Verwandte vermieten, müssen Sie mindestens 66 Prozent der ortsüblichen Miete und umlagefähigen Nebenkosten verlangen. Nur dann können Sie Ihre Werbungskosten voll beim Finanzamt geltend machen. Welche Miete ortsüblich ist, erfahren Sie zum Beispiel beim Mieter- oder beim Haus- und Grundbesitzerverein. Sie können sich auch bei Ihrer Stadt- oder Gemeindeverwaltung nach einem Mietspiegel erkundigen.

anerkannt. Die Finanzämter setzen hier unterschiedliche Prozentsätze an:

So errechnet sich die Spekulationssteuer	
Verkaufspreis	150 000 €
Kosten für Verkauf	−5 000 €
Verkaufserlös	**145 000 €**
Kaufpreis	100 000 €
Kaufnebenkosten	
(Notar, Makler, GrESt)	+10 000 €
Anschaffungskosten	**110 000 €**
davon 70 % für das Gebäude	77 000 €
Abschreibungen (2 % p.a.)	
über acht Jahre	12 320 €
Verkaufserlös	145 000 €

Anschaffungskosten	−110 000 €
Abschreibungen	+12 320 €
Zu versteuern	47 320 €
Spekulationssteuer	
(angenommener Steuersatz 42 %)	19 874 €

Veräußern Privatpersonen innerhalb von fünf Jahren mehr als drei Objekte, kann das Finanzamt einen „gewerblichen Grundstückshandel" annehmen und Gewerbesteuer fordern. Ererbte Grundstücke werden dabei nicht mitgezählt. Beim Verkauf von Mehrfamilienhäusern oder Fabrikgrundstücken können nach Ansicht der Finanzverwaltung schon weniger als drei Verkäufe in fünf Jahren auf einen gewerblichen Grundstückshandel hindeuten. Bei den Verkäufen muss ein enger zeitlicher Zusammenhang bestehen, der grundsätzlich bei Kauf und Verkauf innerhalb von fünf Jahren angenommen wird. Diese Frist ist jedoch keine absolute Grenze und kann mitunter ausgedehnt werden.

Sie müssen mit Ihrer Immobilie auf lange Sicht Geld verdienen. Machen Sie ohne Grund Verluste, wirft das Finanzamt Ihnen „Liebhaberei" vor. Liebhaberei liegt vor, wenn mit der Vermietung nach den Gesamtumständen des Einzelfalls auf lange Sicht gesehen ein Gewinn oder Überschuss der Einnahmen über die Werbungskosten nicht erstrebt wird. Dann müssen Sie zwar nichts versteuern, dürfen aber auch keine Steuern sparen. Das kann passieren, wenn eine Wohnung lange leer steht. Für solche Zeiten sollten Eigentümer Belege wie Inserate, Maklaufträge und Aushänge parat haben. Damit können sie beweisen, dass sie ernsthaft Mieter gesucht haben (Bundesfinanzhof, Az. IX R 102/00).

Gold und andere Rohstoffe

Gold bringt zwar keine Zinsen, kann aber zur Stabilisierung eines Portfolios wichtig sein. Neben physischem Gold werden heute auch Wertpapiere auf Gold angeboten. Spekulativer als die Anlage in Gold ist das Investment in andere Edelmetalle oder Rohstoffe wie Silber, Platin, Kupfer, Rohöl oder sogenannte Agrarrohstoffe.

Für und Wider der Goldanlage

Bei der Entscheidung über ein Goldinvestment sollten Sie vor allem die Gesichtspunkte Renditeerwartung und Krisenschutz gegeneinander abwägen.

Angesichts zahlreicher schwelender Konflikte, Terrorgefahr und ausufernder Staatsverschuldungen setzen viele Anleger auf Goldanlagen zur Krisenvorsorge. Aber auch zur Renditeverbesserung der Gesamtanlagen kann sich eine Goldanlage lohnen – sofern man zur rechten Zeit kauft und verkauft. So stieg der Goldpreis zwischen den Jahren 2004 und 2012 von rund 400 auf rund 1 800 Dollar je Feinunze. Danach fiel er aber wieder für einige Jahre auf ein Niveau von rund 1 200 Dollar. Das hätte bei einem Kauf 2004 und einem Verkauf zehn Jahre später immer noch eine ordentliche Rendite von 11,6 Prozent bedeutet – ohne Berücksichtigung des Euro/Dollar-Wechselkurses. Goldanleger haben aber keine Garantie auf eine positive Rendite oder darauf, mindestens ihr Geld wiederzubekommen. Dazu auch ein Beispiel: Wäre im Jahr 1980 ein damals 40-Jähriger auf die Idee gekommen, für sein Alter mit Gold vorzusorgen, hätte er einen üblen Fehlgriff getan. Bei seinem Rentenbeginn 25 Jahre später hätte er noch tief im Minus gesteckt.

Gold bringt keine Zinsen

Das Hauptmanko von Goldanlagen ist, dass diese keine Zinsen oder Dividenden abwerfen. Gold ist also nicht „produktiv". Können Sie Ihr Gold nicht wieder mit Gewinn verkaufen, erzielen Sie nicht nur keinen Gewinn und keine Erträge, Sie machen Verluste. Trotz dieser Unsicherheit ist Gold weiter für viele ein begehrtes Anlageobjekt. So wurden im Jahr 2015 nach einer Schätzung der Degussa Goldhandel allein in Deutschland rund 120 Tonnen Goldbarren und Goldmünzen im Wert von 3,8 Milliarden Euro gekauft.

Eine Feinunze als Maßeinheit

Die übliche Maßeinheit, in der der Goldpreis angegeben wird, ist eine Feinunze. Diese entspricht einem Gewicht von zirka 31,1 Gramm.

Inflations- und Krisenschutz mit Gold?

Die „Gelddruckaktionen" vieler Notenbanken haben die Zinsen in den betroffenen Ländern auf ein extrem niedriges Niveau gedrückt. Der Nachteil von Goldanlagen – dass sie keine regelmäßigen Erträge abwerfen – verliert damit stark an Bedeutung. Denn sichere Festzinsanlagen als Anlagealternativen bringen auch kaum noch etwas. Zum anderen können durch die Maßnahmen der Notenbanken die Geldmengen ansteigen. Nimmt man die weltweit

Das Auf und Ab des Goldpreises

Die Wertentwicklung des Goldpreises in den vergangenen zehn Jahren. Sein Allzeithoch in US-Dollar erreichte das Edelmetall im August 2011. Wie sich der Wert in Euro entwickelt, hängt auch vom Wechselkurs ab.

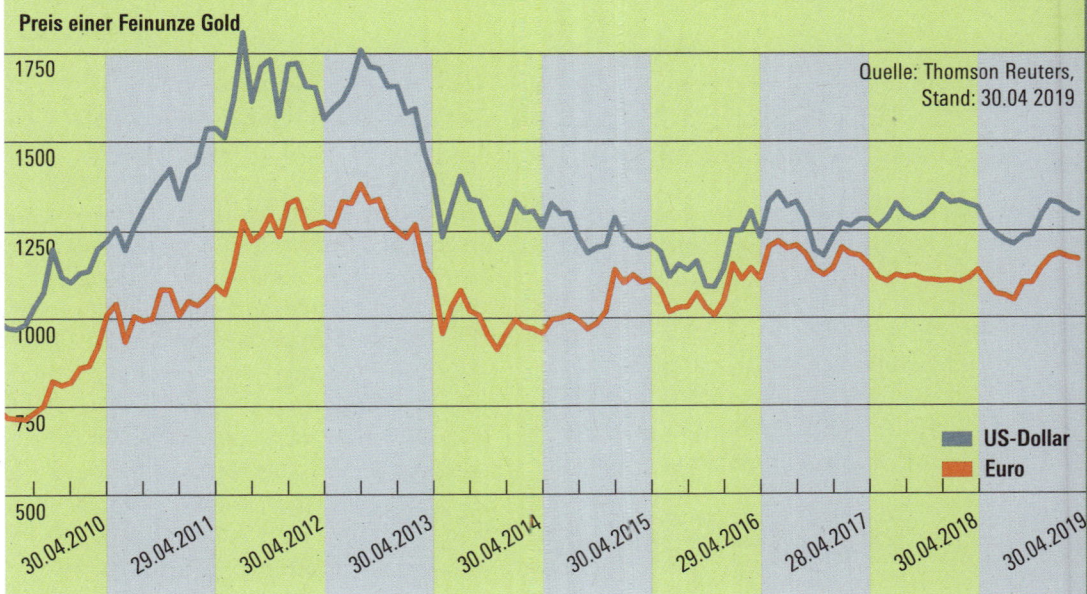

Preis einer Feinunze Gold

Quelle: Thomson Reuters,
Stand: 30.04 2019

US-Dollar
Euro

umlaufenden Geldmengen von heute und vor rund 30 Jahren als Maßstab, ließe sich auch ein Goldpreis von mehreren Tausend US-Dollar je Feinunze rechtfertigen. Gold ist anders als Papiergeld nicht endlos vermehrbar. Es ist ein seltenes Edelmetall, dessen Förderung nicht beliebig ausgeweitet werden kann. Die besten Vorkommen sind bereits abgebaut.

Wegen seiner Seltenheit gilt Gold bei vielen Anlegern schon immer als Krisenwährung und Inflationsschutz. Von Inflation sprechen Volkswirte bei einer signifikanten Erhöhung des allgemeinen Preisniveaus und einer damit verbundenen Entwertung des Geldes. Der Goldpreis ist aber in der Vergangenheit nicht immer besonders stark gestiegen, als die Inflationsraten höher waren. Als die Inflation Anfang der siebziger und Anfang der achtziger Jahre stark angestiegen war, schwankte der Goldpreis deutlich.. Während die Inflationsrate in Deutschland nach der Wiedervereinigung Anfang der neunziger Jahre deutlich stieg, ging es mit dem Goldpreis sogar abwärts. Anleger sollten sich also nicht darauf verlassen, dass sie eine künftige Geldentwertung mit Gold ausgleichen können.

In Zeiten, in denen die Aktienmärkte stark eingebrochen sind, war die Rendite von Gold oft positiv. Das liegt vermutlich daran, dass Gold dann als „sicherer Hafen" gesucht wurde. In Krisenzeiten, wenn viele Leute Gold kaufen wollen, kann aber auch eine Spekulationsblase entstehen. Platzt die Blase, können Anleger, die zu spät eingestiegen sind, empfindliche Verluste erleiden. Allerdings hat Gold seit Menschengedenken ein sehr hohes Ansehen. Ein völliger

HÄTTEN SIE'S GEWUSST

Das gesamte bisher geförderte Gold passt in einen Würfel mit einer Kantenlänge von **21,4 Metern.**

Nachgefragt wird Gold außer von Anlegern hauptsächlich von Hochtechnologieunternehmen und vom Schmuckgewerbe.

Gold lässt sich extrem fein verarbeiten und ist sehr widerstandsfähig.

Ein Großteil des Goldes dieser Welt lagert in Tresoren von Privatpersonen, aber vor allem auch von Staaten, die es als Währungsreserve halten.

Die weltweit offiziell gemeldeten Goldbestände einzelner Staaten belaufen sich nach Zahlen des World Gold Council (WGC) auf knapp **34 000 Tonnen.**

Davon entfallen unter anderem auf die Eurozone (inklusive Europäischer Zentralbank) rund 11 000 Tonnen, auf die USA rund 8 000 Tonnen und auf China rund 1 800 Tonnen.

Wertverfall gilt als praktisch ausgeschlossen. Gold lässt sich relativ schnell zu Geld machen, ist also insofern eine liquide Anlage.

Wie sich der Goldpreis langfristig entwickeln wird, ist nicht vorhersehbar. Wenn Sie nicht auf das investierte Kapital angewiesen sind, ist ein Goldanteil von bis zu 10 Prozent in einem breit gestreuten Vermögen gut vertretbar. Die Beimischung von Gold kann die Stabilität Ihrer Vermögensanlage erhöhen. Denn der Goldpreis und die Kurse von Anleihen oder Aktien entwickeln sich selten parallel. Sie senken somit das Gesamtrisiko Ihrer Anlagen, wenn Sie zum Teil auch auf Gold setzen.

Wechselkurschancen und -risiken

Der Preis für eine Feinunze Gold wird traditionell zwei Mal täglich in London festgestellt. Dabei wird Gold grundsätzlich in Dollar gehandelt und die Goldpreise werden in Dollar notiert. Anleger, die Gold als Münzen oder Barren kaufen, haben daher immer auch ein Währungsrisiko – oder eine Währungschance. Wenn der Euro gegenüber dem Dollar zulegt, verliert ein Gold-Investment deutscher Anleger an Wert, denn sie erhalten für ihre Euros weniger Dollar-Gegenwert. Andererseits kann der Goldpreis in Euro weitgehend auf seinem Niveau bleiben, selbst wenn der Goldpreis in Dollar fällt. Voraussetzung dafür wäre, dass der Dollar gegenüber dem Euro zulegt.

Physisches Gold

Wer Gold für Krisenzeiten halten will, setzt überwiegend auf physisches Gold. Aber wie und wo kann man es kaufen, wie lässt es sich aufbewahren und was sagt das Finanzamt dazu?

Wer sein Gold sehen und anfassen will, also physisches Gold kaufen möchte, kann Münzen oder Barren kaufen. Bei Münzen sind gängige Goldanlagemünzen wie zum Beispiel der südafrikanische „Krügerrand", die kanadische „Maple Leaf", der „Wiener Philharmoniker", der „China Panda" oder das „australische Känguru" erste Wahl. Für diese Münzen gibt es einen großen Zweitmarkt, und Anleger können sie im Bedarfsfall leicht wieder verkaufen. Diese Goldmünzen werden in den Größen 1/25, 1/20, 1/10, ¼, ½ und 1 Unze angeboten. Der Preis ergibt sich dann aus dem aktuellen Goldpreis zuzüglich einer Marge für den Händler.

Nicht als Anlage geeignet sind hingegen Sammlermünzen, weil diese neben dem Materialwert einen ideellen Sammlerwert haben. Ein späterer Verkaufserlös hängt damit nicht nur vom Goldkurs, sondern auch stark von der Nachfrage nach der speziellen Münze ab. Auch Goldschmuck eignet sich nicht für Anlagezwecke, da es für diesen keinen verlässlichen Marktpreis gibt.

Bei Goldbarren sollten Anleger nur solche mit einem Feingoldgehalt von 999,9, also von 99,99 Prozent kaufen. Gold geringerer Qualität lässt sich schwerer wieder verkaufen. Manche Goldhändler nehmen zwar auch Barren mit niedrigerem Reinheitsgrad zurück, aber nur mit einem gehörigen Abschlag. Denn diese Barren müssen eingeschmolzen werden, ehe sie weiterverkauft werden können. Auf der sicheren Seite sind Anleger überdies, wenn sie nur Barren mit einem Goldprägestempel von Heraeus, Umicore, Valcambi oder Perth Mint kaufen. Diese Firmen haben ein Zertifikat der Londoner Bullion Market Association (LBMA). Goldbarren gibt es in vielen Größen zwischen 1 Gramm und rund 12 Kilogramm.

Der Kauf von Goldbarren oder Goldmünzen in Kleinstgrößen von 10 Gramm oder gar 1 Gramm macht wirtschaftlich aber kaum Sinn, da hier der Unterschied zwischen An- und Verkaufspreis (Spread) sehr hoch ist. Im schlimmsten Krisenfall wäre man aber mit Goldmünzen vermutlich liquider, da man von großen Barren schlecht etwas abschneiden kann. Eine vernünftige Mischung dürfte daher meist angebracht sein.

Steuerfreie Veräußerungsgewinne möglich

Steuerlich hat der Kauf und Besitz von physischem Gold einen großen Vorteil: Wer seine Münzen oder Barren nach mindestens einem Jahr verkauft und dabei einen Gewinn erzielt, kann diesen ohne Abzug behalten. Anders als bei Fonds, Wertpapieren oder Zinsanlagen gibt

PHYSISCHES GOLD

Geeignet für Anleger zur Streuung des Anlagevermögens und als eine Art Risikoversicherung gegen Finanzmarktkatastrophen.

PRO

Gold ist anders als Papiergeld nicht vermehrbar und gilt seit Jahrtausenden als wertvoll und krisensicher. Goldbarren mit einem Feingoldgehalt von 99,99 Prozent oder gängige Anlagemünzen lassen sich problemlos zu Bargeld machen.

CONTRA

Der Goldpreis kann sehr stark schwanken. Für den vermeintlichen Inflationsschutz von Gold gibt es keine Garantie. Gold bietet keinen Ertrag in Form von Zinsen oder Dividenden.

Wo Sie Gold kaufen können

Kaufen Sie Gold am besten bei einem Edelmetallhändler vor Ort. Er wird mit hoher Wahrscheinlichkeit deutlich günstiger sein als die Hausbank. Wer Barren oder Münzen im Internet kauft, muss meist in Vorkasse gehen. Damit riskieren Sie, dass Sie Ihr Geld verlieren, wenn der Händler pleitegeht. Allerdings können Sie das Internet gut nutzen, um die Preise zu vergleichen. Die Unterschiede beim Aufgeld (Spread) können je nach Anbieter erheblich sein. Bei einem Kauf im Wert von 10 000 Euro sind oftmals über 100 Euro Ersparnis möglich.

Im Internet finden Sie bei seriösen Edelmetallhändlern wie Proaurum, Degussa oder Westgold Preislisten aller gängigen Münzen und Barren. Auf der Internetseite www.gold.de gibt es eine Übersicht von Händlern, deren Vertrauenswürdigkeit durch verschiedene Maßnahmen wie Testbestellungen, Fragebögen und persönliche Kontakte überprüft wurde und die zum Teil dem Berufsverband des deutschen Münzfachhandels angehören.

Bis zur Geldwäsche-Grenze von 14 999 Euro können Sie Gold in einer Bank kaufen, ohne dass Ihre Personalien registriert werden. Bei Goldhändlern beträgt die Grenze 9 999 Euro.

Wo Sie Gold aufbewahren sollten

Wer größere Mengen Gold (eine Unze sind nur 31,1 Gramm) zu Hause lagern möchte, sollte sich einen guten Tresor zulegen, den Einbrecher nicht unter den Arm klemmen und mitnehmen können. Die Alternative ist ein Bankschließfach, das je nach Größe zwischen 20

es für Gold keine Abgeltungsteuer auf Veräußerungsgewinne. Dafür können Anleger aber auch eventuelle Verluste, die sie bei einem Verkauf realisieren, steuerlich nicht geltend machen.

Vorsorge für den Schadensfall. Werden Wertsachen aus dem Bankschließfach gestohlen oder beschädigt, bekommen Sie diese von der entsprechenden Versicherung nur ersetzt, wenn Sie nachweisen können, was Sie im Schließfach deponiert hatten. Erstellen Sie daher eine Liste der im Fach gelagerten Sachen und heben Sie Kaufbelege auf. Fragen Sie die Bank, ob sie dafür spezielle Anforderungen stellt, und machen Sie am besten zusätzlich Fotos.

und einigen Hundert Euro pro Jahr kostet. Mitunter sind Schließfächer bei Banken in der Region schwer zu bekommen, da diese bereits alle vermietet sind oder nur an eigene Kunden vermietet werden. Bedenken Sie auch, dass Sie in einem Krisen- oder Katastrophenfall möglicherweise nicht gleich an Ihr Schließfach kommen. Wenn Sie Gold zur Vorsorge für solche Fälle kaufen, ist das Schließfach daher womöglich nicht der richtige Aufbewahrungsort.

Sofern Sie ein Schließfach mieten können und wollen, fragen Sie, ob im Mietpreis eine Versicherung enthalten ist, die im Falle eines Einbruchs oder Feuers zahlt. Bei einigen Banken ist der Inhalt des Faches nicht versichert. Sie können jedoch eine Versicherung dazukaufen oder den vorhandenen Schutz aufstocken, wenn Sie für jeden Fall gewappnet sein wollen.

Gold aus sauberem Abbau?

Der Abbau von Gold erfolgt häufig unter schrecklichen Umständen: Kinderarbeit, unmenschliche Arbeitsbedingungen, Umweltschäden, zerstörte Landschaften und kriegerische Auseinandersetzungen, die mit der Goldförderung finanziert werden.

Auch wenn sich viele Verbraucher mittlerweile Gedanken über die Herkunft ihrer Goldanlagen machen, ist das Bewusstsein bei den Goldkonzernen, Händlern und Banken noch nicht so stark ausgeprägt, dass Anleger sicher auf „sauberes" Gold ausweichen könnten. Auch die diversen Siegel und Zertifizierungen, mit denen die Goldbranche Vertrauen gewinnen will, treffen oft keine eindeutigen Aussagen bezüglich ethischer, ökologischer oder sozialer Standards der Goldgewinnung. Fragen Sie dennoch bei Ihren Banken und Händlern nach, unter welchen Bedingungen ihr Gold gewonnen worden ist.

Eine Alternative ist, gezielt Recyclinggold zu wählen. Damit fördern Sie zumindest nicht den Neuabbau und seine möglicherweise schädlichen Folgen für Umwelt und Menschen, und Sie unterstützen die Wiederverwertung des Edelmetalls.

Weitere Anlagemöglichkeiten mit Gold

Anleger müssen nicht physisches Gold kaufen, um an der Wertentwicklung des Goldpreises teilzunehmen.

GOLD-ETC

Geeignet für sehr erfahrene Anleger zur Streuung des Anlagevermögens und als eine Art Risikoversicherung gegen Finanzmarktkatastrophen.

PRO

Sie ermöglichen die Investition in Gold ohne Lagerproblem und Diebstahlrisiko. Gold-ETC können in der Regel werktäglich an den Börsen gehandelt werden.

CONTRA

Der Goldpreis kann sehr stark schwanken. Für den vermeintlichen Inflationsschutz von Gold gibt es keine Garantie.

Für Goldinvestoren gibt es verschiedene Anlageinstrumente, bei denen kein Lagerproblem besteht. Wer den Aufwand scheut oder Angst vor Diebstahl hat, kann Gold auch als Wertpapier kaufen.

Gold-ETC

Gold-ETC (Englisch: Exchange Traded Commodities – börsengehandelte Rohstoffe) sind Wertpapiere, die den Goldpreis genau nachzeichnen. Rechtlich handelt es sich bei ETC um Inhaberschuldverschreibungen, also ↗ Zertifikate. Sie haben daher grundsätzlich ein Emittentenrisiko: Bei einer Insolvenz des Herausgebers ist das Kapital der Anleger nicht gesichert. Dadurch unterscheiden sie sich von ETF, die rechtlich Investmentfonds sind und bei denen das Sondervermögen geschützt ist, wenn der Fondanbieter pleitegeht.

Um eine vergleichbare Sicherheit wie die Investmentfonds mit ihrem Sondervermögen bieten zu können, hinterlegen die Herausgeber der ETC Sicherheiten bei einem Treuhänder. So soll das Emittentenrisiko eingeschränkt werden. Edelmetall-ETC werden in der Regel mit den entsprechenden Edelmetallen besichert. Das heißt, der Emittent hinterlegt physische Edelmetalle und besichert damit die

Die wichtigsten mit Gold hinterlegten Wertpapiere

Gold wird in US-Dollar gehandelt. Euro-Anleger haben deshalb neben dem Kurs- auch ein Währungsrisiko. Bei ETC mit Währungsabsicherung können sie es ausschalten, dafür sind aber die Kosten dieser Produkte höher.

Name des Produkts	Emittent	Isin	Jährliche Kosten (Prozent)	Auslieferung in Barren möglich (1)
ETC ohne Währungsabsicherung				
Euwax Gold	Boerse Stuttgart Securities	DE 000 EWG 0LD 1	0,00	ja
Euwax Gold II	Boerse Stuttgart Securities	DE 000 EWG 2LD 7	0,00	ja
Xetra-Gold	Deutsche Börse Commodities	DE 000 A0S 9GB 0	0,36	ja
Gold Bullion Securities	Gold Bullion Securities	DE 000 A0L P78 1	0,4	ja
Xtrackers Physical Gold ETC	DB ETC	DE 000 A1E 0HR 8	0,25	nein
iShares Physical Gold ETC	iShares Physical Metals	IE 00B 4ND 360 2	0,24	nein
Source Physical Gold ETC	Invesco Physical Markets	DE 000 A1M ECS 1	0,24	nein
ETC mit Währungsabsicherung				
Xtrackers Physical Gold Hedged ETC	DB ETC	DE 000 A1E K0G 3	0,60 (2)	nein
ETFS EUR Daily Hedged Physical Gold	ETFS Hedged Metal Securities	DE 000 A1R X99 6	0,55 (2)	nein

(1) Die Kosten für die Auslieferung hängen vom Goldpreis, von der Stückelung und von weiteren Faktoren ab.
(2) Einschließlich der Kosten für Währungssicherung.
Quelle: Thomson Reuters, Produktinformationsblätter, eigene Recherche.

Stand: Februar 2019

Schuldverschreibung. Bei anderen Rohstoff-ETC werden zum Beispiel Wertpapiere hoher Bonität als Sicherheit hinterlegt.

Anleger sollten sich die Gold-Wertpapiere genau anschauen. An den Börsen sind etliche Gold-ETC gelistet, die sich auf den ersten Blick sehr ähneln. In ihrer Ausgestaltung unterscheiden sich die Papiere jedoch. Manche Zertifikate hebeln den Goldpreis und erhöhen damit das Verlustrisiko. Andere sind währungsgesichert; sie bilden den Goldpreis in Euro statt in US-Dollar ab. Viele Gold-ETC bilden den Goldpreis zwar nach, sind aber nicht mit echtem Gold besichert. Was wirklich passiert, wenn ein Emittent pleitegeht, der das ETC mit echtem Gold besichert hat, lässt sich nicht mit Sicherheit sagen. Wann bekommt der Anleger sein Geld zurück? Und bekäme er einen Geldbetrag ausbezahlt oder das hinterlegte Gold?

Die in der obigen ◤Tabelle aufgeführten ETC Euwax Gold, Euwax Gold II, Gold Bullion und Xetra-Gold sind mit Gold hinterlegt und bieten die Möglichkeit, sich das verbriefte Gold nach Hause liefern zu lassen. Wenn auf die Lieferung verzichtet wird, sind Kauf- und Verwahrkosten eines Gold-ETC günstiger als echte Goldbarren oder -münzen. Als Wertpapier sind sie leicht ins Depot integrierbar.

▶ Xetra-Gold

Ein Anteil Xetra-Gold bezieht sich auf ein Gramm des Edelmetalls. 95 Prozent werden in einem Tresor verwahrt, für den Rest bestehen Lieferansprüche. Der Herausgeber ist die Deutsche Börse Commodities, ein Gemeinschaftsunternehmen von Deutscher Börse,

fünf Banken und dem Goldhersteller Umicore. Die Deutsche Börse Commodities kümmert sich um den Verkauf von Xetra-Gold und das Hinterlegen mit Gold. Für Xetra-Gold hat der Bundesfinanzhof klargestellt, dass Finanzämter durch Verkauf des ETC realisierte Kursgewinne nach einem Jahr Haltedauer als steuerfrei behandeln müssen. Denn Xetra-Gold sei wegen der physischen Besicherung mit Gold und der Auslieferungsmöglichkeit steuerlich echtem Gold gleichgestellt. Wenn Anleger sich das verbriefte Gold liefern lassen, ist dies keine steuerpflichtige Veräußerung, da sich ihre wirtschaftliche Leistungsfähigkeit nicht geändert habe und sie weiterhin das Risiko eines fallenden Goldpreises tragen, so die BFH-Richter in einem anderen Urteil (IX R 33/17).

▶ Gold Bullion Securities

Der Gold Bullion Securities ETC wird von der Gold Bullion Securities Limited auf Jersey herausgegeben, einer Tochter der britischen Fondsgesellschaft ETF Securities. Wer dieses Gold-ETC kauft, kann sich den Gegenwert in Form von mindestens zehn britischen Goldmünzen „Britannia" oder 25 „Sovereigns" ausliefern lassen. Zur Orientierung: Ende April 2018 musste ein Anleger mindestens 10 866 Euro (10 Britannias) oder 6461 Euro (25 Sovereigns) in dem ETC angelegt haben, um eine physische Auslieferung der Münzen verlangen zu können. Dafür müsste er 4,5 Prozent Gebühren vom Kurswert bezahlen. Das Thüringer Finanzgericht bescheinigte auch dem Gold Bullion ETC die Steuerfreiheit für Kursgewinne nach einem Jahr, da der Emittent seinen Kun-

Gold-ETC mit Auslieferungsmöglichkeit

Diese Gold-ETC sind mit echtem physischen Gold hinterlegt. Banken und Herausgeber der Wertpapiere bieten auf Wunsch die Lieferung in Form von Goldbarren oder Goldmünzen nach Hause an.

Produkt und Isin	Emittent	Steuerfreier Verkauf nach einem Jahr	Kosten für Auslieferung (Euro)	Auslieferung in Form von … mit Mindestgröße von	Wert des hinterlegten Goldes (Millionen Euro)
Euwax Gold DE 000 EWG 0LD 1	Boerse Stuttgart Securities	Noch offen[1]	Keine[2]	Goldbarren: mindestens 100 Gramm	130
Gold Bullion Securities DE 000 A0L P78 1	Gold Bullion Securities Limited	Noch offen[1]	4,5 Prozent vom Kurswert	Goldmünzen: mindestens 10 Britannias oder 25 Sovereigns[3]	3 170
Xetra-Gold DE 000 A0S 9GB 0	Deutsche Börse Commodities	Ja	Ab 315[2]	Goldbarren: ab 1 Gramm möglich, keine Mindestgröße	2 430

1) Die Finanzverwaltung erkennt bisher nur die Steuerfreiheit bei Xetra-Gold für den Verkauf oder die Einlösung nach einem Jahr Haltefrist an. Für Gold Bullion Securities und Euwax Gold müssen das im Zweifel Gerichte entscheiden. 2) Versand innerhalb Deutschlands. 3) Auslieferung nur möglich, wenn die Depotbank des Kunden ein Konto bei einer Londoner Bank hat, die Mitglied bei der London Bullion Market Association (LBMA) ist. Weitere Kosten sind möglich. **Stand: 4. April 2016**

den grammgenaue Lieferansprüche gewähre. Endgültig wird dies der BFH im derzeit anhängigen Verfahren (Az. VIII R 7/17) entscheiden.

▶ Euwax-Gold

Euwax Gold, herausgegeben von der Börse Stuttgart Securities, ist ähnlich wie Xetra-Gold strukturiert. Er hat keine laufenden Kosten, dafür liegen An- und Verkaufskurs an der Börse weiter auseinander. Die Auslieferung des verbrieften Goldes ist kostenlos. Mit Auslieferungen erst ab 100 Gramm erfüllt der ETC nicht die Bedingungen für eine Gleichbehandlung mit physischem Gold, sodass realisierte Kursgewinne unabhängig von der Haltedauer abgeltungsteuerpflichtig sind. Der neue Euwax-Gold II ETC soll hingegen die Vorgaben des BFH für die Steuerfreiheit nach einem Jahr erfüllen

Physisches Gold mit WKN und Goldkonten

Die Consorsbank bietet in Zusammenarbeit mit dem Goldhändler Proaurum die Möglichkeit, über die Ordermaske des Wertpapierdepots Goldmünzen und -barren wie ein Wertpapier zu kaufen und verkaufen. Jede Münze oder jeder Barren im Angebot der Bank ist dazu mit einer eigenen Wertpapierkennnummer (WKN) versehen. Mit dem Kauf wird der Anleger rechtlicher Eigentümer eines Barrens oder einer Münze mit einem definierten Gewicht und vermeidet dadurch das bei Gold-ETC bestehende Emittentenrisiko. Das erworbene Gold wird in einem Hochsicherheitstresor bei Proaurum gegen eine Gebühr von 0,6 Prozent jährlich verwahrt. Anleger können sich das Gold auch ausliefern lassen. Dann entfällt aber die Handelsmöglichkeit über das Depot.

Einige Sparkassen bieten sogenannte Goldkonten, über die sich Käufe und Verkäufe von Gold in standardisierter Form wie Anlagemünzen oder Barren abwickeln lassen. Anleger haben auch hier einen Auslieferungsanspruch.

Beteiligung an Goldminen

Eine Möglichkeit, indirekt an der Entwicklung des Goldpreises teilzuhaben, ist ein Investment in Aktien eines Goldminen-Betreibers. Deren Kurse schwanken jedoch noch stärker als der Goldpreis, da noch viele weitere Faktoren den Wert der Aktien bestimmen, etwa die allgemeine Entwicklung des Aktienmarktes und die wirtschaftliche Situation des Unternehmens. Hinzu kommt oft ein Währungsrisiko: Viele Minenaktien sind in US-Dollar notiert, Anleger aus Euroland kaufen die Aktien aber in Euro. Fällt der Dollar, machen sie Verlust. Kaufen Anleger Goldfonds, die in verschiedene Goldminenaktien investieren, ist wegen der breiteren Streuung ein Totalverlust eher unwahrscheinlich. Allerdings sind die Wertschwankungen oft genauso groß wie bei einzelnen Goldminenaktien.

Aufgrund des hohen Risikos sollten Goldminenaktien oder Goldfonds immer nur als Beimischung dienen und zusammen mit anderen Goldanlagen (physisch oder als ETC) maximal 10 Prozent des Anlagevermögens ausmachen.

Mit Zertifikaten in Einzelrohstoffe anlegen

Gold kann man ins Bankschließfach legen, bei Silber ist das schon schwieriger, da schon für 10 000 Euro einige Kilogramm Silber zusammenkommen. Für Öl oder Nahrungsmittel bräuchten Anleger riesige Tanks oder Kühlhäuser.

Früher war der Handel mit Rohstoffen vor allem professionellen Anlegern und Händlern an den internationalen Terminmärkten vorbehalten. Beim Terminhandel schließen zwei Parteien einen Terminkontrakt (das heißt einen standardisierten Future-Vertrag über die Terminbörse). Dieser verpflichtet die Vertragspartner, eine bestimmte Menge eines Rohstoffs zu einem festgelegten Preis an einem vereinbarten Abwicklungsort und zu einem festgelegten Datum zu liefern beziehungsweise zu übernehmen. Der Terminhandel diente ursprünglich dazu, dass Landwirte ihre Ernte im Voraus „auf Termin" verkaufen konnten, um sich auf diese Weise gegen Preisschwankungen abzusichern.

Neue Anlagevehikel wie Exchange Traded Commodities (ETC) und Rohstoffzertifikate ermöglichen es heutzutage auch Kleinanlegern, in Rohstoffe zu investieren, ohne selbst die Rohstoffe lagern zu müssen. Daneben bieten Futures, CFD und Optionsscheine Anlagemöglichkeiten für erfahrene Anleger und Trader. Wegen der starken Preisschwankungen sollten Anleger Rohstoffe aber stets nur als Beimischung im Rahmen eines breit gestreuten Anlagevermögens ansehen.

Die infrage kommenden Rohstoffe kann man wie folgt kategorisieren:
- Metallmärkte (zum Beispiel Gold, Silber, Platin, Kupfer)
- Energiemärkte (zum Beispiel Erdöl, Heizöl, Erdgas)
- Getreidemärkte (zum Beispiel Weizen, Soja, Mais, Reis)
- Scfts-Märkte (zum Beispiel Kaffee, Zucker, Kakao, Baumwolle)
- Fleischmärkte (zum Beispiel Mast-Rind, Lebend-Rind, Schweinebäuche)

Was bestimmt den Wert von Rohstoffzertifikaten?

Statt spezieller Zertifikate-Konstruktionen mit festen Laufzeiten und Zusatzbedingungen (wie zum Beispiel Discount-, Bonus- und Expresszertifikate) bieten sich für Anleger, die einen bestimmten Prozentsatz ihres Anlagevermögens in Rohstoffe investieren wollen, eher Partizipationszertifikate (Indexzertifikate) mit unbegrenzter Laufzeit an, die den Preis des Rohstoffs einfach nachzeichnen. Auf Rohstof-

ROHSTOFF-ZERTIFIKATE UND -ETC

Nicht geeignet für Kleinanleger. Allenfalls für sehr erfahrene, spekulative Anleger geeignet, die auf die Wertentwicklung bestimmter Rohstoffe wetten wollen.

PRO

Rohstoff-Zertifikate und -ETC ermöglichen Investitionen in einzelne Rohstoffe, ohne diese selbst lagern zu müssen. Sie können in der Regel werktäglich an den Börsen gehandelt werden.

CONTRA

Rohstoffpreise schwanken stark, hohe Verluste sind möglich. Rohstoffe bieten keine Verzinsung. Da die Kurse der Zertifikate und ETC von den Rohstoff-Futures abgeleitet sind, ist die Wertentwicklung zudem häufig schwer nachvollziehbar.

findizes gibt es auch ETF. Da Rohstoffe weltweit grundsätzlich in US-Dollar gehandelt werden, können sich bei den auf Euro lautenden Zertifikaten Währungskursgewinne oder -verluste ergeben. Wollen Anleger dies ausschließen, können sie sogenannte Quanto-Zertifikate kaufen, bei denen die Herausgeber die Währungsrisiken eliminieren. Die Kosten für die Absicherung reichen die Anbieter natürlich an die Anleger weiter, weshalb bei Quanto-Varianten die Renditechancen verringert sind.

Anders als bei Gold- und Edelmetall-ETC entwickeln sich Zertifikate auf andere Rohstoffe wie beispielsweise Öl oder Getreide nicht genau wie ihr Basiswert. Denn während sich die Kurse bei Zertifikaten auf Edelmetalle an den aktuellen Marktpreisen (Spot- oder Kassamarkt) orientieren, beziehen sich die Kurse bei diesen Zertifikaten auf den Preis eines Terminkontrakts, englisch Future. Dafür werden in der Regel die nächstfälligen Futures herangezogen, da diese die höchste Liquidität aufweisen, also am meisten gehandelt werden.

Um die tatsächliche physische Lieferung des Rohstoffs zu vermeiden, muss der Emittent des Zertifikats den Future-Kontrakt, der ihm zugrunde liegt, kurz vor Fälligkeit verkaufen und den nächstfälligen Kontrakt kaufen. Da sich der Verkaufserlös des alten und der Kaufpreis des neuen Futures meist unterscheiden, kann es beim Zertifikat zu sogenannten Rollverlusten oder -gewinnen kommen. Wenn der aktuelle Kurs eines Rohstoffs über dem zukünftigen Terminkurs liegt, spricht man von Backwardation und es entsteht ein Rollgewinn. Gibt es im umgekehrten

Fall einen Rollverlust, spricht man von Contango.

Rollverluste und -gewinne bei Rohstoffzertifikaten

Contango = aktueller Marktpreis eines Rohstoffs < Terminpreis (Liefertermin in der Zukunft) des Rohstoffs
Backwardation = aktueller Marktpreis eines Rohstoffs > Terminpreis (Liefertermin in der Zukunft) des Rohstoffs

Entscheidend für die Entwicklung eines Zertifikats auf einen Rohstofffuture ist daher nicht nur die Entwicklung des Marktpreises, sondern auch die im Future-Kontrakt ausgedrückte Markterwartung. Vermeiden lassen sich Rollverluste bei Zertifikaten mit fester Laufzeit, bei denen während der Laufzeit kein „Rollen" von einem in den anderen Future notwendig ist. Dafür reagieren diese Zertifikate auf Preissteigerungen des Rohstoffs während der Laufzeit weniger, wenn die Laufzeit des Zertifikats noch länger ist.

Silber, Platin und Palladium

Silber hat ähnlich wie Gold in verschiedenen Kulturen eine jahrhundertelange Tradition als Zahlungs- und Wertaufbewahrungsmittel. Im Gegensatz zu Gold ist es darüber hinaus auch als Werkstoff in der Industrie wichtig. Allerdings unterliegt der Silberpreis extremen Wertschwankungen. Wie die ✈ Grafik „Das Auf und Ab des Silberpreises" zeigt, bewegte sich der Silberpreis bis 2004 fast gar nicht. Danach stieg er vor allem nach der Finanzkrise ab 2009 extrem an und stürzte dann ähnlich stark ab. Als Industriemetall hängt sein Preis auch stark von der Konjunktur ab.

Anleger, die Silbermünzen oder -barren kaufen, müssen beim Kauf seit dem 1. Januar 2014 zusätzlich 19 Prozent Umsatzsteuer zahlen. Viele Händler nutzen inzwischen jedoch die Möglichkeit der sogenannten Differenzbesteuerung (Margenbesteuerung), wodurch Silbermünzen, die aus Nicht-EU-Ländern importiert werden, dem Endkunden günstiger angeboten werden können. Das betrifft die meisten gängigen Anlagesilbermünzen wie den „Kookaburra" und den „Koala" aus Australien, den „Maple Leaf" aus Kanada sowie den American „Eagle" aus den USA. Durch die Differenzbesteuerung zahlen Anleger letztlich weiterhin 7 Prozent Umsatzsteuer auf ihren Kauf. Dieser Steuersatz galt vor 2014.

Das Aufgeld beim Silberkauf ist im Vergleich zu Gold oftmals sehr hoch. Weil es weniger wert ist, müssen Anleger größere Mengen davon verwahren – was wiederum zu höheren Schließfachkosten führen kann. Daher sollten Anleger, die vor allem auf Wertsteigerungen beim Silber setzen wollen, Zertifikate oder ETC vorziehen, die den Silberpreis abbilden. Diese Papiere haben oft überhaupt keine laufenden Verwaltungskosten und eine sehr geringe Handelsspanne (Spread). Realisierte Kursgewinne sind allerdings immer steuerpflichtig, im Gegensatz zum physischen Silber, das nach einem Jahr steuerfrei veräußert werden kann.

Neben Zertifikaten, die den Preis einer Feinunze Silber in Euro wiedergeben, gibt es auch

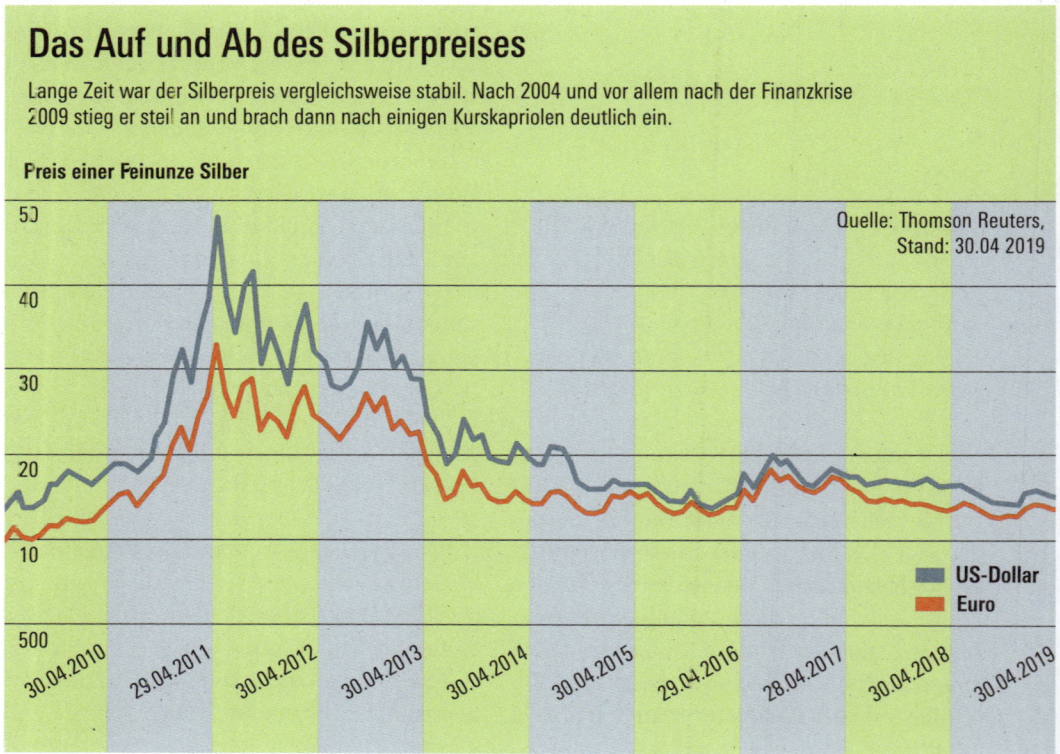

Das Auf und Ab des Silberpreises

Lange Zeit war der Silberpreis vergleichsweise stabil. Nach 2004 und vor allem nach der Finanzkrise 2009 stieg er steil an und brach dann nach einigen Kurskapriolen deutlich ein.

Preis einer Feinunze Silber

Quelle: Thomson Reuters, Stand: 30.04 2019

US-Dollar
Euro

50
40
30
20
10
500

30.04.2010 29.04.2011 30.04.2012 30.04.2013 30.04.2014 30.04.2015 29.04.2016 28.04.2017 30.04.2018 30.04.2019

Produkte, die den US-Dollarpreis abbilden, also in der Währung, in der es an der Börse notiert ist. Damit lassen sich Währungsschwankungen vermeiden.

Platin ist das wertvollste Edelmetall. Es ist seltener als Gold und Silber und wird in viel geringeren Mengen gewonnen. Es wird zur Schmuckherstellung sowie in der Chemie- und Elektronikindustrie genutzt. Insbesondere bei Dieselmotoren wird es in der Katalysatortechnik benutzt.

Das silberweiß glänzende Palladium ist ebenfalls sehr selten, kommt aber häufiger vor als Gold und Platin. Rund 80 Prozent der weltweiten Produktion kommen aus Russland und Südafrika. Die chemischen Eigenschaften von Palladium sind ähnlich wie die von Platin. Die Preise von Platin und Palladium werden stark von der industriellen Nachfrage, der Furcht vor Lieferengpässen und Spekulationen bestimmt.

Noch keine Reserve

Auch wenn Platin und Palladium einen hohen Eigenwert haben, konnten sie sich bisher nicht als Reserve für Krisenzeiten gegenüber Gold und Silber durchsetzen. Anleger, die diese Edelmetalle dennoch dafür nutzen wollen, finden bei Edelmetallhändlern Münzen und Barren. Zertifikate auf den Platin- oder Palladiumpreis werden meist eher zur kurzfristigen Spekulation genutzt.

Erdöl

Wie unvorhersehbar Rohstoffpreise sein können, hat sich Mitte 2014 beim Erdölpreis gezeigt. Als jeder mit immer weiter steigenden Preisen rechnete, da die Ölvorkommen endlich sind, stürzte der Preis um bis zu 75 Prozent ab und betrug zwischenzeitlich nur noch unter 30 Dollar je Barrel (Fass mit rund 160 Litern Inhalt), statt zuvor um die 110 Dollar.

Anleger können über Zertifikate auf die Sorten Nordseeöl (Brent Crude Oil) oder WTI Light Crude Oil setzen. Aber Vorsicht: Steigende Ölpreise bedeuten nicht automatisch steigende Zertifikatepreise. Da die Bank, die das Zertifikat herausgibt, kein Öl geliefert haben will, muss sie fortlaufend alte Futures in neue tauschen (rollen). Dabei können Rollverluste entstehen. Sie können sogar so hoch sein, dass sie den Gewinn aus einem gestiegenen Spotmarktpreis für Öl übersteigen. Anleger erleiden dann Verluste, obwohl sie die Entwicklung des Basiswertes richtig eingeschätzt haben.

Industriemetalle und Agrarrohstoffe

Auch im Bereich der Industriemetalle und Agrarrohstoffe können Anleger unter anderem mit ETC auf eine Vielzahl von Rohstoffen setzen. Für die meisten Rohstoffe gibt es hier ETC-Produkte am Markt. Auf Rohstoffindizes werden auch ETF angeboten, die wie die anderen Zertifikate in Futures investieren.

> **Um die ethische Vertretbarkeit von Anlagen im Bereich der Agrarrohstoffe wie Weizen, Reis und Mais gibt es lebhafte Diskussionen.**

Neben einfachen Indexzertifikaten gibt es eine Vielzahl von Produkten, die zusätzlich spezielle Strategien verfolgen, wie zum Beispiel eine gehebelte (leveraged) Teilnahme an den Auf- und Abwärtsbewegungen des Futures oder Short-Strategien, deren Wertentwicklung umgekehrt zum Basiswert erfolgt.

Um die ethische Vertretbarkeit von Anlagen im Bereich der Agrarrohstoffe wie Weizen, Reis und Mais gibt es lebhafte Diskussionen, die durch eine im Oktober 2011 veröffentlichte Studie „Die Hungermacher" der Organisation Foodwatch ausgelöst wurden. Die einen machen vor allem Spekulanten für die steigenden Agrarrohstoffpreise und damit letztlich für wachsenden Hunger bei den Ärmsten der Welt verantwortlich, andere argumentieren, dass der größte Teil der an den Terminbörsen gehandelten Kontrakte auf Agrarrohstoffe die

Beispiele für an den Terminmärkten gehandelte Rohstoffe

Neben Öl, Gas und Edelmetallen werden an den Terminmärkten auch folgende „exotischere" Rohstoffe gehandelt.

Industriemetalle	Agrarrohstoffe (Getreidemärkte)	Agrarrohstoffe (Softs- und Fleisch-Märkte)
Kupfer	Mais	Kaffee
Aluminium	Weizen	Zucker
Blei	Sojabohnen	Kakao
Zink	Sojaöl	Orangensaft
Nickel	Sojamehl	Baumwolle
Zinn	Reis	Bauholz
		Mast-Rind
		Lebend-Rind
		Mageres Schwein

gestiegene Nachfrage nachbildet. Diese Nachfrage werde vor allem vom Bevölkerungswachstum und von der Zunahme von Biokraftstoffen angetrieben. Auch die heftigeren Wetterextreme durch die weltweite Klimaveränderung hätten weit mehr Auswirkungen auf das Angebot und damit den Preis von Agrarrohstoffen als Spekulationen von Anlegern. Beide Positionen sind nachvollziehbar.

Zumindest die Lagerung von Nahrungsmitteln dürfte den Preis beeinflussen, denn dadurch verknappt sich das Angebot. Es gibt Banken, die Lagerhäuser besitzen oder an Lagerhausgesellschaften beteiligt sind. Wenn Anleger Zertifikate kaufen, horten sie zumindest keine Nahrungsmittel, sondern wetten darauf, ob der Preis von Weizen, Mais oder Soja in der Zukunft steigt. Sie müssen letztlich selbst entscheiden, ob Sie es mit Ihrem Gewissen vereinbaren können, im Bereich der Agrarrohstoffe und hier speziell der Grundnahrungsmittel anzulegen. In Deutschland sind einige Banken und Fondsgesellschaften dazu übergegangen, keine börsennotierten Produkte auf Grundnahrungsmittel mehr aufzulegen.

In Rohstoffindizes investieren

Eine breitere Streuung und damit geringere Risiken als Investments in Einzelrohstoffe versprechen Anlagen in Rohstoffindizes. Die Palette an börsengehandelten Zertifikaten und Fonds ist groß.

Rohstoffpreise unterliegen großen Schwankungen und mitunter langen Auf- oder Abwärtstrends. Neben Wetterbedingungen bei den Agrarrohstoffen und Förderquoten bei anderen Rohstoffen wirken sich politische Entwicklungen oder Lagerbestände in wichtigen Exportländern immer wieder stark auf den Preis eines Rohstoffes aus. Statt in Einzelrohstoffe empfiehlt es sich daher für die meisten Anleger, in breit gestreute Rohstoffindizes oder Rohstoffkörbe zu investieren. Auch bei Rohstoff-Indexzertifikaten und Rohstoff-ETF gibt es das Risiko von Währungsverlusten, das Anleger mit Quanto-Papieren ausschließen können.

Verschiedene Anbieter haben Indizes auf Rohstoffe und Rohstoffkörbe entwickelt, die sich mehr oder weniger stark unterscheiden. Anleger können die verschiedenen Schwerpunkte der Preisbarometer für sich nutzen. Die wichtigsten breiten Indizes sind der S&P Goldman Sachs Commodity Index (S&P GSCI), der Rogers International Commodity Index (RICI), der Thomson Reuters Jefferies CRB (TRJ/CRB) Index und der Bloomberg Commodity Index. Sie unterscheiden sich vor allem in ihrer Zusammensetzung und ihrer Methode zur Neugewichtung einzelner Rohstoffe (⚑ Grafik „Rohstoffindizes und ihre Gewichtung").

S&P Goldman Sachs Commodity Index (S&P GSCI)

Der S&P Goldman Sachs Commodity Index (S&P GSCI) ist der weltweit am meisten genutzte und wohl bekannteste Rohstoffindex. Er spiegelt die Entwicklung von 24 Rohstoff-Futures wider, die eine ausreichend hohe Liquidität aufweisen müssen. Seine Gewichtung richtet sich nach der durchschnittlichen Weltproduktion der letzten fünf Jahre. Der Anteil der Energierohstoffe, vor allem von Erdöl, ist daher bei diesem Index besonders hoch. Einmal jährlich wird die Gewichtung der Rohstoffe im Index überprüft.

Für die einzelnen Sektoren Energie, Edelmetalle, Industriemetalle und Agrargüter gibt es auch eigene Subindizes, in denen dann jeweils nur die Rohstoffe dieser Sektoren abgebildet werden. Daneben gibt es noch verschiedene Unterindizes des S&P GSCI, bei denen der Anteil der Energieträger unterschiedlich stark reduziert ist (Reduced-, Light-, Ultra-Light- und Non-Energy Index). Diese Indizes bieten sich an, wenn Anleger die Übergewichtung der Energieträger im Hauptindex vermeiden wollen.

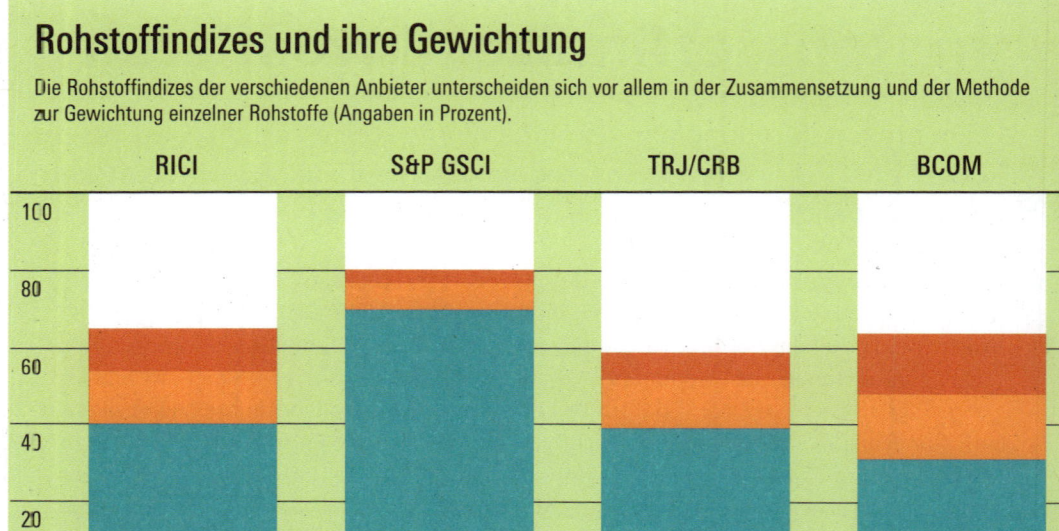

Rohstoffindizes und ihre Gewichtung

Die Rohstoffindizes der verschiedenen Anbieter unterscheiden sich vor allem in der Zusammensetzung und der Methode zur Gewichtung einzelner Rohstoffe (Angaben in Prozent).

RICI   S&P GSCI   TRJ/CRB   BCOM

■ Energie   ■ Industriemetalle   ■ Edelmetalle   □ Agrargüter

Rogers International Commodity Index (RICI)

Der Rogers International Commodity Index (RICI) wurde 1998 von der Investmentlegende Jim Rogers ins Leben gerufen. Sein Index weist mit derzeit 37 Einzelrohstoffen die breiteste Abdeckung von unterschiedlichen Rohstoffen auf. Die Gewichtung der einzelnen Positionen orientiert sich an deren Bedeutung im weltweiten Verbrauch und Handel. Die Zusammensetzung des Index wird jährlich von einem Indexkomitee überprüft.

Es werden drei Subindizes zum RICI angeboten, bei denen sich die Gewichtung der Rohstoffe nach dem jeweiligen Rohstoffanteil im RICI im Verhältnis zum Gesamtgewicht des Sektors im RICI richtet.

Beispiel: Der Anteil der Industriemetalle im RICI beträgt 14 Prozent, wovon Aluminium 4 Prozent ausmacht. Im Subindex RICI-IM (Industrial Metals) beträgt die Gewichtung von Aluminium daher (4 Prozent / 14 Prozent =) 28,57 Prozent.

Weitere Subindizes des RICI sind Agrar (RICI-A), Energie (RICI-E), Metalle (RICI-M) und Edelmetalle (RICI-PM).

Thomson Reuters Jefferies CRB (TRJ/CRB) Index

Der Thomson Reuters Jefferies CRB (TRJ/CRB) Index geht auf den ältesten Rohstoffindex, den

1957 erstmals berechneten CRB Index, zurück. Die Berechnungsmethode des Index wurde 2005 umgestellt. Er bildet 19 unterschiedlich stark gewichtete Rohstoffe ab, die monatlich so umgeschichtet werden, dass wieder das Ausgangsverhältnis erreicht wird. Die Agrarrohstoffe sind im TRJ/CRB Index stärker gewichtet als in den anderen großen Rohstoffindizes. Die ursprüngliche Form des CRB Index läuft unter der Bezeichnung Continuous Commodity Index (CCI, auch Old CRB Index) weiter.

Bloomberg Commodity Index (BCOM)

Der Bloomberg Commodity Index (ursprünglich DJ AIG Commodity Index, von 2009 bis 2014 Dow Jones-UBS Commodity Index, kurz DJ-UBSCI) beinhaltet 22 Rohstoffe. Der Anteil einzelner Rohstoffe muss mindestens 2 Prozent ausmachen und darf höchstens 15 Prozent betragen. Der Anteil eines einzelnen Rohstoffsektors ist auf maximal 33 Prozent beschränkt, wobei der Index in sechs Gruppen unterteilt ist. Das ist in der ✈ Grafik „Rohstoffindizes und ihre Gewichtung" vereinfacht dargestellt. Den Agrargütern sind in der Grafik die beiden Gruppen Softs (Zucker, Kaffee, Baumwolle) und Livestock (Lebendrind, Schweine) zugeschlagen. Weil ein Rohstoffsektor auf maximal 33 Prozent beschränkt ist, ist der Anteil an Energierohstoffen beim BCOM geringer als bei den anderen Indizes. Erdöl allein kann maximal mit 15 Prozent gewichtet sein.

Rohstoffindizes in unterschiedlichen Varianten

Viele Rohstoffindizes werden in verschiedenen Varianten angeboten.

→ Ein Spot Return Index zeigt den aktuellen Preis eines Rohstoffes in seinem am nächsten liegenden Liefermonat an. Rollgewinne und -verluste, die bei der Abbildung eines Index über Futures entstehen, werden nicht berücksichtigt. Dieser Index ist allerdings nicht direkt investierbar.

→ Ein Excess Return Index hingegen berücksichtigt diese sogenannte Rollperformance. In Zeiten, in denen die Rollgewinne die Rollverluste überwiegen, entwickelt sich der Excess Return Index grundsätzlich besser als der Spot Return Index.

→ Ein Total Return Index rollt ebenfalls den Rohstoff aus dem aktuellen in den nächsten Liefermonat und berücksichtigt die Rollperformance. Darüber hinaus berücksichtigt ein Total Return Index, dass beim Kauf eines Rohstoff-Futures nur die sogenannte Margin hinterlegt werden muss. Der Zertifikateanbieter kann den vom Anleger des Zertifikats erhaltenen, über die Margin hinausgehenden Geldbetrag verzinslich anlegen. Die daraus resultierenden Zinseinnahmen werden bei der Berechnung des Total Return Index berücksichtigt.

30
SEKUNDEN FAKTEN

90 %
des verarbeiteten Erdöls werden als Energielieferant für Autos, Heizung etc. verbraucht. 10 % finden sich als chemische Stoffe in Alltagsprodukten.

26 %
des Benzinpreises ist vom Rohstoffpreis abhängig (Stand: Januar 2019). Hingegen entfallen 62 % auf Steuern und Abgaben. 12 % ist der Kostenanteil und Deckungsbeitrag der Mineralölkonzerne.

15,4
Milliarden Liter Erdöl wurden Ende 2016 täglich verbraucht. Die größten Verbraucherländer sind die USA (19,7 %) und China (12,9 %).

Optimierte Rohstoffindizes

Indexanbieter versuchen mittlerweile auch, mit speziell konstruierten Indizes Rollverluste zu minimieren und Rollgewinne möglichst zu maximieren, die bei der Abbildung der Indizes über Rohstoff-Futures entstehen. Eine Möglichkeit dazu ist, in Futures mit längerer Laufzeit zu investieren, da damit seltener ein Austauschen (Rollen) der Futures nötig ist. Eine andere Methode ist, statt nur in den nächstfälligen Future in Futures verschiedener Laufzeiten entlang der gesamten Futures-Kurve zu investieren. Diese sogenannten Curve-Indizes folgen bei der Auswahl der Futures und der Rollmethode einem vorher festgelegten Regelwerk. Eine wiederum etwas andere Methode verfolgen sogenannte Enhanced-Rohstoffindizes. Bei diesen sind die Rollmethode und die Laufzeiten der Futures nicht von vornherein festgelegt, sondern werden anhand eines vorgegebenen Algorithmus berechnet. Enhanced Indizes laufen auch unter der Bezeichnung „Optimum Yield" (OY).

Mit ETF und aktiven Fonds in Rohstoffe investieren

Anleger können auch aktiv und passiv gemanagte Investmentfonds für ihre Rohstoffinvestments nutzen. Das ist grundsätzlich sicherer als die Anlage in Rohstoffzertifikate.

Nach europäischem Recht dürfen Investmentfonds nicht oder nur in bestimmten Grenzen in einzelne Rohstoffe anlegen. Daher können Anleger in Einzelrohstoffe nicht über Fonds und ETF investieren. Anlagen in Rohstoffindizes sind aber möglich, da dabei der Grundsatz der Risikostreuung gewahrt wird.

Hier bieten ETF (Indexfonds) gegenüber den Zertifikaten den Vorteil, dass kein Emittentenrisiko besteht. Das heißt, das Fondsvermögen bleibt unangetastet, falls die Fondsgesellschaft Insolvenz anmeldet. ETF auf Rohstoffindizes kaufen keine Rohstoff-Futures, um die Entwicklung der Rohstoffe im Index nachzubilden. Sie arbeiten stattdessen mit ✈Swap-Konstruktionen. Dabei kauft der ETF ein beliebiges Aktienportfolio und stellt über eine Tausch-Vereinbarung (Swap-Geschäft) mit einer großen Bank sicher, dass die Rendite des Aktienportfolios gegen die Entwicklung des Rohstoff-Index getauscht und damit nachgebildet wird. Rohstoff-ETF gibt es mittlerweile auf diverse Indizes und Subindizes.

Neben Rohstofffonds gibt es auch ETF, die die Entwicklung eines Korbes von Rohstoffaktien widerspiegeln. So bildet beispielsweise der Amex Gold Bugs Index die Wertentwicklung der 15 größten Goldminenbetreiber nach. Der Dow Jones Stoxx 600 Basic Resources Index orientiert sich an der Wertentwicklung der größten europäischen Unternehmen im Bereich Grundstoffe.

Anleger müssen sich aber dessen bewusst sein, dass sich Aktien von Energie- und Rohstoffunternehmen und Rohstoffpreise nicht zwangsläufig immer in die gleiche Richtung bewegen.

Wer die Auswahl von vielversprechenden Rohstoffaktien nicht selbst übernehmen will, kann dies Profis überlassen und auf aktiv gemanagte Investmentfonds setzen. Anleger sollten bei Rohstofffonds auf deren Schwerpunkte achten. Häufig konzentrieren sich die Fondsmanager vor allem auf ein Thema, vor allem Öl (Energy) oder Metall (Metals and Mining).

Rohstofffonds und -ETF finden

→ ETF auf Rohstoffindizes finden Sie unter anderem auf der Internetseite der Börse Stuttgart (www.boerse-stuttgart.de). Klicken Sie hier auf „Tools & Services" und dann auf den „ETF-Finder". Wenn

ROHSTOFFFONDS UND -ETF

Geeignet für erfahrene Anleger, die ihr Anlagevermögen mit Rohstoffen streuen wollen und auch hohe Verluste verkraften können.

PRO

Mit Rohstofffonds sind hohe Gewinne (aber auch Verluste) möglich. Sie sind juristisch Sondervermögen, das Geld der Anleger ist also bei einer Pleite der Fondsgesellschaft geschützt.

CONTRA

Rohstoffpreise schwanken stark. Rohstoffe bringen weder Zinsen noch Dividenden. Fonds und ETF auf Rohstoffe sind daher riskant. Fonds auf Unternehmen im Rohstoffbereich weisen auch ein Aktienrisiko auf.

Sie in diesem ETF-Finder unter „Sektor/Branche" „Rohstoffe" auswählen, bekommen Sie die dort handelbaren ETF auf Rohstoffindizes angezeigt. Wenn Sie dann mit Ihrem Cursor über die angezeigten Wertpapierkennnummern der ETF fahren, erhalten Sie Kurzinformationen zu den einzelnen Werten.

→ Unter www.boerse-frankfurt.de/etp/etfs können Sie sich die an der Börse Frankfurt handelbaren Rohstoff-ETF anzeigen lassen.

→ Auch in der Fondsdatenbank der Stiftung Warentest (www.test.de/fonds) können Sie Rohstofffonds und -ETF nach verschiedenen Kriterien sortieren und auswählen.

Rohstoff-ETF ohne Nahrungsmittel

Wer auf Rohstoffe setzen will, aber Nahrungsmittel ausschließen möchte, muss ETF wählen, die den Zusatz „ex-Agriculture" tragen. Hier gibt es derzeit nur wenige Produkte. Alternativ können Anleger auch Einzelindizes kombinieren, zum Beispiel je einen auf Edel- und Industriemetalle sowie Energieträger.

Mischfonds und Rohstoff-Pantoffel

Anleger, die sich nicht ständig um ihre Anlagen kümmern wollen, aber auch einen Rohstoff-Anteil wünschen, können auch in Mischfonds investieren, die einen Rohstoff-Anteil halten. Denn diese Fonds dürfen neben Aktien und Anleihen auch in Rohstoffe investieren. Einer der bekanntesten Mischfonds, der FvS Multiple Opportunities, investiert beispielsweise 10 bis 15 Prozent seines Vermögens in Gold und sieht dieses als Versicherung gegen Extremrisiken. Der ARERO Weltfonds inves-

Der Rohstoff-Pantoffel von Finanztest

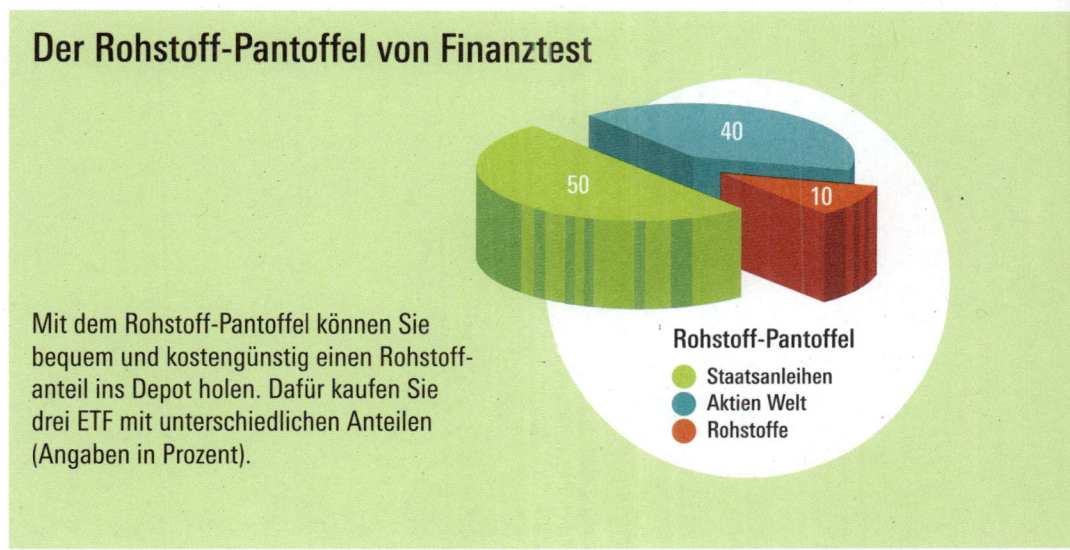

Mit dem Rohstoff-Pantoffel können Sie bequem und kostengünstig einen Rohstoffanteil ins Depot holen. Dafür kaufen Sie drei ETF mit unterschiedlichen Anteilen (Angaben in Prozent).

Rohstoff-Pantoffel
- Staatsanleihen
- Aktien Welt
- Rohstoffe

tiert über die Abbildung verschiedener Indizes (Aktien: MSCI Pazifik, Europa, Nordamerika, Schwellenländer; Renten: iBoxx Euro Sovereign; Rohstoffe: Bloomberg Commodity Index) in die Anlageklassen weltweite Aktien (A), europäische Renten (RE) und Rohstoffe (RO). Zum jährlichen Rebalancierungstermin des Fonds beträgt die Gewichtung von Aktien 60 Prozent, von Renten 25 Prozent und von Rohstoffen 15 Prozent. Die Rohstoffkomponente deckt die Warengruppen Energie, Edel- und Industriemetalle sowie Agrarrohstoffe und Lebendvieh ab.

Die Rendite vieler Mischfonds ist aber unterdurchschnittlich. Daher müssen Anleger bei der Auswahl genauer hinschauen. Eine kostengünstige, einfache und langfristig erfolgversprechende Möglichkeit für ein gestreutes

Anlageportfolio mit Rohstoffen ist der Rohstoff-Pantoffel der Stiftung Warentest. Anleger, die für eine längere Zeit, etwa zehn Jahre, breit gestreut und bequem anlegen wollen, kaufen dazu drei ETF: einen Renten-ETF auf europäische Staatsanleihen, einen weltweit orientierten Aktien-ETF und einen Rohstoff-ETF. Die Gewichtung eines ausgewogenen Pantoffel-Portfolios beträgt 50 Prozent Staatsanleihen, 40 Prozent Aktien Welt und 10 Prozent Rohstoffe (⚐Grafik „Der Rohstoff-Pantoffel von Finanztest").

▶ Welche ETF die Stiftung Warentest aktuell dafür empfiehlt, können Sie gegen eine geringe Gebühr unter www.test.de/pantoffel portfolio nachsehen.

Beteiligungen

Geschlossene Fonds werden von Banken und Finanzvertrieben als „klassische Sachwerte" angeboten. In der Praxis haben sich bisher aber nur wenige als gute Geldanlage erwiesen. Noch relativ jung sind Crowdinvesting und Bürgerbeteiligungen, bei denen neben der Rendite auch der „Sozialnutzen" ein Anlagegrund sein kann.

Crowdfunding

Bei manchen Anlegern steht der Renditewunsch an zweiter Stelle. Sie wollen gemeinwohlorientiert investieren oder neue Ideen voranbringen. Andere möchten diese Ziele mit höheren Renditen verbinden.

Viele gute Ideen ließen sich früher nicht realisieren, weil das Geld fehlte und eine Finanzierung über Bankkredite nicht möglich war. Das hat sich in den letzten Jahren, vor allem durch die Möglichkeiten des Internets, geändert.

Viele Menschen finanzieren ein interessantes Projekt

Crowdfunding bringt Projekte und Kapitalgeber zusammen. Der Begriff setzt sich aus den Worten „crowd" (Menschenmenge) und „funding" (Finanzierung) zusammen. Im Deutschen spricht man auch von „Schwarmfinanzierung". Das ist eine ganz passende Übersetzung: Wenn viele Menschen einen kleinen Geldbetrag beisteuern, können damit große Summen finanziert und geniale oder sinnstiftende Pläne verwirklicht werden. Das können beispielsweise innovative Erfindungen, die Finanzierung eines Start-up-Unternehmens, ein Kinofilm oder ein soziales Projekt sein.

Ein Beispiel eines erfolgreichen Crowdfundings war die Finanzierung des Kinofilms „Stromberg". Innerhalb einer Woche hatte die Produktionsfirma die benötigte Plansumme bei der „Crowd" aus Fans und anderen Interessierten eingesammelt. In einem anderen Fall kauften 40 000 Neuseeländer über Crowdfunding einen Strand für rund 1,2 Millionen Euro, um ihn der Öffentlichkeit zu erhalten.

Und so funktioniert es: Die Initiatoren (Starter) stellen ihr Projekt im Internet vor. Sie nennen die Summe, die sie brauchen, und den Zeitraum, in dem Unterstützer (Supporter) ihnen Geld zusagen können. Während dieser Zeit ist in der Regel zu sehen, wie viele mitmachen und wie viel Geld schon zusammengekommen ist. Wird das Mindestziel nicht erreicht, bekommen die Unterstützer ihr Geld zurück.

Man kann im Wesentlichen vier Arten des Crowdfundings unterscheiden.
1. Spenden-Crowdfunding,
2. Klassisches Crowdfunding,
3. Crowdlending und
4. Crowdinvesting.

Mittlerweile gibt es zahlreiche Plattformen im Internet, die sich auf eine dieser Crowdfunding-Arten spezialisiert haben. Eine Plattform-Suche und Plattform-Übersicht finden Sie unter www.crowdfunding.de/plattformen.

Crowdfunding für Geldgeber mit immateriellem Schwerpunkt

Beim Spenden-Crowdfunding sammeln Organisationen und Privatpersonen Spenden für soziale Projekte. Wie bei anderen Crowdfunding-Formen auch, nennen sie die benötigte Summe und wie viel davon schon zusammengekommen ist. Eine Gegenleistung bekommen die Spender nicht. Ihnen bleibt aber das schöne Gefühl, etwas Gutes zu tun und einem Projekt ins Leben zu verhelfen, das sonst vielleicht nie hätte verwirklicht werden können. Die Projektinitiatoren sehen am jeweiligen Interesse der Geldgeber, welche Bedeutung „ihr" Thema hat. Erfährt das Projekt nicht genügend Unterstützung, wird der gute Zweck nicht erzielt – oder das Geld erreicht diejenigen gar nicht, denen es zugutekommen sollte. Schwarze Schafe unter Spendenorganisationen, die in die eigene Tasche wirtschaften, sorgen ab und an für Skandale. So etwas kann auch bei Crowdfunding-Projekten immer passieren.

Über Plattformen für Spenden-Crowdfunding wurde zum Beispiel Geld gesammelt für Ausrüstungen, mit denen sich Mediziner in Afrika vor Ebola schützen können, für die handwerkliche Ausbildung Jugendlicher in Kamerun oder für eine Initiative gegen Nazis.

Beispiele einiger Plattformen im Bereich Spenden-Crowdfunding sind:
- www.kiezhelden.com
- www.socialfunders.org
- www.betterplace.org

CROWDFUNDING

Geeignet für spekulative Anleger, die neue Ideen fördern möchten und einen Totalverlust verkraften können (Crowdlending, Crowdinvesting), oder für Geldgeber, die für ein bestimmtes Projekt spenden möchten (Spenden-Crowdfunding, klassisches Crowdfunding).

PRO

Mit Crowdfunding können Anleger innovative Projekte unterstützen. Die Renditechancen beim Crowdlending und -investing sind hoch.

CONTRA

Die Risiken eines Totalverlusts sind für Anleger erheblich. Crowdfunding ist noch weniger gesetzlich geregelt als geschlossene Fonds.

Anders als beim Spenden-Crowdfunding erhalten die Kapitalgeber beim klassischen Crowdfunding ein nicht-finanzielles Dankeschön. Das kann eher symbolischer oder ideeller Natur sein, aber auch ein neuartiges Produkt, das in dieser Form noch gar nicht auf dem Markt ist. Weitere Beispiele können eine

Eintrittskarte, eine Nennung im Abspann eines Kinofilms oder eine Einladung zu einer Startparty sein. Der Fokus des klassischen Crowdfundings liegt unter anderem auf speziellen Erfindungen, Designentwürfen sowie kulturellen Projekten und der Unterstützung von Sportlern.

Beispiele einiger Plattformen im Bereich klassisches Crowdfunding sind:

▶ www.kickstarter.com
▶ www.indiegogo.com
▶ www.startnext.com
▶ www.visionbakery.com
▶ www.fairplaid.org

Schwarmfinanzierung für Anleger

Wollen die Unterstützer eines Crowdfunding-Projekts auch eine Rendite auf ihr eingesetztes Kapital erzielen, müssen sie sich nach Projekten aus den Bereichen Crowdlending und Crowdinvesting umsehen.

Beim Crowdlending leihen Geldgeber einem Projekt oder Unternehmen Geld. Den Kreditbetrag wollen sie mit einem fest vereinbarten Zins zurückhaben. Man spricht auch von Peer-to-Peer- (P2P-) Krediten. Kreditnehmer erhalten so ohne Zwischenschaltung einer Bank Geld von privaten Kreditgebern.

Einige Kreditnehmer versprechen dabei Zinsen, die höher als bei vielen anderen Geldanlageangeboten sind, und beteiligen die Geldgeber am Erfolg ihrer Projekte. Andere werben mit Transparenz: Die Darlehensgeber erfahren genau, wohin ihr Geld fließt. Anleger sollten beachten, dass es sich in der Regel um Nach-

rangdarlehen und partiarische Darlehen handelt, die besonders riskant sind. Oft dürfen die Kreditnehmer im Krisenfall Zahlungen aussetzen, um eine Insolvenz zu vermeiden. Kommt es doch zu einem Insolvenzverfahren, werden erst die Forderungen aller vorrangigen Gläubiger erfüllt. Für die nachrangigen Gläubiger ist in den meisten Fällen nichts mehr übrig. Ist die Verzinsung an den wirtschaftlichen Erfolg geknüpft und läuft es nicht gut, bekommen die Gläubiger keine oder geringere Zinsen als erhofft. Vor Laufzeitende ist es schwer bis unmöglich, an das eigene Geld heranzukommen.

Kreditvermittlungsplattformen im Internet bündeln Crowdlending-Projekte. Hier können kleine und mittelständische Unternehmen, Freiberufler, aber auch private Kapitalsuchende ihre Kreditgesuche einer breiten Öffentlichkeit vorstellen. Dafür müssen sie gegenüber der jeweiligen Plattform zunächst Angaben zu ihrer Bonität machen und angeben, wofür sie den Kredit benötigen. Die Plattformen bewerten das Ausfallrisiko und versehen die Kreditprojekte mit einem dazu passenden Zins. Dann werden die Kreditgesuche online gestellt. Anleger können so oft schon mit geringen Beträgen in solche Projekte investieren. Kommen innerhalb einer vorgegebenen Zeit genügend Zusagen durch Anleger zusammen, wird der Kredit ausbezahlt.

Die Plattform kümmert sich um die Auszahlung der Zinsen an die Anleger sowie um Mahn- und Inkassoverfahren bei ausbleibenden Zahlungen der Schuldner. Manche Anbieter bieten zudem Sicherheitsmechanismen, falls Zins- und Tilgungszahlungen ausfallen.

Eine Insolvenz der Plattform würde sich nicht unmittelbar auf den Anleger auswirken, da eine Abwicklung der ausgezahlten Kredite dann von externen Servicepartnern übernommen wird.

Beispiele einiger Plattformen im Bereich Crowdlending sind:

- ► www.lendico.de
- ► www.auxmoney.com
- ► www.kapilendo.de
- ► www.smava.de
- ► www.giromatch.com
- ► www.crosslend.com

Beim Crowdinvesting – auch equity-based Crowdfunding genannt – werden die Kapitalgeber finanziell am Erfolg des Projektes oder Start-up-Unternehmens beteiligt. Zeichnen sie Aktien oder Genossenschaftsanteile, werden sie zu Mitunternehmern. Sie tragen dann Gewinne und Verluste mit. Andere Formen wie Genussrechte und stille Beteiligungen gewähren Geldgebern zwar keine Mitbestimmungsrechte, knüpfen Zinsen, Ausschüttungen oder die Rückzahlung aber trotzdem an den Erfolg der Projekte. Zum Teil müssen die Geldgeber auch hier Verluste mittragen. Die Grenzen zum Crowdlending sind mitunter fließend.

Über die Plattform Seedmatch.de etwa schließen die Unterstützer „partiarische Darlehen" ab, bei denen die fest vereinbarten Zinsen und die gewinnabhängigen Zinsen eher gering sind. Dafür locken hohe Bonuszinsen. Sie fließen zum Beispiel, wenn die Gründer eines Projekts Investoren finden, die ihnen ei-

Gut zu wissen

Crowdfunding ist eine sehr junge Art, Geld einzuwerben. Der Gesetzgeber hat den Anbietern Ausnahmen zugestanden. Wenn sie diese nutzen, müssen sie weniger strenge Informationspflichten gegenüber den Geldgebern einhalten als viele andere Anbieter von Geldanlagen. Sie müssen zum Beispiel für Nachrangdarlehen keinen Verkaufsprospekt erstellen. Hinzu kommt, dass die Initiatoren zum Teil nur Ideen vorweisen können. Es ist nicht sicher, ob je marktreife Produkte daraus entstehen und die erhofften Erfolge erzielt werden. Anleger sollten sich daher darüber im Klaren sein, dass das Risiko eines Totalverlusts sehr real ist. Sie sollten nur Geld in solche Projekte stecken, wenn sie den Verlust gut verschmerzen könnten.

nen Großteil der Anteile abkaufen. Anleger können sich schon mit Beträgen ab 250 Euro beteiligen.

Aktionäre der ersten Stunde von Microsoft, Google und Facebook haben mit geringem Einsatz ein Vermögen gemacht. Viele Anleger träumen davon, dass ihnen ein solcher Coup gelingt. Über Crowdinvesting-Projekte haben sie die Chance, sich an vielversprechenden Unternehmen zu beteiligen. Damit erfüllen sie auch gesellschaftlich eine wichtige Aufgabe.

Sie geben jungen, innovativen Unternehmen mit ihrem Kapital finanzielle Starthilfe. Allerdings werden Investments in junge Unternehmen nicht umsonst Risikokapital genannt. Viele Gesellschaften scheitern, obwohl die Macher professionell und engagiert ans Werk gehen. Selbst renommierten Risikokapitalgebern gelingt es nicht, nur erfolgreiche Unternehmen herauszupicken. Es ist mühselig, Unterlagen wie Investmentverträge, Jahresabschlüsse und Wertpapierverkaufsprospekte zu studieren und die richtigen Schlüsse für die eigene Anlage daraus zu ziehen. Außerdem müssen sich die Geldgeber für Jahre binden. Wollen sie vorzeitig verkaufen, steht in den Sternen, ob und zu welchem Kurs das möglich ist.

Das mit rund 80 Prozent Marktanteil größte Segment im Crowdinvesting-Bereich sind Immobilienprojekte. Die Plattformen stellen dabei Informationen über Projektentwickler, Lage, Finanzierungsstruktur und Sicherheiten zur Verfügung. Anleger können sich meist in Form von Nachrangdarlehen beteiligen. Daher erklärt sich auch die Vorliebe von Projektentwicklern für das Crowdinvesting. Banken und professionelle Investoren würden höhere Zinsen für nachrangige Finanzierungen verlangen

Beispiele einiger Plattformen im Bereich Crowdinvesting sind:
- www.seedmatch.de
- www.bergfuerst.de
- www.exporo.de
- www.companisto.de

Nur 25 000 Euro für Privatpersonen

Mit dem am 1. Juli 2015 in Kraft getretenen Kleinanlegerschutzgesetz wurden Crowdfunding-Portale verpflichtet, dafür Sorge zu tragen, dass Anleger während des Investitionsprozesses über Risiken aufgeklärt werden. Dazu muss jeder Investor pro Investment in ein Crowdfunding-Projekt ein vierseitiges Vermögensanlagen-Informationsblatt erhalten. Eine Prospektpflicht für kapitalsuchende Unternehmen besteht erst bei Projekten mit einem Volumen von über 6 Millionen Euro.

Daneben hat der Gesetzgeber Einzelanlageschwellen für Privatpersonen eingeführt: Ein Einzelanleger darf danach grundsätzlich nur 1 000 Euro in ein Crowdfunding-Projekt investieren. Ein höherer Anlagebetrag, maximal 25 000 Euro, ist möglich, wenn der Anleger in Form einer Selbstauskunft gegenüber der Plattform bestätigt, dass er über ein Vermögen von mindestens 100 000 Euro verfügt, beziehungsweise maximal zwei Netto-Monatsgehälter investiert.

Die Steuer beim Crowdfunding

Beim Crowdlending und Crowdinvesting zählen alle Einnahmen wie Dividenden, Zinsen, Ausschüttungen, Gewinne aus dem Verkauf von Aktien, Genussrechten, Genossenschaftsanteilen und Ähnlichem zu den Einkünften aus Kapitalvermögen. Es fallen 25 Prozent Abgeltungsteuer plus Solidaritätszuschlag und gegebenenfalls Kirchensteuer an.

Bei den Crowdfunding-Arten, die nicht renditeorientiert sind (Spenden-Crowdfunding und klassisches Crowdfunding), erzielen die

Unterstützer grundsätzlich keine Einnahmen und müssen daher auch keine versteuern. Bekommen steuerbegünstigte Spendenorganisationen das Geld, berücksichtigt das Finanzamt die Spende als Sonderausgabe. Ab 200 Euro ist eine Zuwendungsbestätigung als Beleg nötig. Bei Beträgen bis 200 Euro reicht in der Regel der Zahlungsbeleg. Es kann sein, dass noch eine Bescheinigung über den steuerbegünstigten Zweck, die Befreiung von der Körperschaftsteuer und die Einzahlung angefordert wird. Zuwendungen an Privatleute oder Organisa-

tionen, die nicht als gemeinnützig anerkannt sind, können nicht abgesetzt werden. Die Plattformen weisen darauf hin, ob Spenden steuerlich absetzbar sind oder nicht. Im Zweifel sollten Spendenwillige nachfragen.

Erhalten Privatleute beim klassischen Crowdinvesting eine Gegenleistung für ihr Geld, schließen sie rechtlich einen Vertrag mit Gegenleistung ab – unabhängig vom Wert. Einen steuerpflichtigen Ertrag stellt die Gegenleistung nicht dar.

Geschlossene Fonds

Die Anbieter geschlossener Fonds versprechen sichere Sachwertanlagen mit hohen Renditen. Die Risiken dieser Anlageform sind jedoch für Anleger meist wesentlich höher als die Chancen.

Bei einem geschlossenen Fonds können sich Anleger mit einer Einlage an einer Gesellschaft – meist einer Kommanditgesellschaft (KG) – beteiligen. Sie werden damit Gesellschafter und Mitunternehmer. Die Gesellschaft finanziert mit den Einlagen der Anleger/Gesellschafter und meist zusätzlichen Krediten einen oder wenige zumindest nach Art und Höhe feststehende Vermögensgegenstände.

Viele geschlossene Fonds sind seit dem 22. Juli 2013 erstmals zusammen mit den offenen Investmentfonds im Kapitalanlagegesetzbuch (KAGB) geregelt. Damit wurde eine euro-

päische Richtlinie in deutsches Recht umgesetzt. Die zuvor dem weitgehend unregulierten Grauen Kapitalmarkt zugeordneten geschlossenen Fonds wurden strengeren Gesetzesregeln unterworfen.

Geschlossene Fonds werden im KAGB als „geschlossene Investmentvermögen" oder „geschlossene Alternative Investmentfonds (AIF)" bezeichnet. Nach dem KAGB kommen folgende Sachwerte als Investitionsobjekte für geschlossene Fonds, an denen sich auch Privatanleger beteiligen können, in Betracht:

GESCHLOSSENE FONDS

Geeignet für sehr vermögende Anleger, die einen Totalverlust verkraften können.

PRO

Geschlossene Fonds entwickeln sich weitgehend unabhängig von den Kapitalmärkten und können so zur Streuung der Geldanlagen beitragen.

CONTRA

Es handelt sich um langjährige Unternehmensbeteiligungen mit hohen Risiken, die meist nicht vor Ablauf der Fondslaufzeit gekündigt werden können. Viele geschlossene Fonds erreichen ihre Renditeprognosen nicht oder bereiten ihren Anlegern Verluste.

1. Immobilien, einschließlich Wald, Forst und Agrarland,
2. Schiffe, Schiffsaufbauten und Schiffsbestand- und -ersatzteile,
3. Luftfahrzeuge, Luftfahrzeugbestand- und -ersatzteile,
4. Anlagen zur Erzeugung, zum Transport und zur Speicherung von Strom, Gas oder Wärme aus erneuerbaren Energien,
5. Schienenfahrzeuge, Schienenfahrzeugbestand- und -ersatzteile,
6. Fahrzeuge, die im Rahmen der Elektromobilität genutzt werden,
7. Container,
8. für Vermögensgegenstände im Sinne der Nummern 2 bis 6 genutzte Infrastruktur.

Grundsätzlich muss der Fonds nach den neuen gesetzlichen Regelungen in drei gleichwertige Sachwerte investieren, die vorher extern bewertet wurden. Unter Umständen reicht es aber auch aus, wenn er nur in ein Objekt investiert, dieses aber zum Beispiel bei Immobilien an verschiedene Mieter vermietet wird oder unterschiedliche Nutzungsarten aufweist.

Im Gegensatz zu einem offenen Investmentfonds ist das Anlagevolumen bei einem geschlossenen Fonds von vornherein festgelegt. Hat der Fonds die benötigten Geldmittel eingesammelt, wird er geschlossen. Auch bei weiterer Nachfrage von potenziellen Anlegern können nicht einfach zusätzliche Fondsanteile herausgegeben werden. Die Mindestanlagesummen bei geschlossenen Fonds liegen in der Regel zwischen 10 000 und 25 000 Euro. Üblicherweise müssen Anleger, darüber hinaus beim Abschluss ein Agio von 3 bis 5 Prozent der Beteiligungssumme zahlen.

Der Beteiligung liegt ein Gesellschaftervertrag zugrunde, der die Rechte und Pflichten der Gesellschafter regelt. Diesen können Anleger vor einem Beitritt zu der Gesellschaft nicht verändern, sondern nur akzeptieren oder vom Beitritt absehen. Gesellschafter eines geschlossenen Fonds erzielen je nach Art und Konstruktion des Investmentvermögens steuerlich Einkünfte aus Vermietung und Verpachtung oder aus Gewerbebetrieb.

KVG und Verwahrstelle

Nach den Regelungen im KAGB muss das Investmentvermögen durch eine Kapitalverwaltungsgesellschaft (KVG) verwaltet werden. Dies kann eine eigene KVG des Initiators des geschlossenen Fonds oder ein externer Verwalter sein, die jeweils von der Bundesanstalt für Finanzdienstleistungsaufsicht (Bafin) zugelassen sein müssen. Die KVG muss der Bafin unter anderem regelmäßig über das verwaltete Vermögen und die getätigten Investitionen berichten.

Daneben muss die KVG eine Verwahrstelle beauftragen, die alle wichtigen Geschäftsabläufe und Zahlungsströme des geschlossenen Fonds kontrollieren soll. Verwahrstellen sind meist Kreditinstitute, die nachweisen müssen, dass sie ihre Funktion als „Überwacher" des geschlossenen Fonds erfüllen können.

Ungewisse Ausschüttungen und Totalverlust

Erträge in Form von Ausschüttungen erhalten Anleger üblicherweise erst, wenn die Beteiligung in der sogenannten Bewirtschaftungsphase laufende Erträge aus der operativen Tätigkeit und der Bewirtschaftung der Vermögensgegenstände erzielt, wie zum Beispiel Mieten bei Immobilien oder Frachtraten bei Schiffen. Nach der Bewirtschaftungsphase werden die Vermögensgegenstände veräußert und ein nach Abzug von Verbindlichkeiten möglicherweise verbleibender Veräußerungsgewinn an die Anleger verteilt. Ausschüttungen und Erlöse aus der Veräußerung sind dabei aber keineswegs sicher. Rentiert sich beispielsweise eine Immobilie bei einem geschlossenen Immobilienfonds nicht, weil Mieten sinken oder Flächen leer stehen, können die Ausschüttungen an die Anleger abnehmen oder sogar ganz ausbleiben. Im schlimmsten Fall verlieren die am Fonds Beteiligten ihre gesamte Einlage.

Eingeschränkter Zweitmarkt

Nach der Anteilszeichnung sind Anleger oft für eine lange Zeit an die Beteiligung gebunden. Je nachdem, in welches Wirtschaftsgut der Fonds investiert, sind Anlagedauern zwischen 7 und 20 Jahren durchaus üblich. Aufgrund der langfristigen Investitionen eines geschlossenen Fonds sind ordentliche Kündigungsrechte des Anlegers gesetzlich ausgeschlossen. Einen Börsenhandel oder eine regelmäßige Rückgabemöglichkeit an den Fondsinitiator wie beispielsweise bei offenen Immobilienfonds gibt es nicht. Die Laufzeit des Fonds endet in der Regel erst, wenn das Anlageobjekt, also zum Beispiel das Schiff oder die Immobilie, verkauft und der Fonds aufgelöst wird.

Zwar gibt es im Internet einen Zweitmarkt für geschlossene Fonds, auf dem Anleger versuchen können, ihre Beteiligungen zu verkaufen. Jedoch finden dort längst nicht alle Angebote einen Käufer oder werden nur mit hohen Abschlägen gehandelt. Marktführer ist die Internet-Handelsplattform www.zweitmarkt.de. Wenn Anleger dort ihre Beteiligung verkaufen wollen, veröffentlicht die Fondsbörse Deutschland, die die Plattform betreibt, das Verkaufsangebot im Internet und sucht nach Interessenten. Solange kein Verkauf zustande gekommen ist, entstehen für den Anleger keine Kosten. Erst wenn eine Vermittlung erfolgreich war, erhält zweitmarkt.de vom Käufer und vom Verkäufer eine Provision.

Einige Anbieter von geschlossenen Fonds bieten hauseigene Zweitmarkt-Plattformen an, aber auch hier kommt nicht jeder Verkaufswillige zu einem angemessenen Preis zum Zug.

Hohe Fremdfinanzierung – erhöhte Risiken

Neben dem Eigenkapital der Anleger setzen geschlossene Fonds häufig hohe Fremdkapitalbeträge für den Kauf der Anlageobjekte ein. Die Initiatoren, die die Fondskonzeption erstellen und für die Verwaltung der Fonds zuständig sind, argumentieren, dass sich eine hohe Fremdkapitalaufnahme positiv auf die Rendite auswirkt. Nach dem KAGB dürfen Alternative Investmentfonds zwar Kredite bis zu 60 Prozent des Verkehrswertes der im Fonds befindlichen Vermögensgegenstände aufnehmen. Nimmt ein Fonds neben dem Eigenkapital hohe Kredite auf, um mehr und teurere Vermögensgegenstände kaufen zu können, erhöhen sich aber nicht nur die Chancen, sondern auch die Risiken der Anleger beträchtlich.

Läuft der Fonds gut, verdienen die Anleger nicht nur mit dem selbst eingesetzten Geld. Mit der kreditfinanzierten Immobilie wird zusätzlich verdient, die Rendite der Anleger für ihren Einsatz erhöht sich. Man nennt dies Leverage-Effekt. Der Zins für den Bankkredit muss dafür aber niedriger sein als die Netto-Objektrendite. Läuft der Fonds aber nicht so gut wie prognostiziert, verdient nur das Kreditinstitut einfach weiter. Im schlechtesten Fall müssen auch die Einlagen der Anleger zur Tilgung der Bankkredite und Zinsen verwendet werden. So kann die Anlage in einem geschlossenen Fonds im Totalverlust enden.

Die ↗ Tabelle „So verändert sich die Rendite bei sinkenden Einnahmen“ zeigt, wie sich die prognostizierte Rendite eines geschlossenen Fonds je nach Fremdkapitalanteil ändern kann, wenn die erwarteten Einnahmen nicht erzielt werden können. Wenn die Einnahmen Jahr für Jahr niedriger ausfallen als prognostiziert, wird auch der Verkaufspreis niedriger sein, weil sich jeder Käufer an den erzielten Einnahmen orientiert.

Häufig unklare Anlagebedingungen

Die Einlage des Anlegers wird nicht nur für das geplante Anlageobjekt verwendet. Ein erheblicher Teil – oft bis zu 15 Prozent des Fondsvolumens – geht für Nebenkosten ab. Zu diesen sogenannten Weichkosten zählen hohe Kosten

So verändert sich die Rendite bei sinkenden Einnahmen

Ob die prognostizierte Rendite eines geschlossenen Fonds eingehalten wird, hängt vor allem davon ab, ob dieser auch die erwarteten Einnahmen erzielen kann. Die Tabelle zeigt, wie sich Mindereinnahmen auswirken würden.

Abweichung von prognostizierten Einnahmen (in % p.a.)	Abweichung von prognostiziertem Verkaufspreis (in % p.a.)	Rendite in % p.a. bei Fremdkapitalanteil von … %			
		0	**30**	**40**	**50**
0,0	0	4,9	5,4	5,7	6,0
− 0,6	− 10	4,2	4,5	4,6	4,9
− 1,2	− 20	3,4	3,4	3,4	3,4
− 1,9	− 30	2,6	2,2	2,0	1,7
− 2,5	− 40	1,7	0,8	0,2	− 0,7
− 3,1	− 50	0,6	− 1,0	− 2,3	− 4,7

für Vertrieb, Prospekterstellung, Treuhänder und Steuerberatungsgebühren des Fonds.

Die Bestimmungen des Kapitalanlagegesetzbuches verpflichten die Anbieter, die Kriterien für ihre Investitionen in Anlageobjekte in sogenannten Anlagebedingungen genau zu beschreiben. In den Anlagebedingungen müssen die Fondsanbieter auf wenigen Seiten unter anderem zusammenfassen, wie sie das Geld der Anleger investieren wollen und welche Kosten auf diese zukommen. Die Bundesanstalt für Finanzdienstleistungsaufsicht prüft, ob die Anlagebedingungen den Vorschriften entsprechen.

Oft sind diese für Anleger allerdings sehr unklar formuliert und durch viele Gesetzesverweise schwer lesbar. Wie ein Test von 18 ge-schlossenen Immobilienfonds durch Finanztest im Juni 2016 gezeigt hat, liefern die meisten Anlagebedingungen zu so wichtigen Punkten wie Lage, Nutzungsart, Mieterstruktur, Kosten und Gewinnaussichten nur nebulöse Informationen. Dies ist besonders für Anleger misslich, die in sogenannte Blindpools investieren wollen. Blindpools sind geschlossene Immobilienfonds, bei denen zum Vertriebsstart nur die Art des Investitionsobjekts (zum Beispiel ein Schiff oder eine Windkraftanlage), nicht aber das konkrete Anlagegut feststeht. Hat ein Fonds noch nichts oder wenig gekauft, wenn Anleger Anteile zeichnen, können sie sich auch mit den Anlagebedingungen kein genaues Bild machen. Reine Blindpools, also geschlossene Fonds, die überhaupt nicht kon-

Gut zu wissen

Geschlossene Ökofonds sind bei Anlegern, die einen Beitrag zum Umweltschutz leisten wollen, beliebt. Sie bieten Investitionsmöglichkeiten beispielsweise in Wind- und Solarparks, Wasserkraftwerke oder Biogasanlagen an. Investoren können sich als Kommanditisten mit Summen meist ab 10 000 Euro (plus 5 Prozent Abschlussprovision) beteiligen. Der Fonds will durch den Verkauf des erzeugten Stroms eine hohe Rendite erzielen und über jährliche Ausschüttungen an die Anleger auszahlen. Trotz der hehren Beweggründe müssen sich Anleger bewusst sein, dass sie mit einem Investment ein unternehmerisches Risiko eingehen, das zum Totalverlust führen kann, wenn der Fonds pleitegeht. Geschlossene Ökofonds sind daher bestenfalls für vermögende Anleger als Beimischung geeignet.

kretisieren, welche Kriterien bei einer Investition des Fonds zu beachten sind, sind nicht erlaubt.

Vorsicht Blindpools

Anleger sollten Blindpool-Fonds meiden, deren konkrete Investments noch nicht feststehen. Dies gilt vor allem für solche mit unklaren Anlagebedingungen. Hier kaufen Sie die Katze im Sack.

Chancen und vor allem Risiken von geschlossenen Fonds

Anleger in geschlossenen Fonds müssen sich immer bewusst sein, dass sie in eine unternehmerische Beteiligung investieren und entsprechend Chancen, aber auch Risiken wie ein Unternehmer tragen. Das Ziel geschlossener Fonds ist, dass Anleger über in der Regel jährliche Ausschüttungen mehr als ihr eingesetztes Kapital zurückerhalten. Wenn der Fonds besonders gut wirtschaftet, weil er beispielsweise höhere Mieten durchsetzen kann, der Wind stark bläst, die Sonne kräftig scheint oder die Schiffe viel Fracht transportieren, können Anleger sogar eine höhere als die in Aussicht gestellte Rendite erzielen. Läuft ein Fonds allerdings schlechter als prognostiziert, werden Ausschüttungen gesenkt, gestrichen oder zurückverlangt. Können dann zusätzlich zum Ende der Laufzeit keine oder nur geringe Verkäufserlöse erzielt werden, besteht ein Totalverlustrisiko.

Trotz der hohen Risiken haben Anleger in den vergangenen Jahrzehnten in Deutschland mehrere Milliarden Euro in geschlossene Fonds investiert. Während geschlossene Fonds bis vor einigen Jahren noch mit steuerlichen Vorteilen aufwarten konnten, verließen sich Anleger zuletzt vor allem auf Renditeprognosen der Fondsanbieter von bis zu 10 Prozent pro Jahr. Doch nur äußerst selten wurden diese Prognosen eingehalten, wie eine Untersuchung von Finanztest ergeben hat. Bei dieser wurden die Ergebnisse von 1139 geschlossenen Fonds, die von 1972 bis 2015 aufgelegt wurden, unter die Lupe genommen. Das erschreckende

Ergebnis: Im Schnitt haben nur 6 Prozent der geschlossenen Immobilien-, Umwelt-, Schiffs- und Medienfonds ihre Gewinnprognose erfüllt – gemessen am investierten Anlegergeld. Weitere 25 Prozent haben ihre Prognose verfehlt, aber wenigstens noch die Gewinnzone erreicht. Satte 69 Prozent schafften selbst das nicht. Sie bescherten ihren Anlegern Kapitalverluste. Insgesamt verbrannten die untersuchten, bereits aufgelösten Fonds Anleger-

> **Die Gründe, warum Hunderte geschlossene Fonds ihre Renditeziele verfehlten, sind vielfältig.**

geld in Höhe von knapp 4,3 Milliarden Euro, statt einen Gewinn von 15,4 Milliarden Euro zu liefern – wie ihn ihre Prospekte zusammengenommen in Aussicht gestellt hatten. Dabei erfasste die Untersuchung eher noch die besseren der seit 1972 aufgelegten Fonds. Nur wenige Fonds schafften Renditen von 4 Prozent.

Die Gründe, warum Hunderte geschlossene Fonds ihre Renditeziele verfehlten, sind vielfältig. Neben schlecht laufenden Märkten, Änderungen von Steuergesetzen und Subventionskürzungen bei alternativen Energien sowie kriminellen Taten waren es zu positive Annahmen der Anbieter wie zu hoch angesetzte Erträge oder zu knapp kalkulierte Kosten für Kredite zur Finanzierung der Fonds. Die Marktwächter der Verbraucherzentrale haben über-

dies bei einer Untersuchung aller von Oktober 2016 bis September 2017 aufgelegten inländischen Publikumsfonds festgestellt, dass Anleger aufgrund intransparenter Kostenbeschreibungen und Texte kaum eine Chance haben, die Kosten komplett zu erfassen und zu vergleichen.

Die neuen Vorschriften für geschlossene Fonds im KAGB werden zwar vermutlich einige Verbesserungen bringen und dafür sorgen, dass vollkommen unseriöse Anbieter vom Markt verschwinden. Durch die neuen Vorgaben – zum Beispiel eine Kapitalverwaltungsgesellschaft und eine Verwahrstelle einschalten zu müssen und Zulassungen der Bafin zu haben – entstehen den Anbietern aber auch weitere Kosten Das wirkt sich negativ auf die Gewinne der Fonds aus.

Informationsquellen

Anleger, die trotz der Risiken mit dem Gedanken spielen, sich an einem geschlossenen Fonds zu beteiligen, sollten sich mit den Informationsmaterialien eingehend auseinandersetzen, die ihnen kostenlos zur Verfügung gestellt werden müssen. Diese müssen von der Kapitalverwaltungsgesellschaft (KVG) während der Platzierungsphase aktuell gehalten werden, also bis alle Gelder für den Fonds eingesammelt sind und dieser geschlossen wird. Interessierte Anleger finden neben den Anlagebedingungen noch folgende Unterlagen auf der Homepages der KVGs oder können sich diese in Papierform aushändigen lassen.

▶ Der Verkaufsprospekt

Im Verkaufsprospekt muss alles stehen, was für die Anlage wichtig ist. Dazu gehören Erläuterungen zum Fonds, zur KVG, zur Verwahrstelle und auch eine Beschreibung aller Risiken. Sein Aufbau muss gesetzlichen Vorschriften entsprechen, und für den Inhalt haften die Prospektverantwortlichen. Interessenten sollten ihn idealerweise lesen und alle offenen Fragen klären, bevor sie investieren. Leider schaffen das nur wenige, denn die Prospekte sind in der Regel dick, schwer verständlich und zähe Lektüre. Weiterer Wermutstropfen: Neuerdings verzichten viele Anbieter geschlossener Fonds darauf, eine Prognoserechnung aufzunehmen. Daran könnten Interessenten sehen, ob die Anbieter optimistisch oder eher realistisch kalkulierten.

▶ Die wesentlichen Anlegerinformationen

Auf maximal drei Seiten müssen die Anbieter in den „wesentlichen Anlegerinformationen" alles Wesentliche zusammenfassen und über die Risiken des Angebots aufklären. Sie müssen auch einen Überblick über die im Fonds anfallenden Kosten enthalten. Mindestens die wesentlichen Anlegerinformationen sollten alle Interessenten lesen und bei ihrem Berater beziehungsweise Vermittler nachfragen, wenn sie etwas nicht verstehen. Für Anleger, die gar nicht mit dem Inhalt zurechtkommen, eignet sich das Angebot von vornherein nicht, da die wesentlichen Anlegerinformationen als erster Anhaltspunkt für die Anlageentscheidung dienen sollen.

▶ Vorsicht bei Fondsanalysen und Werbeflyern

Mitunter finden sich in Finanzzeitschriften und im Internet Bewertungen von Fondsangeboten durch externe Analysten. Hier gilt wie bei allen Analysteneinschätzungen: Fragen Sie sich zunächst, ob die Analysten unabhängig sind oder möglicherweise Vorteile aus einer positiven Beurteilung ziehen. Vergleichen Sie die Analysen der gleichen Analysten oder Analyseunternehmen anhand verschiedener Fondsangebote. Wenn sie beispielsweise fast alle Angebote als „gut" bewerten, spricht dies für einen nicht allzu kritischen Analysten. Einige Fondsanbieter bezahlen auch Geld für die Analysen oder das Recht, die Studien zu verbreiten.

Selbstverständlich sollten sich Anleger schon gar nicht auf leicht verständliche und hübsch bebilderte Werbeflyer verlassen, in denen die Angebote angepriesen werden. Auch wenn „Prospekt" auf dem Titel steht, dürfen sie solche Hefte nicht mit dem offiziellen Verkaufsprospekt verwechseln.

Höchstens 5 Prozent

Wenn überhaupt, sollten Anleger wegen der hohen Risiken höchstens 5 Prozent ihres Anlagevermögens in geschlossene Fonds investieren und notfalls einen Verlust verkraften können.

Bürgerbeteiligungen

Besonders im Bereich der neuen Energien gibt es zahlreiche kommunale Projekte, an denen sich Bürger beteiligen können, um die Entwicklung ihrer Region zu fördern.

Viele Bundesbürger engagieren sich auf kommunaler Ebene, um bei politischen Entscheidungen und Projekten, die sie direkt betreffen, mitzuwirken und diese vorwärts zu bringen. Eine Bürgerbeteiligung kann in Form der Einbindung der Bürger in den politischen Willensbildungs-, Planungs- und Umsetzungsprozess erfolgen. Daneben existieren aber auch Formen der finanziellen Beteiligung der Bürgerschaft. Vor allem im Bereich „Neue Energien" gibt es deutschlandweit Initiativen, um die regionale Energieversorgung unter Einbeziehung der Bürger umzusetzen. Häufig sind es Windkraft- und Photovoltaikanlagen sowie Blockheiz- und Biomassekraftwerke, die so errichtet und betrieben werden.

Die finanzielle Beteiligung kann rechtlich unterschiedlich ausgestaltet sein: zum Beispiel als geschlossener Fonds, als Genussscheinanlage oder als Genossenschaft. Die sogenannten Energiegenossenschaften sind selbstständige Vereinigungen von Bürgern, die sich auf freiwilliger Basis zusammenschließen und das Ziel haben, Energie dezentral, unabhängig und umweltfreundlich zu produzieren. Daneben bieten sie häufig Anlage- und Investitionsmöglichkeiten in lokale und regionale Energieprojekte. Da sich die Beteiligten bei solchen Projekten häufig kennen und sie die Ziele des Projekts gemeinsam planen, kalkulieren sie meist vorsichtiger als beispielsweise geschlossene Fonds. Hohe Provisionen, die Banken und Vermittler für den Vertrieb geschlossener Fonds erhalten, fallen nicht an. Weil alle Anleger Mitspracherechte haben, können sie Fehlentwicklungen oft leichter erkennen. Mit welchen Beträgen sich Bürger an den regionalen Genossenschaften beteiligen können, legt jede Genossenschaft selbst fest.

Im Rahmen der Energiewende unterstützt der Staat grundsätzlich die Bürgerbeteiligung. Mecklenburg-Vorpommern etwa hat mit einem Bürgerbeteiligungsgesetz Betreiber von Windkraftanlagen verpflichtet, Einwohner und Gemeinden im Umkreis von fünf Kilometern um die Anlage an ihrem Unternehmen zu beteiligen. Danach müssen mindestens 20 Prozent der Anteile an neuen Windparks den unmittelbaren Nachbarn angeboten werden, wobei ein Anteil maximal 500 Euro kosten darf. Alternativ müssen die Anwohner ein Sparprodukt des Projektträgers wählen können. Beim Sparprodukt kann der Windanlagenbetreiber entscheiden, Gewinne in Höhe von 10 Prozent der Projektgesellschaft einer Bank zu übertragen. Bei dieser Bank können die Bürger beispielsweise Sparbriefe oder Festgeldanlagen einrichten, deren Zinsen aus dem

BÜRGER-BETEILIGUNGEN

Geeignet für risikobereite Anleger, die sich an regionalen Projekten beteiligen wollen, insbesondere zur Energieversorgung.

PRO

Anleger können „vor Ort" meist umweltfreundliche Projekte unterstützen. Die Projekte haben oft nur geringe Verwaltungskosten und Provisionen.

CONTRA

Anleger sind am unternehmerischen Risiko beteiligt. Auch Totalverluste sind möglich.

Gewinn des Windpark-Betriebs bezahlt werden.

Auch wenn die Motive der Geldanlagen in Bürgerbeteiligungen jeder Art meist „edel und gut" sind, sollten Anleger im Hinterkopf behalten, dass sie sowohl am Erfolg als auch am unternehmerischen Risiko des Unternehmens beteiligt sind. So sind beispielsweise Windkraftinvestments riskant, da immer das Windrisiko besteht. Bleibt die tatsächliche Windleistung der Windkraftanlage hinter der prognostizierten zurück, können die Renditeprognosen nicht eingehalten werden. Dies war in der Vergangenheit sehr oft der Fall. Auch bei den Energiegenossenschaften gibt es keine Sicherungseinrichtung, anders als beispielsweise bei der Einlagensicherung der genossenschaftlichen Volks- und Raiffeisenbanken. Anleger sollten sich daher nicht von hohen Renditeversprechen blenden lassen und jede Form der Bürgerbeteiligung genau prüfen oder von einem Finanzexperten bewerten lassen.

Fachbegriffe erklärt

Abgeltungsteuer: Kapitalerträge, das heißt, Gewinne aus Wertpapierverkäufen sowie Zinsen und Dividenden, die oberhalb eines Sparerpauschbetrags von 801 Euro für Singles und 1 602 Euro für Verheiratete liegen, werden pauschal mit 25 Prozent besteuert. Hinzu kommen der Solidaritätszuschlag und gegebenenfalls Kirchensteuer.

Agio: Aufgeld oder Aufschlag, um den der Ausgabepreis eines Wertpapiers, zum Beispiel eines Zertifikats, den Nennwert oder Rückzahlungspreis übersteigt. Davon wird in der Regel der Vertrieb bezahlt.

Annuität: Jährlich gleichbleibende Zahlung für Zins und Tilgung bei Darlehen. Der Tilgungsanteil steigt in dem Maße, wie der Zinsanteil infolge sinkender Restschulden sinkt. Fast immer wird die Annuität in Form von monatlichen oder vierteljährlichen Zins- und Tilgungsraten erhoben (unterjährige Zahlung).

Annuitätendarlehen: Darlehen, für die während der vereinbarten Zinsbindung gleichbleibend hohe Raten aus Zins und Tilgung zu zahlen sind.

Ausgabeaufschlag: Differenz zwischen Ausgabe- und Rücknahmepreis eines Fonds. Je nach Kaufquelle gibt es auf den Ausgabeaufschlag einen Rabatt oder der Aufschlag entfällt komplett. Der Ausgabeaufschlag ist eine Vergütung für den Vertrieb.

Basiswert: Als Basiswert, englisch underlying, bezeichnet man ein Wertpapier, auf das sich ein Derivat bezieht.

Als Basiswerte können außer Wertpapieren wie Aktien und Anleihen auch Rohstoffe, Indizes, Währungen oder Zinssätze dienen.

Briefkurs: Preis, zu dem Verkäufer bereit sind, Wertpapiere zu verkaufen. Der Briefkurs liegt immer über dem Geldkurs.

Derivat: Derivate sind Wertpapiere, deren Wertentwicklung von der Wertentwicklung anderer Wertpapiere wie Aktien oder Anleihen abhängt, der sogenannten Basiswerte. Derivate sind zum Beispiel Zertifikate, Futures, Optionen oder Swaps.

Diversifikation: Streuung von Geldanlagen auf mehrere Anlageklassen wie zum Beispiel Aktien, Festzinsanlagen, Immobilien, Rohstoffe mit dem Ziel, das Risiko zu reduzieren.

Dividendenrendite: Kennzahl zur Bewertung von Aktien. Die Dividendenrendite ergibt sich, wenn man die Höhe der Dividende durch den aktuellen Aktienkurs dividiert.

Effektivzins: Tatsächliche Verzinsung eines Darlehens unter Berücksichtigung verschiedener Kostenbestandteile wie Sollzins, Zinsbindungsdauer, Art der Zins- und Tilgungsverrechnung.

Emerging Markets (Schwellenländer): Staaten, die den Stand eines Entwicklungslandes verlassen haben und sich auf der Schwelle zu einer bedeutsamen industrialisierten Volkswirtschaft befinden. Dazu zählen zum Beispiel die Türkei, China, Südkorea oder Brasilien.

Emittent: Der Herausgeber eines Wertpapiers, zum Beispiel einer Anleihe oder eines Zertifikats.

Emittentenrisiko: Gefahr, dass sich die Kreditwürdigkeit des Herausgebers einer Schuldverschreibung (Anleihe, Zertifikat) verschlechtert oder er pleitegeht. Dies kann zum (teilweisen) Ausfall von Zinszahlungen und im Pleitefall zum Totalverlust führen.

Euribor: Abkürzung für Euro Interbank Offered Rate. Der Euribor gibt an, zu welchem Zinssatz sich Banken im Euroraum gegenseitig kurzfristig Geld ausleihen. Er wird für verschiedene Laufzeiten berechnet und veröffentlicht.

Exchange Traded Commodity: Abgekürzt ETC. Börsengehandelte Wertpapiere, mit denen Anleger auf Rohstoffe setzen können. Im Unterschied zu ETF handelt es sich bei ETC nicht um Fonds, sondern um Schuldverschreibungen. Das heißt, das Geld der Anleger ist bei einer Insolvenz des Emittenten nicht durch ein Sondervermögen geschützt.

Exchange Traded Funds: Abgekürzt ETF. Börsengehandelte Fonds. In der Regel bilden ETF einen Index ab. Es handelt sich um börsengehandelte Indexfonds. Für ETF gelten im Vergleich zu anderen Fonds höhere Anforderungen an den Börsenhandel. Ein oder mehrere sogenannte Market Maker müssen an der Börse für bestimmte Ordergrößen verbindliche An- und Verkaufskurse stellen. Das – zusammen mit weiteren Regeln – soll gewährleisten, dass ETF so liquide und präzise bewertet wie möglich an der Börse gehandelt werden können.

Festzins: Zins, der für einen vereinbarten Zeitraum (Zinsbindungsfrist) oder für die gesamte Laufzeit eines Darlehensvertrags festgeschrieben ist. Ist die Zinsbindungsfrist länger als zehn Jahre, kann der Darlehensnehmer dennoch nach Ablauf von zehn Jahren unter Einhaltung einer Kündigungsfrist von sechs Monaten kündigen.

Fonds (Investmentfonds): Eine Fondsgesellschaft (Kapitalverwaltungsgesellschaft) sammelt Geld der Anleger und bündelt es in einem Sondervermögen, dem Investmentfonds. Ein Fondsmanager entscheidet, in welche Werte entsprechend der Strategie des Fonds angelegt wird. In Betracht kommen vor allem Investitionen in Aktien (Aktienfonds), festverzinsliche Wertpapiere (Rentenfonds), beides (Mischfonds), Geldmarktinstrumente (Geldmarktfonds), Immobilien (offene Immobilienfonds) und andere Investmentfonds (Dachfonds).

Fondsanteil: Das Vermögen eines Investmentfonds wird in kleine Fondsanteile gestückelt – gewissermaßen die kleinsten handelbaren Einheiten des Fondsvermögens. Bei Fondssparplänen können allerdings auch Bruchteile gehandelt werden.

Futures: Futures sind börsengehandelte und standardisierte Terminkontrakte. Sie beziehen sich auf einen Basiswert. Mit Futures können sich Unternehmen etwa gegen Preis- oder Wechselkursänderungen absichern. Finanzinvestoren nutzen Futures zum Beispiel, um auf fallende oder steigende Kurse zu spekulieren.

Geldkurs: Preis, zu dem Käufer bereit sind, Wertpapiere zu erwerben. Der Geldkurs liegt immer unter dem Briefkurs.

Genussrechte: Im Gegensatz zu Genussscheinen, die Banken häufig herausgeben, sind Genussrechte nicht als Wertpapiere verbrieft. Es handelt sich um nicht gesicherte Kredite, der Anleger ist also Gläubiger, wird aber zugleich ähnlich wie ein Gesellschafter an Gewinnen oder Verlusten beteiligt. Er hat aber keine Mitbestimmungsrechte im Unternehmen und kann keinen Einfluss auf die Unternehmensentscheidungen nehmen.

Geschlossener Fonds: Geschlossene Fonds werden nicht an der Börse gehandelt. Es handelt sich meist um unternehmerische Beteiligungen, bei denen der Käufer Mitunternehmer (in der Regel Kommanditist) mit allen Chancen und Risiken wird. Wenn sich an dem Fonds genügend Anleger (Mitunternehmer) beteiligt haben, um in ein geplantes Investitionsgut zu investieren, wird er geschlossen, es werden also keine weiteren Mitunternehmer mehr aufgenommen. Investitionsgüter für geschlossene Fonds können neben Immobilien unter anderem auch Schiffe (Schiffsfonds), Flugzeuge oder Windkraftanlagen sein. Während der Beteiligungsdauer von in der Regel sieben und mehr Jahren ist ein Verkauf der Beteiligung meist kaum möglich.

Handelsspanne: Siehe Spread.

Hebel, gehebelt: Eine Geldanlage ist gehebelt, wenn sie stärker steigt oder stärker fällt als ihr Basiswert.

Immobilienfonds: Siehe Offene Immobilienfonds.

Index: In einem Index werden bestimmte ausgewählte Basiswerte zusammengefasst und deren Wertentwicklung über einen bestimmten Zeitraum dargestellt. Der Index dient als eine Art Marktbarometer. Paradebeispiel ist der Deutsche Aktienindex Dax. Er ist das Marktbarometer für den deutschen Aktienmarkt.

Indexzertifikat: Eine Schuldverschreibung, deren Wertentwicklung von der Entwicklung eines Index abhängt. Anders als bei einem ETF, der sich auf einen Index bezieht, handelt es sich bei Indexzertifikaten nicht um Sondervermögen und es besteht ein Emittentenrisiko, also das Risiko eines Totalverlusts, wenn der Herausgeber pleitegeht.

Laufende Kosten: Die laufenden Kosten (englisch Ongoing Charges) werden in den Wesentlichen Anlegerinformationen ausgewiesen. Dazu zählen die Vergütung für das Management, die Kosten für die Geschäftsführung oder den Wirtschaftsprüfer sowie Betriebskosten. Handelskosten für den Kauf oder Verkauf der Wertpapiere sind nicht enthalten. Auch Erfolgsgebühren gehören nicht dazu. Die laufenden Kosten berücksichtigen im Unterschied zur Kennzahl TER bei Dachfonds die laufenden Kosten der enthaltenen Zielfonds.

Marktkapitalisierung: Die Marktkapitalisierung zeigt den Börsenwert von Aktiengesellschaften. Sie berechnet sich aus der Anzahl der ausgegebenen Aktien multipliziert mit dem Börsenkurs. Davon abgeleitet wird auch der Streubesitz.

MSCI World: Index der Firma MSCI, der aus über 1600 Werten besteht. MSCI ist ein bekannter amerikanischer Indexanbieter. Viele ETF, die weltweit investieren, bilden den MSCI World ab.

Offene Immobilienfonds: Offene Immobilienfonds investieren in Immobilien (meist gewerbliche). Sie legen außerdem einen Teil des Geldes flüssig an, damit Anleger, die ihre Anteile verkaufen, ausgezahlt werden können. Im Unterschied dazu sind geschlossene Immobilienfonds keine Investmentfonds, sondern unternehmerische Beteiligungen.

Optionen: Spekulative Finanzinstrumente, mit denen Anleger auf steigende oder fallende Kurse zum Beispiel von Aktien, Indizes oder Rohstoffen setzen können. Gewinne oder Verluste steigen dabei überproportional zum Basiswert.

Quellensteuer: Steuer, die direkt an der Quelle abgezogen wird, zum Beispiel auf Dividendenzahlungen im Ausland.

Sollzins: Jährlicher Zinssatz, der vom vereinbarten Darlehensnennbetrag (Nominaldarlehen) berechnet wird.

Sondervermögen: Investmentfonds werden typischerweise als Sondervermögen aufgelegt. Die Vermögensgegenstände des Sondervermögens werden von einer Kapitalverwaltungsgesellschaft verwaltet und von einer von ihr unabhängigen Verwahrstelle verwahrt, der Depotbank. Die Kapitalverwaltungsgesellschaft verwaltet das Sondervermögen treuhänderisch für die Anleger und getrennt von ihrem eigenen Vermögen. Der Anleger ist dadurch bei einer Insolvenz der Kapitalverwaltungsgesellschaft vor dem Verlust seiner Fondsanteile geschützt.

Spread: Handelsspanne bei börsennotierten Wertpapieren. Der Spread ist der Unterschied zwischen dem An- und dem Verkaufskurs. Ein geringer Spread zeigt an, dass ein Papier häufig gehandelt wird, was für Anleger günstig ist.

Stop-Loss-Limit: Auftrag an die Bank, bei der der Anleger sein Depot führt, eine Aktie automatisch zu verkaufen, sobald ein bestimmter Kurs unterschritten wird.

Streubesitz: Ähnlich zur Marktkapitalisierung berechnet sich der Streubesitz. Er dient als Maß für den Anteil an Aktien einer Gesellschaft, die frei gehandelt werden. Dazu werden Aktien nicht berücksichtigt, die voraussichtlich langfristig von Investoren gehalten werden. Die Zahl der übrigen Aktien multipliziert mit dem Börsenkurs ergibt den Streubesitz.

Swap: Ein Swap ist ein Tauschgeschäft. Ein Swap-ETF enthält beliebige Wertpapiere und tauscht deren Wertentwicklung gegen die des Index, den er abbilden will. Tauschpartner ist meist die Mutterbank des Fondsanbieters. Bekannt sind Swaps zum Beispiel auch für den Tausch fester gegen variable Zinsen.

Underlying: Siehe Basiswert.

Variabler Zins: Veränderlicher Zins, der während der Laufzeit eines Darlehens an den neuen Marktzins angepasst werden kann. Im Gegensatz zum Festzins entfällt also eine Zinsbindungsfrist.

Vergleichsindex: Siehe Benchmark.

Verkehrswert: Wert eines Vermögensgegenstandes (zum Beispiel Grundstück oder Gebäude), der bei einem freihändigen Verkauf jederzeit zu erzielen ist.

Vorfälligkeitsentschädigung: Ablösesumme, die eine Bank verlangt, wenn ein Kreditnehmer ein Festzinsdarlehen vor Ablauf der Zinsbindung zurückzahlen will.

Zertifikat: Ein Zertifikat ist rechtlich gesehen eine Schuldverschreibung (Anleihe). Ihre Wertentwicklung hängt von der Entwicklung eines Basiswerts ab. Bekannte Beispiele sind Indexzertifikate oder Hebelzertifikate.

Zinsänderungsrisiko: Wenn sich am Markt die Zinsen ändern, verändert sich auch der Preis der umlaufenden Anleihen. Steigen die Zinsen, sinkt ihr Kurs. Der Effekt ist umso stärker, je länger eine Anleihe noch läuft. Sinkt der Zins, ist der Effekt genau umgekehrt.

Stichwortverzeichnis

Die Stiftung Warentest wurde 1964 auf Beschluss des Deutschen Bundestages gegründet, um dem Verbraucher durch vergleichende Tests von Waren und Dienstleistungen eine unabhängige und objektive Unterstützung zu bieten.

Die Autoren Stefanie Kühn und Markus Kühn sind Honorarberater und Finanzfachwirte (FH). Sie sind gefragte Dozenten und Ratgeber in Presse, Funk und Fernsehen. Beide haben bereits mehrere Bücher zum Thema Geldanlage veröffentlicht. Das Buch ist ein Auszug aus ihrem „Handbuch Geldanlage".

© 2019 Stiftung Warentest, Berlin

Stiftung Warentest
Lützowplatz 11–13
10785 Berlin
Telefon 0 30/26 31–0
Fax 0 30/26 31–25 25
www.test.de
email@stiftung-warentest.de

USt-IdNr.: DE136725570

Vorstand: Hubertus Primus
Weitere Mitglieder der Geschäftsleitung:
Dr. Holger Brackemann, Daniel Gläser

Programmleitung: Niclas Dewitz

Autoren: Stefanie Kühn, Markus Kühn
Projektleitung/Lektorat: Ursula Rieth, Philipp Sperrle
Mitarbeit: Merit Niemeitz

Korrektorat: Hartmut Schönfuß
Fachliche Unterstützung: Karin Baur, Simeon Gentscheff. Außerdem: Roland Aulitzky, Uwe Döhler, Yann Stoffel
Titelentwurf: Josephine Rank, Berlin
Layout, Satz: Martina Römer, Berlin; Anne-Katrin Körbi
Bildnachweis: Rücktitel – MarioGuti, Baris-Ozer/ istock
Infografiken/Diagramme: Martina Römer, René Reichelt

Produktion: Vera Göring
Verlagsherstellung: Rita Brosius (Ltg.), Romy Alig, Susanne Beeh
Litho: tiff.any, Berlin
Druck: Rasch Druckerei und Verlag GmbH & Co. KG, Bramsche

ISBN: 978-3-7471-0124-7

Wir haben für dieses Buch 100 % Recyclingpapier und mineralölfreie Druckfarben verwendet. Stiftung Warentest druckt ausschließlich in Deutschland, weil hier hohe Umweltstandards gelten und kurze Transportwege für geringe CO_2-Emissionen sorgen. Auch die Weiterverarbeitung erfolgt ausschließlich in Deutschland.